国家出版基金项目
NATIONAL PUBLICATION FOUNDATION

上海三联人文经典书库
104

俄罗斯诗人布罗茨基

［俄罗斯］弗拉基米尔·格里高利耶维奇·邦达连科 著

杨明天 李卓君 译

Бродский: Русский поэт

上海三联书店

"十三五"国家重点图书出版规划项目

国家出版基金资助项目

总　序

陈　恒

　　自百余年前中国学术开始现代转型以来,我国人文社会科学研究历经几代学者不懈努力已取得了可观成就。学术翻译在其中功不可没,严复的开创之功自不必多说,民国时期译介的西方学术著作更大大促进了汉语学术的发展,有助于我国学人开眼看世界,知外域除坚船利器外尚有学问典章可资引进。20 世纪 80 年代以来,中国学术界又开始了一轮至今势头不衰的引介国外学术著作之浪潮,这对中国知识界学术思想的积累和发展乃至对中国社会进步所起到的推动作用,可谓有目共睹。新一轮西学东渐的同时,中国学者在某些领域也进行了开创性研究,出版了不少重要的论著,发表了不少有价值的论文。借此如株苗之嫁接,已生成糅合东西学术精义的果实。我们有充分的理由企盼着,既有着自身深厚的民族传统为根基、呈现出鲜明的本土问题意识,又吸纳了国际学术界多方面成果的学术研究,将会日益滋长繁荣起来。

　　值得注意的是,20 世纪 80 年代以降,西方学术界自身的转型也越来越改变了其传统的学术形态和研究方法,学术史、科学史、考古史、宗教史、性别史、哲学史、艺术史、人类学、语言学、社会学、民俗学等学科的研究日益繁荣。研究方法、手段、内容日新月异,这些领域的变化在很大程度上改变了整个人文社会科学的面貌,也极大地影响了近年来中国学术界的学术取向。不同学科的学者出于深化各自专业研究的需要,对其他学科知识的渴求也越来越迫切,以求能开阔视野、迸发出学术灵感、思想火花。近年来,我们与国外学术界的交往日渐增强,合格的学术翻译队伍也日益扩大,同时我们也深信,学术垃圾的泛滥只是当今学术生产面相之一隅,高质量、原创作的学术著作也在当今的学术中坚和默坐书斋的读书种子中不断产生。然囿于种种原因,人文社会科学各学科的发展并不平衡,学术出版方面也有畸轻畸重的情形(比如国内还鲜有把国人在海外获得博士学位的优秀论文系统地引介到学术界)。

有鉴于此,我们计划组织出版"上海三联人文经典书库",将从译介西学成果、推出原创精品、整理已有典籍三方面展开。译介西学成果拟从西方近现代经典(自文艺复兴以来,但以二战前后的西学著作为主)、西方古代经典(文艺复兴前的西方原典)两方面着手;原创精品取"汉语思想系列"为范畴,不断向学术界推出汉语世界精品力作;整理已有典籍则以民国时期的翻译著作为主。现阶段我们拟从历史、考古、宗教、哲学、艺术等领域着手,在上述三个方面对学术宝库进行挖掘,从而为人文社会科学的发展作出一些贡献,以求为 21 世纪中国的学术大厦添一砖一瓦。

目　录

2

序

　　作者在本书中满怀深情地描绘了俄罗斯伟大诗人,诺贝尔奖得主约瑟夫·亚历山大洛维奇·布罗茨基的生平。本书的内容、形式、语言、哲学和宗教思想,洋溢着作者对诗人的热爱。弗拉基米尔·邦达连科不仅与诗人相识,而且与诗人在俄罗斯和西方进行过亲切交谈。邦达连科在书中毫不避讳敏感的话题,例如:犹太问题,俄罗斯方案,布罗茨基脖子上戴着十字架的照片,布罗茨基在斯堪的纳维亚和匈牙利对俄罗斯自然的探寻,诗人在俄罗斯北方农舍与玛琳娜·巴斯马诺娃的恋情,她是布罗茨基诗歌的传奇女王,终年别离的女主角。

　　我的四肢在暗里游戏你的幻影,/像一面疯狂的镜子。①

　　短诗、长诗、散文、采访、诺贝尔奖获奖发言、布罗茨基政治流放地乡村邻居的回忆,所有一切,跃然纸上,呼吸着爱的氧气。

　　那些妒忌布罗茨基杰出天赋的同行作家,称他"书房作家",认为他非我族类,冷酷无情,故弄玄虚,一无是处。正是他们,迫使布罗茨基流亡西方。这些作家同行,一手造就了诗人的苦难,却又更加疯狂地嫉妒伟大诗人经受的苦难,此后更是不停夸大自己的光辉荣耀。

　　布罗茨基的经历是个例外,"如同按部就班的宇宙,突然闪耀

---

① 布罗茨基著,王希苏、常晖译,《从彼得堡到斯德哥尔摩》,桂林:漓江出版社,1990,第297页。——本书所做注释,除了正文指明来源之外,其余都是译者所加。

的未知彗星"。他八年级以后就离开学校,进入工厂工作,没有受过任何大学教育却极富文化修养,写下了非凡的诗篇。他的诗歌没有任何反苏、反政府思想,诗风传统而不荒诞,却被限制出版。他因"不劳而获"罪获刑,流放北疆,流亡西方,但诗人并没有屈服于妒者的幸灾乐祸,没有失去自己的俄罗斯诗歌的读者,反而出版了优秀著作,写下了天才的诗歌和美妙散文,成为大学教授,激发了美国学生对俄罗斯文学的热爱,作为俄罗斯诗人,他获得了诺贝尔文学奖。

布罗茨基获奖那天,外国广播记者打电话问我,是否要祝贺布罗茨基,讲一些他的故事。这样的美好请求,我欣然接受。此后,那些确信自己的诺贝尔奖遭到窃取的名人,不再与我往来。

很多诗人都曾庄严受洗,但是,他们的诗歌,却没有经历造物主和基督教精神的洗礼。

习惯了痛苦反倒不觉得压抑。/只要我这张嘴没被塞满黏土,/从中说出来的话只有感激。(谷羽译)

约瑟夫·布罗茨基受洗于俄罗斯诗歌、俄罗斯语言、俄罗斯的历史文化以及地理环境。他的读者在俄罗斯——一个自主选择伟大诗人的国家。俄罗斯选择了约瑟夫·布罗茨基。国家和人民永远不同于体制。体制否定了诗人,国家却没有,俄罗斯给了诗人独一无二的爱。

这就是弗拉基米尔·邦达连科此书的内容。在语言方面,作者没有使用空洞的专业术语,尽管我们通常认为,必须使用这些术语,才能踏上西方的研究道路,成为科学精英。事实上,它们只会打消一切阅读的乐趣。

如今,恐俄症已经变成一种政治传染病。毫无疑问,诺贝尔奖得主约瑟夫·布罗茨基是一位伟大的俄罗斯诗人,与许多作家同行不同,他是去除恐俄症的一剂强力解药。

尤娜·莫里茨

伟大的构思

五十多年前，1963 年 11 月 29 日，《列宁格勒晚报》刊登了一篇文章《文学中的寄生虫》，文章的作者是列尔涅尔、梅德韦杰夫和约宁。文章痛斥布罗茨基寄生虫式的生活。被批评得体无完肤的诗作，一部分是德米特里·博贝舍夫，阿赫玛托娃的学生的作品，一部分则是摘自布罗茨基一首描写俄罗斯省城的诗作："喜爱路过朋友的故乡/……/可惜只是异乡的过客"，然而，诋毁者却把它歪曲成："我喜爱异乡。"要知道，莱蒙托夫也曾在诗中写到唯一的祖国——苏格兰，马雅可夫斯基更是不止一次辱骂俄罗斯是"冰雪怪物"。这篇文章的关键，并不在于歪曲事实。或许，这次报纸的攻击，正是布罗茨基走向永恒的通行证？

想要写好布罗茨基很难，因为他把个人档案封存了七十五年，而历史学家掌握的有关莱蒙托夫的可信资料更少，这却使研究更加有趣。当亚历山大·谢尔盖耶维奇·普希金思考但丁《神曲》的结构时，曾经提到"伟大的构思"。普希金的话，成为诗人约瑟夫·布罗茨基一生的关键。他在生活中是多面的：时而嘲讽，时而愤怒，时而沉默，时而健谈。但是，在诗歌与文学中，他一直遵循伟大的构思。无论是写作《献给约翰·邓恩的大哀歌》《致奥古斯都的新章》，还是《百年战争》《致朱可夫之死》，在他的意识深处，都有一句话："最重要的，是伟大的构思。"

诗人总是探寻生命和死亡的意义，直至生命尽头，他始终不能理解，更无法爱上西方消费主义思想，反而偏爱戏剧性的、甚至是悲剧性的俄罗斯思想。他多次在采访中提到这一点。例如 1972

年,在维也纳与伊丽莎白和汉斯·马克斯坦的谈话中,他说:

> 很可惜,我的处境非常为难,因为我明白,你们不可能得到这个问题的答案。当你环顾四周,就已经无法理解,你为什么生活,尤其是在这里,根本不明白。给我留下的印象是,一切都是为了 Shopping(购物),明白吗?为了 Shopping 而生活。唯一可做的,就是尽量不卷入其中。如果我成长于此,我不知道,我将变成什么样子。真的不知道。我不明白……这是一种非常奇怪的感觉。我根本不明白,所有这一切,都是为了什么。有些事情是好的(但这是我们的极端的俄罗斯思想),那只能是奖赏,而不是某种先验的东西,明白吗?

布罗茨基从未尝试消费主义的生活。他不得不一生追求伟大的构思,与西方的消费文明对立。

> 我不是很喜欢这里,这里提供的,都是不现实的选择……无论你做出什么选择,最好的结果,都是你掏空腰包。但是,在心理上,作为主体的人,你还是停留在选择前的状态。汽车恐怕是例外……它能把你带向远方……可是在灵魂层面,它什么都无法给予。这里只能生存着非常有天赋的……怎么说呢……艺术意义上非常有天赋的个体。非常 sensitive(敏感),明白吗?非常敏感。例如音乐,不,不管他从事什么——文学,还是语言,他的天赋必须非常强烈,足以一直产生共鸣,足以始终比其他人更加现实。但这在一定程度上,应该是一种痛苦,明白吗?(……)此外,诗歌是另一回事。我不知道,这里应该有什么:抗议,冷漠。但是,总体上,我一直告诉自己——无论何时,无论情况是否糟糕,甚至当我也能做出一些,在我看来,非常明智的事情的时候,我总是告诉自己:“约瑟夫,应当奏响更强的音符。”(《与伊丽莎白和汉斯·马克斯坦的谈话》)

他也一直从高处俯瞰生活。没有伟大的构思,他无法创作描写爱情和自然的诗歌。在这个方面,他是一位幸福的创作者。

> 艺术家——特别是在俄语术语中——是画家……我明白,当艺术家在工作中有所见、有所感时,他是多么幸福。我认为,布拉克(这是我最喜欢的艺术家)不是受难者。不是苦难造就了他,而是巨大的内在精神财富和工作过程,使他成为真正的人。我甚至想,夏加尔,顺便一提,也不是受难者……
> (《与伊丽莎白和汉斯·马克斯坦的谈话》)

没有任何诗人像布罗茨基一样,把"词语"奉若神明。《圣经》的"太初有道……"可以作为他所有诗歌的题词。荷兰的俄罗斯学家凯斯·维勒黑尔曾真实地写道:

> 如果上帝有语言,那么,人类的词语,至少应该留有神的印记。由于布罗茨基的精神具有极端性,他一直沿着这条道路走到尽头,坚持语言的神性,甚至是超神性的原则——这在加尔文主义的世界观中,根本不可思议。

因此,他不接受任何文学与创作的邪恶理论。他的指导思想,建立在诗歌语言的最高价值之上。我想,他一生都谨守伟大诗人的行为信条。这并不是出于自身的高傲,而是为了不减弱语言和伟大构思的意义。也许,年轻羞涩的诗人需要与安娜·阿赫玛托娃会面,这使他明白,伟大的诗人应当具有怎样的言谈举止。阿赫玛托娃不是约瑟夫·布罗茨基的诗歌导师,而是他的社交礼仪老师。维克多·克里乌林回忆道:"我看见,布罗茨基观察阿赫玛托娃如何发音吐字,如何把生活情形转换到言语和诗歌层面,包括发音隐喻和转化为词语的手势……"

还有一位约瑟夫·布罗茨基诗歌与创作的研究者,奥列格·达维多夫,忠实地写道:"阿赫玛托娃对诗人的影响,造就了布罗茨基,尽管他们的写作手法大相径庭。对布罗茨基而言,她是另一个世界的人,是来自白银时代的星辰,巨大的引力,使他的想象力"趋近光速"。很难评判阿赫玛托娃对布罗茨基在伦理方面的影响:"他的存在主义选择和价值选择,好像潜意识地阐述阿赫玛托娃的思想,可以说,他把她内化了,变成了自己的一部分。他的生活和思考方式,透露着某种冷淡疏离,难以捉摸的东西:也许是阿赫玛托娃的,也许是罗马的,也许是宇宙的,但总是忧郁冷淡地面向时代的精神基调。"这是一种显而易见的模仿。他向玛琳娜·茨维塔耶娃学习诗歌,向安娜·阿赫玛托娃学习个性与举止。

很可能,正是出于伟大的构思,他一直专注于古希腊罗马文化、世界性的事物、《圣经》主题和圣诞诗歌。尽管他没有宗教信仰,却年复一年地书写着自己的圣诞诗歌。从1961年的《圣诞抒情诗》开始,他长期以圣诞节为主题进行诗歌创作的动机是什么呢?我想,首先是——伟大的构思。在生命的最后几年,他一直沉醉于犹太式的嘲讽和辛辣的讽刺。他从青年时期开始就喜欢半黑话的词语,恨不得使用它们写作。但伟大的构思不允许他这么做。我想,他有时甚至为这种伟大所累,却从未让步。创作圣诞组诗,则是出于诗人自己的意愿。离开俄罗斯以后,他暂时停止了圣诞诗歌的创作,从1987年直到去世,诗人每年都创作有关圣诞节前夜的诗歌:《组诗中的组诗》《圣诞之星》,最后一首圣诞诗歌,则是《逃往埃及》——这首诗写于1995年12月,诗人去世前一个月。他脖子上戴着十字架来到美国,几乎没有创作过任何以旧约情节为主题的诗歌,但是,却要求自己在每个圣诞节,以新约情节为主题写作诗歌。这些都是多么伟大的诗歌啊!

> 在寒冷的季节,在更习惯炎热而不习惯寒冷/更习惯
> 平川而不习惯高山的地方,/一个婴儿在洞穴里降生,为着
> 拯救世界;/风雪,只有冬天的荒原上风雪才这样激荡。
> ……
> 认真地,不眨眼地,穿透罕见的云,/从远处把这个牲

口槽中的婴儿打量,/从宇宙的深处,从宇宙的另一端,/一
颗星星望着这个洞穴。那是圣父的目光。(刘文飞译)

　　诗歌的作者,可能是根本不相信上帝的无神论者吗？或者是某
个非基督教信仰的人？或者是那些胆敢把诗人的圣诞组诗称作
"歌功颂德之作"的人？像《人民颂》《致朱可夫之死》,如此令人惊
叹的诗歌,诗人的其他朋友,也戏称之为"歌功颂德之作"。的确,
诗歌的伟大,将约瑟夫·布罗茨基从平淡之言和讽刺诗作,引至真
正的宗教性、国家性和帝国性。是的,有时他会反抗这种力量,想
要摆脱它。但是,伟大构思的推动,更加强大。约瑟夫·布罗茨基
也毫不遮掩《致朱可夫之死》的"国家性"。在《和所罗门·沃尔科
夫的对话》中,他说:"此外,在这种情况下,我甚至很喜欢'国家诗
歌'这种定义。总体而言,我认为,这首诗当时应当刊登在《真理
报》上……要知道,我们当中很多人,确实应该感谢朱可夫的救命
之恩。不妨再回忆回忆,正是这位朱可夫,而不是其他人,把赫鲁
晓夫从贝利亚的手里救了下来……朱可夫是俄罗斯人当中的最后
一个莫希干人①……"
　　在描写元帅凯旋的诗句中,你们感受不到雄伟的国家特性吗?

　　　　我看见后辈的队列凝固/架上的棺椁,马的臀部。/风
没有为这里吹送/俄罗斯萧萧的军号声响。/我看见尸骨
上缀满勋章:/热血忠诚的朱可夫英雄末路。

　　所罗门·沃尔科夫将《致朱可夫之死》同古老的俄罗斯传统相
比。这一传统可以追溯到杰尔查文的《灰雀》,悼念另一位俄罗斯
伟大统帅苏沃洛夫。此外,约瑟夫·布罗茨基在这首献给元帅的
诗歌中想起灰雀,绝非偶然:

---

① 《最后一个莫希干人》(原为美国作家库珀的小说之名,比喻某衰亡种族最后的
　　残余)。

5

元帅！贪婪的忘川将把你吞噬/连同你的话语和靴子。/但仍请接受吧——微不足道的冥币/献给祖国的拯救者，我大声地说。/敲击吧，战鼓。吹奏吧，军笛，/笛声清亮，好似灰雀啾啼。

1974年，诗人在伦敦写下这首诗，令人惊讶的是，如此富有帝国精神的诗歌，竟写于侨居时期。如果我们没有发现，约瑟夫·布罗茨基已经清楚意识到生活的悲剧并且一直奉行着伟大的构思，那么，诗人很多充满俄罗斯诗歌雄伟意义的优秀侨居创作就无法得到解释。而且，他总是回避支持或反对苏联体制的粗浅政治。与那些获得苏联国家奖金后很快忘记苏联性质的改革者不同，他不怕侨居时期被称作苏联诗人。他蔑视叶甫图申科也是因为后者见风使舵的行为。

在维也纳，汉斯·马克斯坦问道："约瑟夫，请说说看，你认为自己是苏联作家吗？"布罗茨基毫不犹豫地回答：

您知道吗，汉斯，我对除"俄罗斯的"以外的一切定义都怀有强烈的偏见。既然我用俄语写作，那么我想，可以说是"苏联的"，是的，完全可以。最终，无论荣辱，体制总是现实存在的。我在体制中生活了三十二年，并没有被消灭。

——您讲的这些非常好……也就是说，苏联性无法被抹灭。这既是历史事实，也是文化事实。

——文化事实。这是最重要的。总而言之，在一系列情况下，很多生活在苏联、俄罗斯的创作者，不是神意的指引，而是反抗思想的指引，明白吗？应当永远铭记。在某种程度上，甚至应当对此表示感激。或者，也许我处在那样一个美妙的境界，可以对此表示感激。你们知道，我的生活很奇怪，我很可能患有神经官能症，但是，我从未感到愤怒和憎恨，不，愤怒还是有的，但是，从来没有对体制和这一切感到憎恨。或者，至少，我并没有表现出来。只有一种东西可以摧毁我——我知道,那就是人。

我并不打算在这本书中把布罗茨基写成亲苏诗人或是反苏诗人,他不需要。他是体制外的坐标,而且高于体制。他不断从自己的俄罗斯性质当中汲取构思。他不以为耻,反以为荣。他把俄罗斯性变成自己的形而上学。例如,"俄罗斯人习惯将自己的存在看作由上天赋予的经验,这意味着,俄罗斯文化和哲学思想,汇集为一个简单的问题——证明自己的存在。最好是形而上学,非理性主义层面的证明"。

他对自己的评价很简单:"我,一个俄罗斯诗人,犹太人。"他仿佛用自己的犹太身份,欺瞒了全世界的知识分子,让他们承认俄罗斯深邃的形而上学思想和"命运论"哲学。现在,其他的西方文化学家和批评家,几乎将布罗茨基描绘成蒙昧主义者——他们说,我们把奖给了谁?! 如今,美国教授惊讶地说道:"看,他严肃地书写高尚与低俗,善良与邪恶,甚至上帝与魔鬼——从他的笔下进入我们的生活当中! 他绝对是创造奇迹的人。"1988年,在葡萄牙里斯本举行的作家会议上,所有的苏联代表,从塔季扬娜·托尔斯塔娅到阿纳托里·金,都不愿意为捷克斯洛伐克的苏联坦克负责,他们说,这不是我们的坦克,不是作家的坦克。只有布罗茨基承认,要为一切俄罗斯的行为负责。这就是爱国主义。

尽管在北疆流放时期,布罗茨基的一些诗歌与鲁布佐夫或者格拉博夫斯基的诗歌相仿,但我绝不会把布罗茨基称为"土壤派诗人"。当然,按照西方派与土壤派的基本划分,布罗茨基属于西方派诗人,但绝对是俄罗斯西方派诗人。他可能在流放时期写下了自己的《神曲》,但是他的《神曲》并不完整,由碎片构成,包括圣诞诗歌、帝国诗歌、古希腊罗马和《圣经》主题的诗歌。在关于马可·奥勒留的文章中,布罗茨基引用皇帝的话:"对于大自然整体而言,所有的存在都是蜡,大自然用蜡塑造了马,又再次揉碎,重新塑成树,接着塑成人,然后是其他什么。对于盒子来说,被拆散或是重组,无所惧怕。"诗人也正是用大自然诗意的整体来塑造伟大的构思。这个构思,在他青年时期初露峥嵘,在北疆流放时期逐渐成熟,在出生地彼得堡更加强大,在侨居期间从未遗忘。

阿赫玛托娃得知布罗茨基流放诺连斯卡亚时,曾经感叹:"他们给我们这个红头发小伙子制造了一份怎样的传记啊!他似乎是从他人那里租来这样的经历。"的确如此。约瑟夫·布罗茨基有意识地创造了自传,不允许自己放纵。他最喜欢的哲学家奥特加·伊·加塞特写道:"生命——就是每个人必须要完成自己的生活轨迹……"可惜,不是所有的人都能完成自己预定的生活轨迹,用东方哲学来说,就是实现自己的"道"。约瑟夫·布罗茨基最大程度地实现了预定的生活轨迹,并且一直遵循着伟大的构思。

他的朋友伊戈尔·叶菲莫夫回忆道:"1964 年 10 月,在诺连斯卡亚夜谈时,布罗茨基谈到他亲近的艺术精神。我们周围所见和生活环境,都是一小部分,像是某个巨大整体的化石,我们通过这些微不足道的部分,重建整体,渴望超出其外。一切不含这种渴望的东西,对他而言,都显得遥远无趣。他还说,自我控制,多么恐怖,从一旁审视自己,意识到自己的举止和步伐,为此憎恨自己,以至绝望,憎恨工作……这里,唯一的解药,便是伟大的构思。应当冲破一切羞耻和恐惧,清理过往,回到过去,冒着崩溃和失败的风险孤注一掷,不假思索地奔向虚无或者死亡,唯有如此。后来,我发现,他不是十分推崇回到过去或清理过往。确实,一些事物由于格格不入而毁灭,以失败和灾难收场。甚至这些灾难,也因其真实而伟大,例如罗马角斗场和希腊帕特农神庙的废墟。"

他本人很复杂,但他的性格并不严肃,甚至有些轻率,随时可能踏上冒险的旅途。约瑟夫·布罗茨基做出了选择,他一生都尽力避免脱离生活的轨迹,脱离伟大的构思。"只有两种东西:你的生活和你的诗歌。你必须二者选择其一。严肃地对待一个,假装严肃地对待另一个,不可能在两场'表演'中,同时取得成功。其中一个,定要敷衍了事。我更喜欢在生活中敷衍了事……"对于这番话,我们大可不必在意。例如,尽管他的风流韵事多如唐璜,但诗人一生的真爱,只有一个女人——玛琳娜·巴斯马诺娃;有时,他为了一些二流诗人的诗作欣喜若狂；采访中有时又常常自相矛盾，事实上，他一直躲闪回避各种采访，塑造不好的公众形象。所有这一切，用诗人自己的话来说，不过敷衍了事罢了。但在诗歌中，他一直以伟大的构思为标准。他对日常生活了无兴趣，因此，一切流放和政治迫害带来的不便和负担，都无法对他造成影响。

是的，他对基督教表示冷漠的一切言论，也是包装和敷衍。你只要读读他的《以撒与亚拉伯罕》，这首诗完全是《圣经》文本，但诗人却装作远离基督教。诗人在北疆流放期间，写下《献给约翰·邓恩的大哀歌》，很多人对这首诗赞叹不已。其实，没有人读过约翰·邓恩本人的诗歌。打开他的布道，读一读《在需要和苦难时呼唤上帝》和《与死亡搏斗》。这不是散文，也不是诗歌，而是响亮的训诫，是基督教神学的高尚典范，是和解的艺术，通向《圣经》的道路。无神论者会被这种《圣经》书籍所吸引吗？约翰·邓恩的布道，直接引向"道德圣经"——1612年伦敦出版的合集《伟大之镜》。

读完约翰·邓恩的《冥想与祷告》，重新审视《献给约翰·邓恩的大哀歌》，你不会再坚持认为，约瑟夫·布罗茨基不是基督徒了。在采访中，尤其是在美国期间的采访中，他回避记者的追问，敷衍了事，信口开河。你若想知道真相——就读读他的诗歌吧。关于约翰·邓恩，他说道："我疯狂喜爱着邓恩，他把天空引向大地，把无穷引向终结。"《献给约翰·邓恩的大哀歌》渗透着基督教精神，这首诗明显出自受过神学教育者之手。无神论者和不可知论者，不会这样写：

> 一切都在沉睡。在浓密黑暗的拥抱中。/猎犬已成群地逃离天空。/"是你吗，加百利，是你手持号角，/在这冬季的黑暗里孤独地恸哭？"/"不，这是我，约翰·邓恩，是你的灵魂。/我孤身一人，受难在这高天之上，/因为我用自己的劳动创造了/这锁链般沉重的感情和思想。/荷着这重负，你竟能完成/穿越激情穿越罪过的更高飞翔。/你是只鸟，你随处可见你的人民，/你在屋顶的斜面上翻飞。/你

见过所有的大海，所有的边疆。/你见过地狱，先知与自身，
然后在实境。/你也见过显然明亮的天堂。（刘文飞　译）

此外，他也在受审时提起自己的基督教性质。1964 年春，法官
萨维里耶娃问："谁承认您是诗人？谁把您列为诗人了？"布罗茨基
回答："没有人。那又有谁把我算作人类了？"法官说："想要成为诗
人？你没有上过大学，没有受过相关的教育……"布罗茨基回答
说："我不认为，教育能教会人写诗，我想，是……上帝。"

我和瓦列里娅·诺沃德沃尔斯卡娅的观点并不相同，但是作为
语言学家，她表达了自己对布罗茨基的真实想法：

布罗茨基的诗歌，对于我们的宗教而言，是危险而高不可
测的哥特式空间，是漆黑的镜子和无底的深渊。他与曼德尔施
塔姆相似，后者的肉体变成了思维，就像粒子一样。海森堡的
不确定性原理说，位置和动量只能确定其一。布罗茨基没有动
量，曼德尔施塔姆也是。这是高级飞行特技。这里还有成熟、
冷漠、邪恶和耀眼的讽刺，列宁格勒的法老们，把这些教给了
朴实善良的人。

难道我可以将耀眼的讽刺和无底的哥特分开？然而，讽刺通常
有两个方面，就像他的讽刺短诗一样。但是，我们绝不认为，普希
金和莱蒙托夫的作品是讽刺短诗。这里突出了瓦列里娅·伊里奇
娜的政治立场，她毫不迟疑地把布罗茨基划归自由派阵营。这种
做法并不可行。

此外，著名的布罗茨基研究者瓦莲京娜·帕鲁希娜，在《莫斯
科回声》广播中说道："所有的诗人——都是异教徒，他们都怀疑上
帝的存在，追问上帝，在他面前作孽和滋事……他们听从自己的天
性，因为创作本身就是要反对一切……所有的诗人都是异教徒，所
有。我是说，大多数诗人，大多数——就是所有。甚至那些严肃、
虔诚的诗人，他们也是异教徒。"在某种程度上，事实的确如此。但

是,约瑟夫·布罗茨基,即使在生活中纵容自己的异教性质,在诗歌中却从来没有。他的诗歌国度有天堂和地狱,充满关于祖国的先知预言:"说到《吉维娜之曲》,不知道,不过看来,写不完了。如果我在俄罗斯,在家,——那么……"

他缺乏祖国的滋养来完成自己唯一完整的《神曲》。在最后一首诗中,他极度坦率地写道:

> 一切都指责于我,除了坏天气。/而我也常常用严酷的贿赂威胁自己。/不过很快,据说,我将摘下肩章。/仅仅变成一颗星星。
>
> ……
>
> 如果不为光速而感谢我,/或许共同的虚无的铠甲,/珍视我把它变成筛子的尝试,/并将因为空洞而感激我。

我想,这里蕴含了他的伟大构思和光荣的力量。他准备直面死亡,承认死亡与生命永远相伴,这也融入了诗人的伟大构思,"直面悲剧",也就是直面死亡。

来自布罗德的约瑟夫

诗人不止一次想起，布罗茨基一族的祖先，来自加利西亚①的布罗德城，布罗德曾先后附属俄罗斯帝国、奥匈帝国、波兰立陶宛王国和苏维埃共和国。布罗茨基向往着自己的"历史故乡"——这个古老沧桑的小城。甚至有间接证据表明，诗人在苏联流浪期间，曾到访布罗德。至少，显而易见，诗人完全继承了加利西亚布罗德的精神——犹太式的幽默、怀疑和忧郁的嘲讽。布罗茨基的朋友和传记作者列夫·洛谢夫始终相信，诗人认为乌克兰包括布罗德城，与俄罗斯处于同一文化空间。

洛谢夫在所著《布罗茨基传记》中写道：

> 在此还应提及布罗茨基对逝去的中欧文化世界的怀旧之情。这种怀旧之情，表现在他对波兰语言和诗歌的热爱，钟爱罗伯特·穆齐尔②和优塞福·罗特③笔下描写奥匈生活的长篇小说，喜爱好莱坞小型悲剧《迈尔格林》，该剧讲述了鲁道夫大公和他的情人玛丽娅·维切尔男爵夫人双双自尽的故事。这一消逝的文明的南部堡垒，就是的里雅斯特④，"位于

---

① 历史地名，即今波兰东南部和乌克兰西南部。
② 罗伯特·穆齐尔（1880 年 11 月 6 日—1942 年 4 月 15 日），奥地利作家，著有讽刺长篇《没有个性的人》。
③ 优塞福·罗特（1894 年 9 月 2 日—1939 年 5 月 27 日），犹太人，奥地利作家，著有《约伯》和《拉德斯基进行曲》。
④ 意大利城市。

狂野的亚得里亚海的深处",这里曾是另一位奥地利大公马克西米利安①的官邸,布罗茨基的《墨西哥套曲》中的两首诗,写的就是这位大公。这一文明的东北堡垒,就是优塞福·罗特在《拉德斯基进行曲》中写到的加利西亚的小城布罗德,这座小城位于奥匈帝国和俄罗斯帝国的边界。这一故土主题,很隐蔽地出现在布罗茨基的几首诗中(《丘陵》《牧歌之五(夏歌)》和《乌克兰之独立》),他也只公开谈论过一次这个话题,在接受波兰记者的采访时,他说:"这么说也许有点愚蠢,但是,我对波兰这个国家的感情,甚至比对俄罗斯还要深。我不知道,这也许是因为存在某种潜意识的联系,要知道,归根结底,我的祖先全都来自那里——布罗德——我的姓氏,由此而来……"通过这段不太连贯的谈话,我们得知,诗人感到,自己姓氏的词源来自"布罗德的约瑟夫"。②

我们在此必须注意布罗茨基的"狡猾"。当然,他清楚,当时布罗德在利沃夫州,处于乌克兰境内,不属波兰,而且在历史上几易其主。可是,他从青年时期开始就向往中欧,在波兰文化的熏陶下长大,于是潜意识将布罗德城与波兰联系在一起。年轻的时候,他不知不觉爱上了波兰,对乌克兰没有任何感情。

关于诗人是否去过布罗德,列夫·洛谢夫表示:

> 布罗茨基去过布罗德吗?我从未听他谈起乌克兰之行,因此,我猜想,他只是在开往克里米亚或者敖德萨的火车上,透过车窗远眺布罗德城。但是,布罗茨基在由米兰寄给父母的没有注明日期的明信片(现藏于彼得堡的阿赫玛托娃博物馆)上

---

① 奥地利哈布斯堡王朝成员。本是奥地利大公,1864 年 4 月 10 日在法国皇帝拿破仑三世的怂恿下,接受墨西哥皇位,称墨西哥皇帝马西米连诺一世(也称马克西米利安一世)。

② 列夫·洛谢夫著,刘文飞译,《布罗茨基传》,北京:东方出版社,2009,第 30 页。

写道,他欣赏了达芬奇的《最后的晚餐》,他还补充说,"我还记得,我第一次是在穆林看到这幅'工作晚餐',在一座长有神奇黄李子树的花园里。""穆林"意为"磨坊",乌克兰常见地名。离布罗德不远,就有一个叫穆林的居民点。

也就是说,可以假设,他去过布罗德。即使去过,这次旅行可能也并不愉快:他没有一首诗与这个引人注目、饱经沧桑的历史故乡有关。

布罗德是一座古城,有关布罗德的文字记载,首见于 1084 年的《弗拉基米尔·莫诺马赫训诫》。当时,布罗德就处于加利西亚公国和沃洛斯基公国的交界处。1441 年,布罗德转由波兰贵族杨·谢宁斯基统治。1511 年,隶属波兰军政长官缅涅茨斯基。1584 年,别尔兹长官斯坦尼斯拉夫·若乌凯夫斯基买下布罗德,经国王斯捷潘·巴托雷允许,依照马格德堡法建立城市,根据家族徽章将城市命名为留毕齐。但是,城市的名称没有流传下来,十年之后又被改叫原名布罗德。1629 年,布罗德转由斯坦尼斯拉夫·卡涅波罗茨统治,1631 年,他成为波兰立陶宛王国的统帅盖特曼(波兰国王和总理之后的第三号人物),把布罗德变成了自己的府邸。按照法国工程师德·巴普兰的设计,在安德烈·德里·阿克乌的监管下,布罗德变成了城市要塞。他们在西部边界建立起布罗德城堡,完成了城市防御体系的建造。17 世纪中叶,在波格丹·赫梅利尼茨基哥萨克反抗图尔卡的战役中,布罗德成为波兰人真正的军事要塞。

16 世纪,特维阿斯·舒尔一家迁入布罗德城,给当地的犹太居民带来不少著名的拉比①、哲学家和商人。通常认为,布罗茨基姓氏的祖先是拉比梅厄·特维阿斯·舒尔。19 世纪初,他从加利西亚的布罗德移居基辅管辖的兹拉托波利,将自己的姓氏取为布罗

---

① 拉比是犹太人中的一个特别阶层,在犹太教社团中,指受过正规宗教教育,熟悉《圣经》和口传律法而担任犹太教会众精神领袖或宗教导师的人。

茨基,以此纪念自己的家乡。梅厄·特维阿斯·舒尔是桑德拉(亚历山大)·特维阿斯·舒尔的重孙,后者是 17 世纪的拉比。梅厄·布罗茨基是糖果家族的创始人。在俄罗斯,布罗茨基的姓氏使人首先想起诗人约瑟夫·布罗茨基,但是在乌克兰,尤其是在基辅,人们总是先想到著名的糖果大王布罗茨基。

20 世纪 20 年代,甚至流传着有关罗斯的俗语:布罗茨基的糖,维索茨基的茶,托洛茨基的俄罗斯。此外,很多离开故乡的犹太人,都喜欢用家乡的名字作为姓氏,例如斯洛尼姆——斯洛尼姆斯基,斯卢茨克——斯卢茨基,什波拉——什波拉斯基……约瑟夫·布罗茨基,完全可以和自己的第一位老师,著名的苏联诗人鲍里斯·斯卢茨基展开这一主题的讨论。

在布罗茨基家族中,不仅有闻名俄罗斯、波兰和整个欧洲的糖果商人,还有音乐家(瓦季姆·布罗茨基)、艺术家(斯大林奖获得者,优秀的肖像画家伊萨克·布罗茨基和书籍插画家萨瓦·布罗茨基)、物理学家、化学家(亚历山大·布罗茨基)……当然,还有诺贝尔奖获得者约瑟夫·布罗茨基,为这个姓氏带来了光辉荣耀。

从 16 世纪到 20 世纪,布罗德无疑是中欧主要的犹太中心之一。16 世纪上半叶,该城是波兰立陶宛王国最坚固的要塞之一,一直是攻取和交换的对象。盖特曼波罗涅茨为了加快城市的经济发展,请来很多犹太人和亚美尼亚人。不久以后,在盖特曼的统治下,它成为东克雷西①的"犹太首都"。布罗德坐落于平原边界,斯特里河的右支流巴夫杜拉克小河从它的南部穿过。1918 年前,布罗德一直处于奥匈帝国和俄罗斯的交界。虽然这片地区并不平静,却有显著优势:经济与国际贸易蓬勃发展。

17 世纪末,布罗德几乎全被烧毁,当地的犹太人获得扬三世的儿子亚库伯·路德维克·索别斯基赋予的特权。在授予他们的证明中写道,"鉴于布罗德犹太人已有的权利、特权与犹太人当前的特殊处境,我们认为,应当为他们保留由人民委员会赋予他们先辈

---

① 波兰乌克兰旧称。

的权利和特权"。犹太人可以在城市的任何地方、任何街道建造住宅、教堂和学校,如同在自由市场一样;犹太人有权在教堂和公墓外筑造围墙,但不能破坏罗马天主教堂的规章和权利;他们可以在市场建造澡堂、屠宰场和肉铺,"就像他们此前拥有的那样"。除了天主教的节日和星期天的晚祷,肉铺可以在任何时间营业;所有拉比、唱诗人、学校和救济院的税收和寄宿费,都获准免除。所有犹太人,不必从事任何城堡或者城市的农田繁重工作;鉴于他们向波兰立陶宛王国缴纳人头税,他们只需支付整个城市花销的三分之一(33%)。犹太社区自治加上自由贸易,吸引了很多当时波兰和俄罗斯的犹太人迁居至此。

波兰王国解体后,布罗德转由奥地利统治。这座城市位于奥地利和俄罗斯的边界,时而属于奥地利帝国,时而属于俄罗斯帝国,时而又回归复兴的波兰立陶宛王国,而城市的地理位置,不断吸引着喜欢冒险的商人。此外,布罗德的居民以犹太人为主。1774 年,奥地利大公、神圣罗马帝国皇帝约瑟夫二世到访布罗德时曾说:"现在,我终于明白,为什么我被称为耶路撒冷国王了。"(奥地利大公的封号之一)奥地利大公的到访,对布罗德产生了巨大影响:约瑟夫在法令中宣布,布罗德为自由贸易城市,很快,城市居民的生活福利得到极大改善。在之后的一百年中,通过与德意志、意大利、俄罗斯和土耳其的贸易,城市富饶,人民富足。鼎盛时期,则是拿破仑统治欧洲期间,适逢敖德萨港口开放。反法联盟在奥斯特里茨战败后,拿破仑·波拿巴强迫其他战败国(奥地利和普鲁士)不向俄国提供英国商品,并且禁止俄国向英国出口粮食。拿破仑认为,英国本土粮食的匮乏,加上俄国对英国粮食出口的禁令,英国政府将更容易向法国征服者妥协。但是,沙皇亚历山大一世通知英国,他完全支持英国,关于英国货物的禁令徒有虚名,边境仍然畅通无阻。

1807 年 10 月 28 日,亚历山大一世签署公告,宣布与英国断绝贸易关系,征用俄罗斯帝国境内的一切英国货物。但是,亚历山大履行了对英国政府的秘密保证。敖德萨和犹太小城布罗德的小路仍对英国货物开放，不征收关税。于是，出现了大量的走私集团，从敖德萨经过布罗德向奥地利、匈牙利、波兰、普鲁士和其他国家运输各式各样的货物。由于拿破仑及其禁令，犹太小城市布罗德变得十分富裕，从前低微贫穷的犹太居民的生活水平也越来越高。于是，出现了第一批富有的商人：尚杰拉维奇、桑达舒尔斯基、拉什科夫斯基和布罗茨基。亚历山大一世的公告声明使他们在俄罗斯帝国的任何省市都拥有贸易优先权。

布罗茨基尤为特别，他与合伙人一同迁居敖德萨，成立了贸易公司。当然，布罗茨基的公司，不仅走私，还从事各种成品贸易。

布罗茨基家族的犹太人，比他们的俄罗斯同辈"欧化"更深，因此，1841 年定居敖德萨的布罗茨基家族，决定建造自己的教堂。教堂建于敖德萨茹科夫斯基街道和普希金街道的交叉路口。将近一百年间，位于茹科夫斯基街道的 10 号布罗茨基教堂，不仅是祈祷室，而且是敖德萨犹太知识分子的文化中心。这栋独具一格的建筑现在已然荒废，可能很快就会完全消失；此外，敖德萨的犹太人也为数不多了……

很难判定，布罗德是波兰城市，还是俄国城市，当时，还没有乌克兰民族。1779 年，城市的一半居民是犹太人；1826 年，犹太居民的数量为 16315 人（占居民总数的 89%）；1880 年——15316 人（占城市居民总数的 76.3%）；1921 年，根据波兰的统计数据，布罗德有 7202 名犹太人（66.3%）。第一次世界大战和十月革命后，布罗德重新回归波兰，1939 年 9 月，波兰分裂后，布罗德归入苏联。然而，当地犹太人的悲剧马上就要开始了：1941 年 6 月，城市沦陷后不久，尚未逃跑的居民都被赶入犹太居民区，此后，被运往马伊达内克集中营处死。1944 年 6 月，纳粹党卫军加利奇师团，在布罗德第一次与红军部队作战，尽管这个"班杰拉"武装集团一直占领城市的要塞，但还是在顽强的战斗中遭受惨败。布罗德现有居民 2万人左右，在这个古城，可以拍摄任何历史体裁的电视剧。重要的铁路和公路干线，天然气管道"友谊"和"敖德萨—布罗德"，都从这里穿过。

布罗德是不少名人的出生地和家族的发源地。这里居住着伊萨克·巴别尔的祖先。在著名的《红色骑兵军》中,他写道:

> 日常暴行的记录,像心脏病那样,时时刻刻憋得我透不过气来。昨日是布罗德城下浴血大战的第一天……前面的山冈上,有座像个驼子似的、脏兮兮的,名叫克列格托夫的小村。布罗德死气沉沉的,锯齿状的幽灵,就在山口后面等待着我们……不料,在克列格托夫村口,有人朝我们劈头盖脑地砰砰射击。两名波兰士兵,从农舍探出身来,观察着我们。他们的战马拴在系马桩上。敌军的一个轻炮连,杀气腾腾地开上了山冈。子弹像一条条线那样,飞射到路上……啊,布罗德! 你那些七情六欲遭受压抑的木乃伊,将一股股致命的毒气朝我喷来。我已感觉到你噙满冰冷的泪水的眼眶,涌起死亡的寒意。说时迟,那时快,我的坐骑已飞驰而去,把我带离了你的一座座犹太教堂弹痕累累的石墙……[1]

我们要特别指出,正是巴别尔的母系祖先,赋予作家无与伦比的犹太式幽默,这种幽默,追根溯源,来自加利西亚犹太人首都布罗德。在 19 世纪前十年,很多加利西亚的犹太人移居敖德萨,他们中间有:商人、旧货贩子、裁缝、沿街小贩、鞋匠、犹太学校教师、珠宝匠、教会仆役、马车夫、面包师,还有无业游民,他们期待着,在那个看起来年轻、蓬勃和富裕的城市里,开辟新的生活,获得财富和成功。

1818 年,17 岁的摩耶斯·弗拉伊姆·莱伊耶拉夫·施瓦赫瓦里,从布罗德来到敖德萨定居,此后娶了同岁的费伊加为妻。这两位犹太人,正是巴别尔的外曾祖父和外曾祖母。巴别尔的外婆哈雅-勒娅生于 1841 年,没有受过任何教育,不会用犹太语阅读和书写,却是出色的布罗德说书人。

---

① [俄]巴别尔著,戴骢译,《红色骑兵军》,杭州:浙江文艺出版社,2009。

如此，布罗德人的神话，作为遗产，传给了伊萨克·巴别尔和约瑟夫·布罗茨基。我在巴别尔1920年的日记中读到"哪怕只有石头也好"。石头就留在布罗德，留在古老的犹太公墓，留在犹太教堂、天主教堂、东正教堂的遗址上，留在波兰城堡的宏伟轮廓中。

大司祭安德烈·特卡乔夫在记叙布罗茨基的文章中写道：

当我念出布罗茨基这个姓氏时，感到一种经久不息的疼痛。这并不是因为布罗茨基姓氏本身。很多犹太人的祖先，都源自加利西亚的布罗德。他们当中很多人的传记饶有趣味，能够激发读者丰富的情感：从尊重直至讽刺。但只有彼得堡出生的诗人，引人悲伤，他曾说：

我不愿选择任何一个国家，任何一个墓地。/我要去死在瓦西里岛上。

由于无法理解恰莎的约瑟夫这个名字，这种悲伤，对我个人而言，不断被加强。即使他信仰东正教，为了在圣餐时寻得与他最好的交心方式，我也拒绝阅读他的诗歌……沉迷于邓恩诗歌的布罗茨基，也有类似的体验。邓恩劝诫中的那句"为你而鸣的钟"，被海明威作为小说《丧钟为谁而鸣》的题词，因此，邓恩被大多数人所知晓。邓恩的确是个非凡人物，他是神职人员，伦敦圣保罗教堂的主持牧师，从类似的诗歌到基督教布道，信手拈来。邓恩本人，仅仅把诗歌当作青年时期的娱乐，成年之后，就停止诗歌创作，专心布道，成为那个时代出色的布道者。每当我回忆至此，都会想，在某个时刻，约瑟夫·布罗茨基，距离神学，仅一步之遥。而且，布罗茨基非常顽强，固执地咬住语言的结构，就像饥饿的老鼠，紧紧咬住奶酪一样。诗人喜欢重复奥登的名言——诗人，是言语存在的器官，语言通过诗人变得鲜活，而语言，同生命一样，可以说出隐于自身的思想……布罗茨基说，正是语言，产生了诗人和诗歌，而不是相反。这种理论洋溢着真正的萨满主义思想,但是,对于布罗茨基,却十分受用。诗人对语言"吹毛求疵",他就像为了浮游生物,让数十吨的水穿过自身的鲸鱼,他让言语穿过大脑和心脏,于是,感恩的话语,成为语言的杰作。

对于类似的萨满主义,固执是必须的,而这种固执,流淌在布罗茨基的血液中,准确地说,流淌在犹太人的血液中……

在阅读俄罗斯神父这篇深邃的文章时,我想,正是布罗德城的"基因",迫使城市的居民在被占领期间,在进行国际贸易期间,掌握多种语言,谋求生存,同时塑造了布罗茨基的丰富性。布罗德促进了城市人民的智力发展,更塑造了他们不愿千篇一律的个性。

我想,诗人约瑟夫·布罗茨基会饶有兴趣地在城堡和要塞的废墟中徜徉,在中世纪的犹太教堂、波兰天主教堂和东正教教堂的遗址旁散步;走过"金色"街道和自由集市,走过诗人密茨凯维奇街道;为波兰诗人科热尼奥夫斯基的纪念碑献花。可惜,诗人已无法看到米哈伊尔·库图佐夫的纪念碑了。在乌克兰民主分子"乌克兰万岁"的叫嚣中,纪念碑被彻底拆毁。俄罗斯统帅的雕像在布罗德出现并非偶然:库图佐夫以及他的战友彼得·伊万诺夫·巴格拉季昂,曾参加苏沃洛夫的波兰远征,在布罗德附近英勇作战。1915 年,第一次世界大战期间,尼古拉二世曾到访布罗德。有趣的是,谢苗·布杰诺的第一骑兵军总部,也曾在布罗德驻扎,1944 年,在布罗德附近的森林里,班杰拉分子击毙了著名的苏联侦察员尼古拉·库茨涅佐夫,后者是《罗诺夫往事》的主人公。同样,1944 年,苏联英雄彼得·约瑟夫维奇·古奇克,在布罗德击落两架德国飞机,撞毁一架敌机。因此,在布罗德埋藏着波兰人、俄罗斯人、德国人、犹太人,甚至是土耳其人和鞑靼人的记忆,但是,乌克兰的遗迹却无处寻觅。1939 年,布罗德的乌克兰居民,甚至不到总人口的 10%!

这座位于奥匈帝国、俄罗斯帝国和波兰帝国边境的小城,在数千年的历史中留下不少印记,孕育了一批杰出儿女。他们当中有:

著名的历史学家奥托·豪斯涅尔，波兰作家尤瑟夫·科热尼奥夫斯基、哈希德主义创始人之一亚伯拉罕·库托维尔，曾在巴黎和柏林工作、被葬在瑞典的著名苏联侦察员莫里斯·巴尔达赫，以色列作家萨旦·朵夫，还有十分欣赏约瑟夫·布罗茨基的奥地利作家优塞福·罗特，后者以讲述哈布斯堡王朝的历史小说《拉德斯基进行曲》而闻名，这部小说被誉为二十部最优秀的德语长篇小说之一，曾两次被搬上银幕。优塞福·罗特出生于布罗德，在利沃夫和匈牙利大学学习，后来参加第一次世界大战，战争结束后，为德国报纸撰稿，创作反映欧洲战后生活的讽刺小说，后来为了躲避纳粹而逃亡法国，晚年由于极度贫困和酗酒，于 1939 年在医院自杀。我认为，优塞福·罗特的布罗德出身，是布罗茨基对他产生兴趣的起因；对伊萨克·巴别尔的兴趣，也产生于此。

在乌克兰，布罗茨基差点成为电影演员。1971 年，瓦季姆·李森科邀请他饰演电影《开往遥远八月的火车》的角色——苏共敖德萨市委秘书瑙姆·古列维奇。电影讲述卫国战争期间发生在敖德萨的保卫战。拍摄电影期间，诗人很可能曾离开敖德萨，前往布罗德。拍摄完成时（已经拍摄了主人公在城市保卫战中的连续镜头，三十年后主人公与敖德萨人民的重逢，以及布罗茨基和哲加尔哈尼扬饰演的侦察员参加防卫司令部大会的场景），导演突然接到从基辅打来的电话，要求立刻将已经拍摄的材料送往乌克兰国家电影院，并且要求重新拍摄有布罗茨基出演的镜头，理由是"不可靠的无名诗人，无法完成电影的重要政治目标"。

导演瓦季姆·李森科不得不更换演员，找人饰演古列维奇。但是，李森科只用新演员重拍了近景部分，中景和远景仍然保留了布罗茨基的镜头，只是不得不把他的名字从字幕中去掉。可能从那时起，诗人就不喜欢乌克兰官员。也可能因此，诗人认为自己的历史故乡属于波兰，而非乌克兰。他或许知道，在波兰人统治时期，布罗德还保留着自己的犹太风貌，而在苏联时期的乌克兰，一切都荡然无存，只剩下些许回忆。此外，波兰人和俄罗斯人已经从城市消失了。数个世纪以来的加利西亚的犹太人首都，所有布罗茨基家族的摇篮,现在已经完全失去了熟悉的国际风貌。只有古老的犹太教堂的废墟和犹太公墓留存着对犹太人的遥远回忆。

世代相传,这个城市教会了来自布罗德的约瑟夫精于自己的事业,对世界永远心存感激,在生活最困难的时刻,依然平静地嘲讽一切。

一个半房间

  1940 年 5 月 24 日，约瑟夫·布罗茨基出生于列宁格勒（今圣彼得堡）维堡区的图尔教授诊所。卫国战争开始时，他才一岁多。他的父亲亚历山大·以色列维奇·布罗茨基和母亲玛丽娅·莫伊谢耶夫娜·沃尔佩尔特，出生于犹太知识分子家庭。父亲的祖先来自布罗德，母亲的祖先来自现在的立陶宛。亚历山大·以色列维奇·布罗茨基，出生于印刷厂厂主的家庭，从小就喜爱、重视阅读，后来，他的父母又经营钟表作坊。诗人的母亲，出生于德文斯克（今拉脱维亚的陶格夫匹尔斯）的一个代理商家庭，她的父亲是著名的"辛格"缝纫机公司代理商，她学的是会计专业，她的妹妹多拉·莫伊谢耶夫娜，是列宁格勒高尔基模范大剧院和科密萨尔热夫斯基剧院的女演员。

  "我们叫她'玛鲁夏''玛尼娅''玛涅奇卡'（我父亲和母亲的姐妹对她的昵称），还有'玛西亚'，或'奇莎'，后两个是我的发明。'你敢这样叫我！'——她会愤怒惊呼，'还有，你们平时也不要讲这类猫科宠物的话！否则，你们最终会变成猫脑子'[①]！尽管她有娘家姓氏（她结婚后仍然保留），但是，由于她的外表，第五款（民族）身份，对她而言，扮演了比较次要的角色。她有一种非常独特的吸引力，有北欧人——我会说，波罗的海人的气质"，约瑟夫·布罗茨基在散文《一个半房间》中这样描述母亲，诗人将这篇散文献给父母和自己在列宁格勒的童年生活。

---

① 布罗茨基著，黄灿然译，《小于一》，杭州：浙江文艺出版社，2014，第 419 页。

出于纯粹的犹太天性，他不可能假装成其他人。他的 p 音发得并不纯正，外表又有十分明显的特征。布罗茨基后来曾不止一次在采访中提道："大家很快就能确定，你是不是犹太人。俄罗斯人能清楚区分这一点。当别人问起我的民族时，我当然会回答，我是犹太人。但是，别人很少这样发问。通常根本没有必要问，因为我发不出卷舌音 p……"还有，"我是犹太人。百分之百的犹太人。就是说，在我看来，没有比我更纯的犹太人了，爸爸，妈妈，都毫无疑问。没有任何混血。"

他从童年时期开始，就一直携带着这个印记，并且逐渐学会对"第五款"身份不做任何反应。"我很早就意识到，我是犹太人。我的家庭和犹太教没有任何关系，完全没有。但是，国家体制却迫使每个人意识到自己的民族属性。苏联时期的证明文件——护照，上面写着你的姓名，出生地和民族……在学校，作为犹太人，意味着你要时刻做好自卫的准备。他们叫我'犹太鬼'，我就挥舞拳头扑过去。对诸如此类的玩笑，我总会做出相当病态的反应，把它们当做人格侮辱。我是犹太人，这一点深深刺痛了我。如今，这样的取笑已经不会让我有任何受辱之感了，但这样的意识，是后来才产生的[①]。我在工厂工作时，甚至当我被关在监狱时，我却很少遇到反犹主义。在文学界，知识分子界，反犹主义最为严重，民族问题的确令人痛苦，要知道，你的事业取决于第五款（民族）的身份……"

1947 年，约瑟夫进入路德会教堂街 8 号的第 203 中学学习。1950 年，又转入青苔街的第 196 中学就读，1953 年，进入索里杨胡同的第 181 学校读七年级，因成绩不及格而留级。后来，他申请进入海军潜艇兵学校，但未被录取，接着转入纳尔夫斯基大街的第 289 中学读七年级。他的教育经历到七年级为止。此外，他还曾进入第 191 中学读八年级，但是，没有读完，4 月又进"兵工厂"做铣工学徒，工作八个月后，离开工厂，去太平间作了卫生员。对于犹太知识分子家庭的孩子而言，这样的经历，未免太"独特"。很难想

---

① 列夫·洛谢夫著，刘文飞译，《布罗茨基传》，北京：东方出版社，2009，第 27 页。

象,父母看着他在各个学校和太平间游荡,心里如何五味杂陈。1957年夏天,父亲突发心肌梗塞,布罗茨基考虑到父亲的身体情况,立即放弃了在太平间的工作。

我的同龄人回忆起1950—1960年那段岁月时曾说:所有的父母,都希望自己的孩子先完成中等教育,此后必须进入学院深造。约瑟夫对待学业的粗鲁态度,使他的父母非常恼火。浴池锅炉工,灯塔看守员,还有种种其他职业,都是很不体面的工作。这些行为令他的父亲非常愤怒,他的父亲可是一名军官,三等大尉。布罗茨基曾经回忆道:"父母经常责骂我,以至我获得了抵御这种行为的免疫力。国家给我带来的所有不快,都无法与之相比。"

与此同时,当布罗茨基未来的朋友叶甫盖尼·莱茵、阿纳托里·奈曼、德米特里·博贝舍夫在技术学校学习时,布罗茨基在北方的地质勘察中完成了自己的"大学"。怎么能说布罗茨基是寄生虫呢?我年轻的时候,也曾在地质勘探队做过杂工,我完全可以想象,布罗茨基承担着多么沉重的工作。地质学家可不负责挖松土地、拖拽箱子、搬运经纬仪这样的重活;干这些的都是杂工:酒鬼、出狱的犯人,或者像布罗茨基一样的独立青年。

有趣的是,1957年,布罗茨基在北方勘察时期,曾路过阿尔汉格尔斯格州的玛拉舒伊卡车站。我母亲当时17岁,还在上中学,她就是在那里遇见了我的父亲。我的父亲当时刚刚出狱,他在那里工作,还指挥了从摩尔曼斯克到沃洛格达的道路建设,这条道路,后来拯救了整个国家。如果没有这条沿着战线的通道,芬兰人封锁经过卡累利阿的道路时,盟军就无法把货物从摩尔曼斯克运往前线。就在这些地方,布罗茨基跟随地质队工作,每天步行30千米,有时甚至是沿着沼泽,负重前行。这样勤劳的人绝不是寄生虫,真希望法官萨维里耶娃拿着经纬仪穿过沼泽!正因如此,北疆的流放之地,后来反而变成了布罗茨基休养和积极创作的好地方。这一切可能都是上帝的安排。遥远的北疆为我们培育了一位诗坛巨擘。

我曾特别强调:他的双亲并非来自普通的犹太家庭,而是来自犹太知识分子家庭。在 20 世纪 40 年代,这意味良多。当时很多迁居首都的移民都来自白俄罗斯,或者沃伦的穷乡僻壤,那里完全是另一种文化,或者说,没有文化。例如,谢尔盖·叶赛宁曾经说过:克留耶夫,还有他自己——出身于有文化的高级农民阶层,但是,在苏联时期的履历表上,他们还是填报自己出身普通农民。无论如何,在显露耀眼的才华前,必须经过几个阶段的文化教育。没有人可以一步登天,麻雀不是直接变成凤凰的。无论你来自犹太小城,还是俄罗斯乡村,总要接受教育,才能进入文化界。虽然约瑟夫的祖先来自加利西亚的布罗德,但是,他与当地的祖先相隔甚远。

布罗茨基的父亲,亚历山大·以色列维奇拥有两个学位:一个是列宁格勒大学的地理学学位,一个是红色新闻学校的新闻学学位。亚历山大·以色列维奇热爱阅读,酷爱历史。其他的布罗茨基回忆录作家和创作研究者,把亚历山大·以色列维奇(此后改称伊万诺维奇)描写成普通刻板的公务员,平凡岗位上的"螺丝钉"。事实远非如此。仅仅是他的东方收藏就足以证明,他绝不是头脑简单的斯大林主义的军官。忧心生活琐事的军官,只会把一些比精美的中国瓷器和青铜器无聊百倍的东西带回家。例如,一个刻板的公务员,为什么需要沉重的青铜帆船呢? 帆船现存彼得堡的布罗茨基故居博物馆。儿子通常以父亲为榜样。布罗茨基的母亲,玛丽娅·莫伊谢耶夫娜,能用法语或德语流利交流。布罗茨基曾经回忆道:"母亲穿着黄粉相间的中国绉纱连衣裙,踩着高跟鞋,拍着手,用德语——她童年时代在拉脱维亚的语言——欢呼:'啊呀,妙极了!'"布罗茨基就是从父母那里接受了文化熏陶。

大部分的俄罗斯和国外布罗茨基传记作家,开头总会写道:他出生于犹太家庭,此后便戛然而止。但是,这样无法理解布罗茨基诗歌的帝国性和他的伟大构思,因此,我要接着写下去。

1940 年 5 月 24 日,约瑟夫·亚历山大维奇·布罗茨基出生于苏联海军军官家庭。相信我,在那个年代,在培养孩子方面,奖章的第二面要比第一面——国家的那一面,重要得多。布罗茨基在父亲海军军官身份的巨大影响下,度过了童年,尽管这种影响是潜移默化的。难怪七年级结束以后,他本人想要进入潜水兵学校学习。他的父亲先后在芬兰战争和卫国战争中作战,此后又作为摄影记者被派往中国,服役至1948年。父亲从中国带回很多战利品。除了上面提到的青铜帆船,还有和服、瓷质纪念品和行李箱,布罗茨基流亡时,就带着这个行李箱——现在,它已经成为布罗茨基纪念物的一部分。

奥夏①·布罗茨基童年时期的邻家朋友米萨伊特·萨巴罗夫回忆道:"我们的父亲在同一系统工作,奥夏的父亲,亚历山大·伊万诺维奇是摄影家,拍摄了很多列宁格勒围困时期的照片。顺便一提,我至今都不明白,为什么没有人想要举办亚历山大·伊万诺维奇的摄影展呢?毕竟围困时期的大多数著名照片都是他的作品。战后,他先在中央海军博物馆做摄影部的负责人,然后在《苏联波罗的海》报社做摄影记者。1947年,我的父亲阿里夫·萨巴罗夫在战后完成了著名纪实小说《生活之路》,其中的插图也是亚历山大·布罗茨基的摄影作品。"

他俩都出生于1940年5月,相差二十几天,他们是邻居,一起去格里包耶多夫第203学校上课,一同在主显圣容大教堂院里的铁链上荡秋千,一起在夏园玩耍,在同一所儿童医院治病,甚至去同一个少先队夏令营。米萨伊特·萨巴罗夫清楚记得他们共同的童年回忆:

亚历山大·伊万诺维奇在海军服役,热爱海军,日常也穿海军服,戴着海军帽。我甚至无法想象,他还有其他打扮。我去奥夏家做客,他的妈妈,玛丽娅·莫伊谢耶夫娜,有时穿裙子,有时穿长衫,但是,亚历山大·伊万诺维奇永远穿着制服。儿子继承了父亲对海军的热爱。我记得,布罗茨基在随笔《一个半房间》中写道:我深信,除了过去两百年的历史,也许还有

---

① "约瑟夫"的昵称。

这个以前的首都的建筑外,俄罗斯值得骄傲的另一样东西,就是它的海军的历史。不是因为其蔚为奇观的胜利,这方面倒是很少的,而是因为其事业所传达的高贵的精神。①他梦想成为一名远航大尉。我一直劝说他打消这个念头。我通过父亲切实了解了海军士兵的日常生活,我告诉奥夏,大尉的工作繁重单调,这个职业太无聊了,应该选择创造性的职业。"什么样的职业?"——奥夏问道。"例如,可以当一名作家",我回答道……

关于作家的内容,或许是米萨伊特现在的编造,他几乎把自己想象成先知了,但是,有关他俩童年记忆的细节,却很清楚。

我们一起去第 203 学校,学校在"斯巴达克"电影院旁边。他上一年级的时候,穿着长长的裤子。这都是他母亲的功劳。玛丽娅·莫伊谢耶夫娜是名会计,但对缝纫也有些研究。我去找布罗茨基的时候,经常看见她坐在缝纫机后面。她给布罗茨基缝了很多黑色长裤,布罗茨基就穿着这些裤子上学。我的父亲,当时从德国带回来蒂罗尔短裤,冬天必须要穿长袜。我非常讨厌这些裤子和长袜,我多么羡慕奥夏啊!……(这样的细节,简直无法想象!——作者)

我们在城里闲逛。我已经搬到米丘林街,但我们还像往常一样见面,站在院里就可以聊天。有时候我们去军官之家,有时候去公共图书馆的校用阅览室。在那儿,我们依然聊天,甚至争吵。我们经常去电影院,当时"斯巴达克"放映外来片子,名字都是类似《间谍活动网》《我梦想的姑娘》之类的……我从不看关于爱情的电影,只看战争片。但是,奥夏看爱情片,例如,他喜欢电影《走上断头台》(关于玛丽·斯图亚特的一部电影),因为电影里的爱情和背叛让他激动不安。此后,他甚至

① 布罗茨基著,黄灿然译,《小于一》,杭州:浙江文艺出版社,2014。

创作了组诗《致玛丽·斯图亚特的十二首十四行诗》献给这部电影。此外，我把同布罗茨基从 1947 年到 1970 年一起看过的电影，列了一张清单……在这些电影当中，不乏毫无争议的佳作。

令米萨伊特难忘的，不仅有约瑟夫的黑裤子，还有他独一无二的迷人红发。米萨伊特记得，约瑟夫大约从七年级开始迷上诗歌，约瑟夫第一次公开书写的有关苏联的诗句是，"走到汗流浃背为止，这就是我们的工作"。1955 年，布罗茨基一家搬至著名的姆鲁济大楼的"一个半房间"。在那里，奥夏和朋友交流有关书籍和诗人的印象，一会儿谈论天才诗人戈列勃·戈尔博夫斯基，一会儿谈论赖纳的妻子。"我记得，我们坐在窗台上，一起看奥莉娅·布拉东维奇送给奥夏的莫迪利亚尼翻印画册。亚历山大·伊万诺维奇则在一旁走来走去，念叨着——据说，坐着两个白痴……好像是在转述马列维奇说给他的话（亚历山大·伊万诺维奇与马列维奇等其他艺术家交往密切）。'我愚弄白痴，因为这对他们的生活是必需的……'"

显然，少年布罗茨基受父亲的影响，无论在绘画还是诗歌方面，都不喜欢激进的先锋派，终身都是传统主义者。同时，他也从父亲那里继承了对海军和圣安德鲁海军旗的热爱。"当我还是一个孩子时，我有很多梦想。我想成为一名海军战士，或者飞行员。但是，这个梦想很快就破灭了，因为我是犹太人。苏联不允许犹太人驾驶飞机。此后，我决定进入海军潜水兵学校学习。我父亲战时在舰队服役，我爱上了海军制服。"

事实上，约瑟夫·布罗茨基曾想考取海军潜水兵学校。他移民美国以后，在一次访谈中，他说，因为健康问题没有被录取，而其他资料，则归因于他的犹太身份。两种原因都有可能。但是，作为记者，当我不得不乘坐潜水艇在北方海域航行时，我发现，潜水员中有不少犹太人。从事该职业的人必须受过良好教育，具备专业知识，因此，我猜想，此时"第五款（民族）"身份不会引起特别注意。

约瑟夫的健康状况确实不佳。他身高 172 厘米,作为潜水员有点高了。

很可惜,约瑟夫没有被录取。无论如何,命中注定,他还是会成为诗人,但是他的诗歌,会像莱蒙托夫和古米廖夫的诗歌一样,更加骁勇浪漫。此外,毫无疑问,他的诗歌也受到战争的影响:

> 原子弹,蘑菇云,百年噩梦,/但我们已然习惯了沉重的军靴声,/习惯了匮乏食物,/只有面包和清水的日子,/再没有什么可以果腹,/我们想尽办法延续自己的血脉,/反复念着将军们的名字,/在我们的年代,/流行军绿色,/永远勤俭忍耐,/活着,伴随着一场又一场战争,/小的战斗,大的战役,/我们全都浸染在自己的,与他人的鲜血中。

约瑟夫·布罗茨基并不喜欢回忆童年。苏联海军军官儿子的平凡童年,有什么趣味呢?"俄罗斯人不会赋予童年过多的意义。我更是不予理睬。我不认为童年的印象对于未来的发展具有重要作用"。我不禁要反驳我书中主人公类似的断言。战时的童年,父亲的战利品,还有在世的双亲,的确仍然留存在他的记忆中。约瑟夫·布罗茨基的《一个半房间》无疑证明了这一点:

> 我们三个人住在我们那一个半房间里:父亲、母亲和我。一个家庭,一个当时典型的俄罗斯家庭。但是,战后,很少有人能养活两个以上的孩子。以后,他们一些人甚至无缘与父亲一起生活:"大清洗"和战争,在各地造成大量死亡,尤其是在我生长的城市。
>
> 因此,我们自觉幸运了,尤其鉴于我们是犹太人。所有的我们三个人,都在战争中幸存下来(我说"我们三个人",因为我也是在战前,1940 年出生的);父母在 30 年代的"大清洗"中幸存下来。
>
> 我猜,他们觉得自己是幸运的,尽管他们从不这么说。总

而言之,他们不怎么关注自我,除了年纪渐大,疾病开始困扰他们的时候。即使那时,他们谈起自己和死亡,也不会以那种会使听者害怕或引发听者同情的方式来进行。他们只会发发牢骚,或自言自语地抱怨他们的疼痛,或长时间讨论这种或那种药物。母亲最接近谈论这类事情的,是她指着一套非常精致的瓷器说:"这东西会是你的,等你结婚,或等……"——这时,她就不再说下去了。[1]

显然,约瑟夫·布罗茨基写下这篇优美的随笔,不是为了回忆童年,而是为了纪念逝世的父母。正是因为玛丽娅·莫伊谢耶夫娜和亚历山大·伊万诺维奇,我们才能生动想象诗人的童年。对父母的思念,加深了诗人的记忆:

他比妻子多活了十三个月。在她七十八年和他八十年的生命中,我只有三十二年和他们在一起。我对他们如何相识,对他们的恋爱,几乎一无所知;我甚至不知道,他们是何时结婚的。我也不知道,他们生命最后十一年或十二年,即没有我的那些年间,是如何生活的。由于我再也没有机会知道,因此,我最好假设,他们的日常生活还是老样子,假设他们在没有我的情况下,也许过得更好:既就钱而言,也就他们不必担心我再被捕而言。除了我不能在他们晚年帮助他们,除了我没有在他们临终时陪伴左右。

我说这些,与其说是出于内疚,不如说是出于孩子的利己主义愿望,希望跟随父母经历他们人生的所有阶段;因为每个孩子,总是以这样和那样的方式,重复父母的人生轨迹。毕竟,我可以辩称,我们想从父母那里了解自己的未来,自己的老年;我们还想从他们那里,吸取人生的终极教训:如何死亡。即使我们不想要这些,我们也知道,我们总是从他们那里学

---

[1] 布罗茨基著,黄灿然译,《小于一》,杭州:浙江文艺出版社,2014,第388页。

习,不管是多么不自觉地学习。"等我老了以后,我也会是这个样子吗?这心脏病——或任何其他疾病——是遗传的吗?"

我不知道,也永远无法知道,他们在生命的最后几年感觉如何。他们多少次被恐惧包围,多少次在死亡的边缘徘徊,当痛苦减轻时,又怎样重燃希望,希望我们三人再次团聚。"儿子,"母亲总会在电话里说,"我今生唯一的愿望,就是能再见到你。"此后,又突然说:"你打电话前五分钟在做什么?""没什么,我们在洗碗碟。""啊,这很好。洗碗碟是件好事,有时候能起到极好的治疗作用。"①

我仍然记得,布罗茨基曾经无数次尝试邀请父母到访美国,但是,他的一个半房间,已经永远留在了俄罗斯和美国文学史中。在那里,他开始用打字机写诗,描述从中国带来的战利品和在小隔间与朋友的会面,我也有幸到过那一个半房间,他也曾带着深爱的玛琳娜去过那里。

我那半个房间的尽头有扇门。父亲不在暗房工作时,我便利用那个门进出。"这样就不会打扰你们了。"我对父母说,实际上,我是为了避免他们的监视和避免必须向他们介绍我的客人,亦或相反。为了遮掩这些来访的性质,我一直开着电唱机,于是,父母逐渐讨厌起巴赫来了。

此后不久,书籍的数量和对隐私的需求戏剧性地增长,我便进一步划分我那半个房间,重新摆放了两个橱柜,把我的床和书桌与那个暗房分隔开来。在两者之间,我把闲置在走廊的第三个橱柜也塞了进去,我拆掉它的背板,把它的门完整地保留下来。于是,客人们必须通过两道门和一道帘子才能进入我的生活空间。第一道门通往走廊,然后,你会发现自己站在我父亲的暗房里,此后揭开帘子,最后打开那个被改装的柜门。

---

① 布罗茨基著,黄灿然译,《小于一》,杭州:浙江文艺出版社,2014,第390页。

我把所有的皮箱都堆到橱柜顶上。皮箱很多,可是仍然碰不到
天花板。最后形成一道屏障;不过,屏障背后,那个顽童有了
安全感,而某位玛琳娜也可以不止裸露她的胸部。①

　　就是在这样的半个房间,在这个小隔间,形成了约瑟夫·布罗
茨基的诗性。在那里,他成为诗人,也成为男人。或许,如果他与
父母保持交流,加上他独立的个性,此后便不会迸发出回忆他们的
强烈渴望,也就不会写出散文《一个半房间》了,但是,在将近十三
年里,他们被禁止相见,于是,他忘记了与父亲的冲突,只记得父亲
军官生涯最明亮的一面。

　　我回忆他们,不是出于怀旧,而是因为这里正是我母亲度
过四分之一生命的地方。有家的人很少外出吃饭;在俄罗斯,
几乎从不这样。我不记得,母亲或者父亲曾在某家餐馆用餐,
或去咖啡馆。除了切斯特·卡尔曼②之外,她是我所知的最好
的厨师,然而,前者有更多的调料。我常常想起她在厨房,系
着围裙,脸泛红光,眼镜蒙着一层薄薄的雾气,当我试图直接
从炉子上拿起食物时,她总把我轰走。她的上唇闪着汗光,染
过的灰白短发凌乱地卷着。"走开!"她生气地喊着。"多没耐
心!"我再也听不到那喊声了……③

　　苏联斯大林时代的父辈和"解冻"时期子辈之间的矛盾也很
常见。

　　"你又在读多斯·帕索斯的作品?"她一边说,一边摆桌子。
　　"谁会读屠格涅夫的书? ——你还能指望他做什么?"父亲放下

---

① 布罗茨基著,黄灿然译,《小于一》,杭州:浙江文艺出版社,2014,第411页。
② 切斯特·卡尔曼(1921—1975),美国诗人,歌剧词作家,奥登的终身伴侣。
③ 布罗茨基著,黄灿然译,《小于一》,杭州:浙江文艺出版社,2014,第394页。

报纸,附和道,"简直无所事事……"

我的父亲,也曾拿走我读的海明威的书,因为看到我读奥斯卡·王尔德的书而训斥我,成千上万的苏联家庭,都是如此。

约瑟夫很小的时候,几乎没有见过父亲。1940年,亚历山大·伊万诺夫参加芬兰战争,断续作战,直至1948年,他才从中国回到俄罗斯——他与一批军事顾问被派往中国工作。战争期间,亚历山大·伊万诺维奇曾去过巴伦支海、塞瓦斯托波尔以及列宁格勒舰队。我想,早就应该举办战地记者亚历山大·布罗茨基围困时期拍摄的照片展览。

很自然,在完全自由环境中独立成长的街边顽童,很难与习惯军队氛围的父亲找到共同语言。平常在学校,他也几乎找不到有共同语言的人。就某种意义而言,这纯粹是莱蒙托夫式的童年,从少年时期开始,就过着自由孤独的日子。他一点都不像拉着小提琴的犹太知识分子的孩子。他不停地转学,1955年,他从第191中学的八年级退学,从此再也没有上学。七年级以后,他不断更换工作地点,选择了毫不轻松的职业。此后,在审判"社会寄生虫"的法庭上,法官列举了他从事的十三种职业:铣工、地质勘查队工人、卫生员、锅炉工、摄影师、翻译……他就是这样一个彼得堡的顽童。

因此,他总是着迷于同样大胆的顽童,例如戈列勃·戈尔博夫斯基,他从童年时代就习惯使用那些从街边学来的半黑话词汇。八年级辍学后,布罗茨基进入军工厂做铣工;他选择自学,把大量阅读作为主要课程。此后,他希望成为外科医生,开始在十字监狱医院的太平间做解剖医师的助手:"十六岁时我想成为外科医生,于是,整月都在太平间解剖尸体。"1956年,和很多同龄人一样,他第一次开始写诗。柳德米拉·施泰因回忆道:"十六岁时,偶然读过鲍里斯·斯卢茨基的诗集后,布罗茨基开始写诗,用他自己的话说,'喜欢写写打油诗而已'"。1957年,十七岁的时候,他首次发表诗歌。

侨居期间,很显然,他与父母的交流匮乏,苏联坚决禁止他的父母探望儿子,而且毫无理由。

他们希望在临终前见我一面,并不是希望或企图回避爆炸。他们没有做好移民美国度过余生的准备。他们感觉自己太老了,无法承受任何改变,美国对于他们,不过是个可以与儿子见面的地方的名字罢了。只有当他们怀疑,一旦他们获准出国,是否有能力旅行时,美国,对他们来说,才真实起来。然而,这两位衰弱的老人与那些负责批准出国的败类玩的是什么游戏!

这是他生命中最痛苦的一页——无论是在父母生病、心肌梗塞或遭受官方审查时,甚至他们在列宁格勒去世时,他都无法与父母相见。为此,父母也曾想尽一切办法:父亲尝试单独办理出国签证探望儿子,母亲则留在家里做人质。同样的办法,母亲也试过。他们给各个机关和部门写信,寻找有力的理由——但一切全是徒劳。矛盾在于,父母不愿永远离开祖国,拒绝使用以色列签证出国。显然,一位苏联老军官在美国无事可做,如果仅仅为了探望儿子,按照某种阴谋论,无法作为理由。而且,诗人约瑟夫·布罗茨基,在海外从未从事反苏的政治活动。安德列·辛亚夫斯基的妻子玛丽娅·罗扎诺娃,曾被允许探望丈夫。索尔仁尼琴的妻子娜塔莉亚·德米特里耶夫娜,也被允许探望丈夫。索尔仁尼琴可是头号反苏人物,苏联政权的公开敌人。还有不少恐怖分子的亲属,也获准出国。然而,却不许诗人约瑟夫·布罗茨基的父母探访儿子。真想知道这些彼得堡高官的名字,这些鄙视神圣亲情的伪善者!布罗茨基甚至开始用英语写作关于父母的散文以示抗议,报复他用来祷告的俄语母语:

我用英语写下这篇文章,因为我想使他们获得若干自由的空间;这种空间,会随着文章读者的数量的增长而增长。我想让玛丽娅·沃尔佩特和亚历山大·布罗茨基获得"异域良心准则"下的现实,我想用英语运动动词,描写他们的活动。这不会使他们复活,但英语语法,在这种情况下,是比俄语更好的逃跑路线,帮助他们逃出国家火葬场的烟囱。用俄语描写,只会进一步加强对他们的禁锢,把他们变得更加微不足道,最终机械地消灭他们。我知道,不应该把国家与语言等同起来,但是,当两位老人,在无数的国家机关和部门之间穿梭,希望在去世前获准出国探访自己唯一的儿子,却听到有人用俄语连续十二年一遍遍回答,国家认为,这样的探访是"不合理的"。至少,这种一遍遍重复的套话,显示了国家公文与俄语之间的某种相似。此外,即使我用俄语把这一切都写下来,这些文字,在俄罗斯也会不见天日。那时,谁会阅读它们呢?那些父母在同样环境下死去或即将死去的少数侨民?他们太熟悉这个故事了。他们知道,不准探望临终的父母是怎样的感觉,他们知道,想要出席某位亲人的葬礼,提出办理紧急签证申请后,杳无音信的感觉。此后,一切都太迟了,一个男人或女人,放下话筒,走出门廊,走进异国午后的空间,充满无以言表、无以哀鸣的感觉……我能对他们说些什么呢?我又能如何安慰他们呢?没有任何国家像俄罗斯一样,擅于摧残它的国民的心灵,也没有任何作家,可以将其治愈;不,只有上帝能做到,他拥有足够的时间。但愿英语可以告慰父母的在天之灵。[1]

---

[1] 布罗茨基著,黄灿然译,《小于一》,杭州:浙江文艺出版社,2014,第398页。

切列波维茨受洗

切列波维茨,对年幼的奥夏·布罗茨基来说,不仅是使他逃离饥饿和围困的城市,据我所知,这也是他受洗的地方。诗人的很多崇拜者,忽视这一看似不可置信的受洗故事,或者对其置之不理,我对此感到十分惊讶。为什么诗人的母亲玛丽娅·莫伊谢耶夫娜要编造整个受洗的经历呢?她为什么要告诉密友娜塔莉亚·卡鲁济娅娜呢?如果卡鲁济娅娜,布罗茨基的委托人和法庭的重要证人,编造了受洗的故事,那么,我们能够相信她的其他证词吗?难道一切全是幻想?最后,为什么维克多·克里乌林,非神职人员,著名的天才游吟诗人,要编造布罗茨基受洗的故事呢?

而且,不只克里乌林一人知道布罗茨基曾在切列波维茨受洗。克里乌林的遗孀奥莉嘉·库什琳娜回忆道:

> 最终,我不得不在约瑟夫四十天的时候,在圣彼得堡的主易圣容大教堂事先安排弥撒,而且我预先与教堂堂长探讨了约瑟夫受洗可能引发的争议……他没有马上答应,不是因为害怕受到非议,纯粹是"苏联式"的胆怯(教堂就在姆鲁济大楼旁边)。

据悉,奶娘曾为约瑟夫施洗,她是虔诚的教徒,在无法请来神父的情况下,可以为其他人施洗(我的曾祖母在土库曼偏远的小城做接生婆,也为接生的孩子施洗)……克里乌林还询问了其他可信的人,这决不是为了满足个人无聊的好奇,而是因为他本人恰好见证了弥撒仪式。他笃信宗教,因此尝试把一切解释清楚。所以,洛谢夫的书记载得并不准确,卡鲁济娅娜和克里乌林都能证明这一点。

我无论如何都无法理解,为什么所有关于诗人的著作,都羞怯地绕过这一问题。传记作家好奇地想知道,诗人是否受洗,就如他们想知道布罗茨基生平其他事实一样,这与传记作家的宗教信仰无关。同样令人好奇的,还有在最沉重的战争年代,诗人被疏散到切列波维茨的两年时光。约瑟夫·布罗茨基此后在与尼古拉·鲁波佐夫的谈话中,可能提到年轻时的"沃格达州流放"。鲁波佐夫也在自己的"丝绒"通讯簿的第十二页,保留着约瑟夫·布罗茨基的电话号码,这绝非偶然。他十分生动地(并不怀疑)描写了布罗茨基在诗歌比赛中的演讲。演讲比赛在马克西姆·高尔基文化宫举行,库什涅尔、戈尔波夫斯基、索斯诺拉都参加了比赛。鲁波佐夫在1960年3月给同事——文学家盖尔曼·霍普的信中写道:

> 当然,有些颓废诗人,例如,布罗茨基,他当然没有获奖,但是,没有人对他的演讲无动于衷。他用双手把麦克风从脚下拿起,放到嘴边,他的P音发不好,头部则随着诗歌的节奏摆动,他大声读道:
> ——每个人都有自己的教堂!
> 每个人都有自己的坟墓!
> 一片嘈杂! 有人喊道:
> ——这算什么诗歌?!
> ——走开吧!
> 其他人喊叫着:
> ——布罗茨基,再来一个!
> ——再来! 再来!

是的,这首诗也不是偶然出现的:"每个人都有自己的教堂……"我们要再次追溯到约瑟夫·布罗茨基最初的教堂,追溯到他在切列波维茨的受洗。

在列夫·洛谢夫的书中,我读道:

> 1941年4月21日,在被围困的列宁格勒度过整个冬季之后,玛丽娅·莫伊谢耶夫娜和儿子被疏散到切列波维茨。根据娜塔莉亚·卡鲁济娅娜的讲述(维克多·克里乌林转述),玛丽娅·莫伊谢耶夫娜曾明确告诉她,在切列波维茨,保姆为小布罗茨基施洗。约瑟夫·布罗茨基的其他好友也确认了这一点,包括瓦莲金娜·帕鲁希娜在内。正是在切列波维茨,布罗茨基继承家庭传统,学会了阅读。在这座城市的最后一段时间里,他背会了第一首普希金的诗。约瑟夫回忆道:"我记得通向我们那套一半是地下室的房子的坡道。由过道到厨房,有三四级白色台阶。我还没爬下台阶,外婆就会递给我一块刚烤好的小面包——面包是小鸟状的,鸟的眼睛是葡萄干做的。小鸟的翅膀烤得有点糊了,应该长羽毛的地方还是比较白的。右边放着揉面粉的桌子,左边是炉子,中间是通往房间的过道,我们——外公、外婆、妈妈和我,都住在那个房间。我的小床靠墙,旁边就是厨房的炉子。对面是妈妈的床,她的床铺上方,有扇朝向街道的小窗,与厨房的窗户一样……我根本不记得房东了。只记得他的儿子——舒尔卡,由于我发音不清,总叫他浑卡。[①]

我想,不管诗人如何戏谑、回避自己的宗教性质,他在切列波维茨受洗,即使无意为之,也不可避免地影响了他的创作。

战争开始时,奥夏·布罗茨基才一岁多。为了表达对"人民领袖"的热爱,父母给孩子取名约瑟夫,以此向斯大林致敬。列宁格勒围困是他人生的第一次考验。当时,德国人疯狂进攻,1941年9月已经逼近列宁格勒。敌人距离市中心只有10千米。商店的食

---

① 列夫·洛谢夫著,刘文飞译,《布罗茨基传》,北京:东方出版社,2009,第10页。

物都卖光了,饥荒还在蔓延。在与所罗门·沃尔科夫的谈话中,诗人想起那段时光:"在积雪的街道上,母亲用雪橇拖着我。夜晚,探照灯的光芒在夜空摸索。母亲拖着我走过空荡荡的面包房。面包房就在主显圣容大教堂旁边,离我们家不远。这就是我的童年⋯⋯"疏散到切列波维茨以前,小奥夏熬过了围困的前几个月,他的父亲,一名战地记者,此后也突围了。因此,约瑟夫·布罗茨基按说是真正的被围困者。令我高兴的是,正是俄罗斯北境,拯救了他和成千上万的被围困者。

在诗人一生中,北方意味良多。童年时,他被疏散到切列波维茨,1958 年,他在阿尔汉格尔斯克奥涅加区的小舒伊卡从事地质勘探工作,在著名的科诺沙结束了流放生活。没有俄罗斯北方,他无法进行真正的创作。绝非偶然,在侨居期间,布罗茨基经常前往瑞典,呼吸他熟悉的北方空气。甚至与意大利新娘的婚礼也在斯德哥尔摩举行,因为那是令他备感亲切的波罗的海北岸。

布罗茨基在采访中不仅经常回忆疏散到切列波维茨的时光,也把这段时光融入诗歌创作。例如,他为心爱的红色毛衣创作了一首歌谣,穿着这件毛衣,即使在切列波维茨舍克斯纳河岸,也不会被冻僵。

我穿着英国生产的红色毛衣/严寒加倍侵袭而来,/现在,我看见/舍克斯纳,沃尔克拉的将来/也穿着外来货色。/我想:/只要有外币,/我们就能战胜严酷的自然。/我看见傲然的建筑,带有澡堂,/里面挤满斯拉夫人,/乌云,飞鸟,交叉的螺旋桨,/不愿徒然与受洗关联,/谁的风俗谨严,打脸的巴掌,/会弱化秘密的表决。

我很高兴,北方人也发现了北境赋予诗人的创作灵感,并且,布罗茨基所到之处,举办了"约瑟夫·布罗茨基摄影"展。这位北方的摄影师,按照自己的方式,朗诵了三首诗。这三首诗,分别写于阿尔汉格尔斯克的转押监狱以及诺连斯卡亚流放期间。专业的摄影师和摄影业余爱好者,用照片记录下这些激发诗人灵感的地方。切列波维茨的市长尤里·库津在摄影展上表示:"我很高兴参观这个展览。可以说,约瑟夫·布罗茨基是个伟大的诗人,很多切列波维茨人都对他的创作很感兴趣,我也是他的作品的崇拜者。非常想邀请切列波维茨人来参观展览,他们一定会感到非常愉快。"

"诗人在切列波维茨度过了童年时期最艰难的一段时光,"城市艺术博物馆馆长斯维特兰娜·巴拿马列娃说:"1941 年 12 月,父母带着他从遭受围困的列宁格勒疏散到这儿。我们还保留着当时城市的照片,这些照片是诗人的父亲拍摄的,他曾是战地记者。在这里,约瑟夫·布罗茨基学会了阅读,渐渐长大,据亲戚们说,他甚至在这里受洗。"

斯维特兰娜·巴拿马列娃准备在艺术博物馆筹办"布罗茨基·疏散·切列波维茨"展览(包括照片、文件和绘画)。为此,大家在网上热烈讨论。批评之声不绝于耳:"无论是布罗茨基,巴许拉契夫,鲁波佐夫,还是谢维里亚宁,生前都不曾对切列波维茨产生兴趣。现在却要手舞足蹈地纪念这些'伟人'。"不过,这些指责毫无根据,另一个切列波维茨人对此加以指正:"例如,当巴许拉契夫去世时,我才出生,难道我现在不可以着迷于他的创作吗?布罗茨基不幸逝世时,我已经长大一些,但那时完全无法理解作者深邃的思想。现在我自己写作,阅读本土作家的作品。或许,很多人去参观,只是附庸风雅,但对一些人来说,这是一次能够感受愉悦氛围的完美契机。"

伟大的俄罗斯北方作家布罗茨基就这样重获新生。

切列波维茨报纸《言论》的记者,谢尔盖·维那格拉达夫,景仰布罗茨基。他让切列波维茨人注意布罗茨基在此度过的岁月,还有可能受洗的事实。他说:

> 约瑟夫·布罗茨基成为经典作家以后,全球文化界广泛庆祝了许多与诗人相关的纪念日。在切列波维茨,诗人度过了童

年最初的两年时光，总而言之，这段时光应当被列为纪念日。博物馆计划更为积极地利用"布罗茨基传记的第二部分"，协调好切列波维茨与其他纪念地的关系，首先是与诗人的出生地——圣彼得堡的关系……未来的联合项目，有纪念布罗茨基到达切列波维茨七十周年的切列波维茨—圣彼得堡展。不得不说，最有趣的展品，是二三岁的布罗茨基在切列波维茨的照片（不仅很多切列波维茨人没有见过，此前，也没有一个布罗茨基的崇拜者见过）。其中一张照片，记录了他坐着雪橇从山坡滑下的瞬间。这张照片的拍摄背景，表现力丰富，决不亚于某些知名建筑做成的背景。切列波维茨以制作运送木柴的雪橇出名。在展览会上展出了运用现代材料和古法制作的"运输工具"。可惜，这张照片几乎是布罗茨基在切列波维茨留下的唯一痕迹。众所周知，是诗人的父亲拍下的这张照片，他的父亲当时是战地记者，很少有机会与家人团聚。

2010 年 5 月 27 日，维那格拉达夫在报纸《言论》上刊登了纪念布罗茨基诞辰七十周年的文章，后来，一位退休老人来到编辑部，他说，他仍然记得，小奥夏与妈妈、婶婶，曾经何时、何地于切列波维茨逗留。这位老人名叫列夫·巴萨拉耶夫，他曾读到一个故事，故事讲述 1942 年两岁的布罗茨基在切列波维茨的生活。当列夫·巴萨拉耶夫得知，现在仍然无法确定布罗茨基在切列波维茨的住处时（众所周知，母子二人经常搬家，诗人则回忆，住在列宁街），他决定填补这一空白。于是来到编辑部。据巴萨拉耶夫称，1942 年，布罗茨基曾在新巷口巴萨拉耶夫一家人的木屋住过几个月，现在，木屋不复存在。木屋距火车站不远，旁边是著名的"大百货"购物中心。

列夫·巴萨拉耶夫说：

> 我依稀记得，我哥哥萨尼亚曾提起此事，毕竟他比我大两岁，记性更好。我记得，冬天，一位妇女带着小男孩出了火车

站,来到我家。我当时五岁,像大人似地打量着小孩。房子是我们家的,还是20世纪初期爷爷用木头建造的。布罗茨基是我们家的房客,给我妈妈付租金。木屋共有两个房间,我们家住一间,他们一家住另一间,还有公用的餐厅和厨房。我还记得,他们总是做些我们没吃过的食物,例如烙油饼和烤鸡。香味萦绕,让人迟迟不愿离去。我们没有公用餐桌,因此,分开吃饭。我还记得,房客向我母亲保证,我们不需要逃离切列波维茨——那些年,我们一直担心,德国人会打到我们城市。她说(我还记得,她的P音发得不太好):"伊琳娜·伊万诺夫娜,我保证,德国人不会到这来。"我清楚记得布罗茨基的母亲,甚至记得她的长相,但是,关于约瑟夫的记忆却十分模糊。一个男孩,难免到处奔跑叫嚷,但他不是个捣蛋鬼。说实话,我很少关注他。他们在我们家住了几个月,此后就搬走了,搬走的时间和原因,我不记得了。当时,我染上了斑疹伤寒,在医院住了很久。

2010年6月3日,谢尔盖·维那格拉达夫在另一篇关于诗人的报道中遗憾地写道:

此外,尽管我们已经确定了约瑟夫·布罗茨基的居住地,还是无处安置纪念牌,巴萨拉耶夫家的木屋早已拆毁。列夫·谢尔盖维奇说道:"如果我们的房子保留至今,那么,我们会把卢那察尔斯基大街上的房子打扫得干干净净,但是,二十五至三十年前左右,房子就被拆毁了。现在那里是堆着杨木的废弃房场。"靠近火车站的地理位置,彻底影响了它的命运,切列波维茨人几十年都做内燃机车师的工作。多年以前,哥哥亚历山大告诉列夫·谢尔盖维奇,约瑟夫·布罗茨基童年时曾住在他们家。"可是,我只听说过他,从未读过他的作品,"他说:"报纸上没有刊登他的作品,图书馆也没有他的书。不久前,我才知道,他是杰出的作家,然而,我承认,直到现在,我还没有读过他的诗……"

布罗茨基在移民时期的采访中,曾不止一次提起切列波维茨和对它的印象,并且指出,这是他生命中最早的记忆。我们无法确知,小约瑟夫和妈妈的居住地,但据推测,那应该是从列宁格勒疏散来的人建造的木屋,也就是现在的"电影世界"旁边。他们的另一栋住房在火车站区,那里现在是一些大型的多层住宅。

艺术博物馆的斯维特兰娜·巴拿马列娃,诗人诞辰七十周年纪念展的主办者,她认为:

> 完全可以把切列波维茨看作约瑟夫·布罗茨基生命中的重要里程碑,在大多数俄罗斯作家和外国作家的布罗茨基传记中,我们的城市总是出现在第二段:诗人出生于列宁格勒,围困时期被疏散至切列波维茨。即使布罗茨基小时候在这里住的时间很短,但是,毫无疑问,我们的城市对他产生了独特的影响。孱弱、饥肠辘辘的婴儿被送到这里,返回列宁格勒时,已经长成一个两颊丰满红润的小男孩,这一点,在照片上,显而易见。

如果没有在切列波维茨的生活,那么完全有可能,也将没有诺贝尔奖获得者布罗茨基。有关布罗茨基和她的母亲到达切列波维茨的时间,众说纷纭。玛丽娅·莫伊谢耶夫娜表示,抵达切列波维茨的时间是 1941 年 12 月,但是,包括列夫·洛谢夫在内的传记作家则认为,是 1942 年春天。关于在切列波维茨逗留的时间问题,也存在类似情况。在所罗门·沃尔科夫的采访中,约瑟夫·布罗茨基推测说:"我们在切列波维茨停留的时间非常短,不超过一年。"但是,从切列波维茨返回以后,在人民内务委员会要求填写的个人简历中,玛丽娅·莫伊谢耶夫娜写道,他们于 1941 年 12 月疏散至切列波维茨,于 1944 年底返回列宁格勒。事实的确如此。随性的诗人在美国移民期间随意回忆道,在切列波维茨,大概只停留不到一年时间。在斯大林时期的汇报文件中，绝不允许随意填写时间。维那格拉达夫写道："疏散者居住的房屋所在地已经无从得知，诗人在回忆中提到的列宁大街的木屋，如今是一幢五层住宅。"然而，可以确定，当儿子在小山上滑雪时，布罗茨基的母亲，因为会说德语，被分配至人民内务委员会当地的 158 号战俘营作秘书。在切列波维茨生活期间，布罗茨基家庭的第三个成员是奶娘，应该是当地妇女。在最近几十年布罗茨基的创作与生平研究中，她的形象频频出现。

在这里，我们要确定几点：首先，与玛丽娅·莫伊谢耶夫娜和奥夏一同疏散至切列波维茨的，还有诗人的爷爷和奶奶。其次，诗人在切列波维茨的奶娘，年轻强壮，名叫格鲁尼娅，为小男孩施洗，这一点是我在切列波维茨期间想要着力研究的地方。

我建议当地的地方志学家，最好能找到这位切列波维茨人，她很可能现在还活着。或者她的亲戚、儿女、孙子，可能听过奶奶的回忆。有可能的情况是，当她养育的小奥夏获得诺贝尔奖时，奶娘格鲁尼娅还活着，并把这段往事告诉了自己的孩子；我坚信，我们可以由此确知 1943 年小奥夏·布罗茨基受洗的准确时间和地点。

我到访切列波维茨前，提前告知了当地的地方志学家，我善良的朋友吉娜·列丽娅诺娃。我和妻子就住在她家——她家里还养着很多棕色小猫，她很爱它们，就像布罗茨基一样。我们和吉娜一同沿着列宁街道散步，布罗茨基一家人当时就住在这条街上某幢木头房子的半地下室里；我们又一起去了新巷口，布罗茨基一家后来从拥挤的地下室搬到这里稍微宽敞一些的巴萨耶夫家。我们在保存至今的玛卡林恩斯基树林散步，战俘营过去就在树林旁边，玛丽娅·莫伊谢耶夫娜曾在战俘营管理处担任秘书，她曾不止一次带着儿子奥夏来到这里。如果母亲直接把小儿子带进战俘营，那么，可以说，当时关押的芬兰和德国战俘的生活条件并不差。

我很清楚，为什么诗人自己，还有他的传记作家，绝口不提他母亲的工作地点——据说，诺贝尔奖获得者的母亲，居然在人民内务委员会工作……我个人并不认为,这件事有损名誉。首先,在苏联时期,很多人都曾在拘留营系统工作,绝不是所有的人都有过残忍丑恶的行径;其次,据芬兰俘房回忆,他们在切列波维茨158号战俘营的生活,与战时的苏联平民生活几乎没有差别。瓦莲金娜·帕鲁希娜在日记中写道:"这里曾是德国战俘营,玛丽娅·莫伊谢耶夫娜会说德语,显然,这起到了很大作用。"传纪作家需要再次进行澄清,首先,玛丽娅·莫伊谢耶夫娜毕竟不是翻译,而是战俘营管理处秘书;其次,切列波维茨战俘营关押的,大多是可能不懂德语的芬兰人,而不是德国人。我在当时的报告中读道:

> 1942年6月20日前,人民内务委员会战俘与拘留人员管理处处长,国家安全局少校萨普鲁年卡,组织建立战俘营兼分配站以接收战俘,将他们全面改造和重新发配:(1)切列波维茨战俘营位于沃格格达省切列波维茨市,以现有人民内部委员会切列波维茨特别战俘营为基础,为卡累利阿与伏尔霍夫战线服务;切列波维茨战俘营兼分配站的营长和政委任命如下:营长——国家安全局大尉卡拉列夫同志,政委——公安局少校谢尔巴科夫同志。

按照苏联人民内务委员会1942年6月5日颁布的001156号命令——《人民内务委员会关于战俘营和接收点的组织结构改革》,切列波维茨的158号战俘营的前身,是人民内务委员会为逃脱德军俘虏的红军战士建立的特殊军营。它最初是战俘营兼分配站,1944年春天,则变成了士兵和士官俘房的常设营地。"战俘营坐落在干燥、肥沃、多林的地带。这里的土壤和道路都是黏土质的,春秋之际,给交通造成诸多不便。战俘营三面环绕着集体农庄的田地,只有一面与最近的村庄相连。500米开外,流淌着舍克斯纳河"。

芬兰军队下士,拉乌伊·尤西拉,战后返乡,在报纸《士兵的声音》描写了这个战俘营:"我们的营地坐落在白桦林中央,一个非常美丽而又有益健康的地方。我们开玩笑说,元帅们去瑞士疗养,可我们这里就像疗养院一样。"沃格达州的大部分战俘都被关押在切列波维茨的 158 号战俘营。很多来自"蓝色军团"的德国、芬兰、西班牙战俘,都被从列宁格勒,沃尔霍夫和卡累利阿战线的接收点转移至此。千千万万的苏联战士,曾经由于饥饿和传染病,死于法西斯战俘营,与其不同的是,敌军战俘在苏联战俘营中却有食物和医疗保障,有暖和的衣服和鞋子。他们当中数千人,曾在沃格达州以下企业工作:索科尔的纸浆纸业联合工厂、切列波维茨的"红星"工厂、恰格达的玻璃厂、沃格达州的火车厢修理厂。

俄罗斯人和芬兰人常常在同一工厂工作,于是,大家不自觉地开始交流。正如人民内务委员会机关的特别报告记载的:友好的交谈、聚会、畅饮、追求、私会以及其他的"亲密关系",屡见不鲜。在长期的战争中,战俘被剥夺了与异性交流的机会,这一切都为"禁忌关系"的建立创造了良好条件。战俘营的"居民"和年轻的战俘营服务人员也逐渐亲密起来。战俘营的文件,记载着各式各样疑似发生违规关系的事件。例如,战俘营的值班军官在报告中记录:值班期间,他看见护士和军官在医院附近接吻,一看到值班军官,恋人就逃走了。现在不少切列波维茨人的血脉,或许都源自玛卡林恩斯基小树林的战俘营。

根据人民内务委员会的文件记载,1941—1944 年间,曾有一千八百零六名芬兰战俘到过 158 号战俘营以及战俘营在沃格达、乌斯秋日纳和恰格达的分部。官方数据显示,有一百零九人死于战俘营。1992 年 8 月 25 日,在切列波维茨公墓,为死亡的芬兰战俘举行葬礼,建立纪念碑,这是俄罗斯第一个芬兰战俘纪念碑。

完全有理由推测,不少战俘战后满怀爱意地回忆起勤劳、负责、待人友善的玛丽娅·莫伊谢耶夫娜·布罗茨卡娅。是的,诗人的母亲尊重战俘。据我们所知,芬兰没有任何"犹太问题",芬兰人也不允许德国人干涉芬兰的民族关系。

在切列波维茨,根据家人回忆,未来的诗人开始认字,甚至在四岁时背诵了普希金的诗歌。"约瑟夫很早就学会认字,那时还不满四岁"——列夫·洛谢夫写道,"诗人的母亲说,1943 年,在切列波维茨,有一天,她走进房间,看到三岁的儿子手里拿着一本书。她拿过来,想看看是什么书。原来是尼采的《查拉图斯特拉如是说》。她把书还给儿子,但是,放倒了。约瑟夫立刻把书放正。这并不是说,诗人三岁的时候,就对尼采感兴趣,而是表明,他已经通过某种方式,获得了字母的概念。"

布罗茨基回忆切列波维茨的童年时代,在《感谢伟大的造物主……》中,他略带嘲讽地写道:

> 我知道三百个德语词,/这要感谢我的母亲:/她能明白战
> 俘说的话——/我在农舍大喊着"哇"的时候,/她在集中营找到
> 了工作。

约瑟夫·布罗茨基在美国时曾回忆道:"有几次,妈妈带我去了战俘营。我和她坐上载满旅客和货物的小船,身披雨衣的老人正在划桨。水面与船舷齐平,人满为患。记得第一次上船的时候,我甚至问过:'妈妈,我们马上就要沉下去了吧?'"

我从火车站附近的布罗茨基故居,步行到第 158 号集中营,穿过汇入舍克斯纳河的伊戈尔巴河。现在,伊戈尔巴河上架起了桥,不需要乘船渡河了。当地的地方志学家证实,战俘营几乎没有守卫,芬兰战俘和切列波维茨人一起在当地的工厂、工地干活,彼此毫无敌意。如果保姆格鲁尼娅因为某些原因暂时离开,妈妈为什么不带三岁的儿子去俘房营一起吃午饭呢?他们最初与其他从列宁格勒转移来的人一起住在火车站附近,经常散步到火车站。布罗茨基还有一段与火车站相关的恐怖记忆,那是他在四岁时返回列宁格勒时发生的一件事:"当时,尽管去列宁格勒需要通行证,但所有的人都往前冲,闷罐车挤得水泄不通。人们挤在车顶、车钩,所有能站人的地方。我清楚记得,红色的闷罐车上方是蓝天白云,车厢站满穿着褪色的淡黄色棉袄的人,女人们包着头巾。车厢移动了,一位瘸腿老人追着车厢奔跑。奔跑中,他摘下棉

帽,露出秃顶;他把手伸向车厢,抓住了一个地方,但在这时,一个妇人从横栏中探出身去,拿起茶壶,将开水浇在他的秃顶上。我看见冒出的蒸汽。"①

我可以绝对有把握地说:在切列波维茨,战时没有开放一座教堂。那么,据推测,约瑟夫·布罗茨基在哪里受洗呢? 当然,可以假设,保姆格鲁尼娅在自己家里为他施洗。因为修道院关闭后,做保姆的,常常是那些生活在切列波维茨的修女。但是,年轻的保姆格鲁尼娅未必适合这个角色。尽管切列波维茨没有开放的教堂,但是,就在城市附近几千米远的地方,坐落着 14 世纪建立的斯捷班诺夫斯基教区的教堂群。从 1668 年起,经主教约瑟夫二世同意,在斯捷班诺夫斯基村落,建立了圣约西姆与安娜教堂。未来的主教阿列克谢一世(西蒙斯基)曾多次在圣约西姆教堂主持仪式。来自附近村庄的人,冬天乘坐雪橇,夏天步行,乘坐马车或汽车,纷纷来到斯捷班诺夫斯基教区。教区离切列波维茨不远,附近道路便利。或许因为天地庇护,圣约西姆教堂在战时并没有关闭。1942 年 10 月 10 日,斯捷班诺夫斯基教区恢复了礼拜和洗礼仪式。战时和战后,在教堂恢复运行前,一直都是从战俘营放出的巴威尔·彼得洛维奇·阿勒纳兹基神父主持仪式。他战时曾组织教民为前线筹集必需的物资,集资两百万卢布,约瑟夫·斯大林为此亲自发来电报,表示感谢。

保姆格鲁尼娅很可能就来自这些村庄,要知道,当时没有城市姑娘做保姆。战后的最初几年,在彼得罗扎沃茨克,我家也曾有附近村庄的保姆;此后,我还见过她,她在一家大型百货超市工作。1940 年期间,姑娘们想要离开贫穷饥荒的乡村,没有取得登记居住证时,只能做家庭女工或者保姆。奥夏的保姆格鲁尼娅,也来自斯捷班诺夫斯基教区的村庄。或许是得到了玛丽娅·莫伊谢耶夫娜的许可,或许是保姆格鲁尼娅自己的主意(北方人的信仰尤其坚定),她决定为自己照看的孩子施洗,很可能就是在斯捷班诺夫斯

① 列夫·洛谢夫著,刘文飞译,《布罗茨基传》,北京:东方出版社,2009,第 11 页。

49

基教堂施洗的。也就是说,由著名的神父巴威尔·阿勒纳兹基为他施洗。我与妻子吉娜·列丽娅诺娃、记者谢尔盖·维那格拉达夫一同来到这个历史悠久的教区。教堂坐落在高高的山岗上,在远处依稀可见。这里总是人流如织。

此后发生的事情绝非巧合:我们到达约西姆与安娜教堂时,那里正在举行一个两岁男孩的受洗仪式,与当时的奥夏同岁。男孩也同奥夏一样,大声哭闹,在洗礼盘中被浸过之后,裹在温暖的襁褓里。当时,大司祭瓦列里·别洛夫在教堂主持仪式。他满怀敬意,忆起巴威尔·阿勒纳兹基,巴威尔在战争年代为所有来教堂的切列波维茨人施洗,包括布罗茨基。很可惜,他告诉我们,战争年代的记录都丢失了,他无法指明约瑟夫·布罗茨基受洗的具体时间,也无法说出教父的名字。不过,一切都掌握在上帝的手中,我们或许可以找到档案或者格鲁尼娅的踪迹。

如果玛丽娅·莫伊谢耶夫娜没有对她信任的好友娜塔莉亚·卡鲁济娅娜撒谎,娜塔莉亚·卡鲁济娅娜也没有对自己的好友撒谎,那么,1943年,斯捷班诺夫斯基的农民格鲁尼娅,在切列波维茨照顾约瑟夫·布罗茨基时,用雪橇载着,或者抱着孩子,来到约西姆与安娜教堂,把孩子送到神父巴威尔·阿勒纳兹基手中。格鲁尼娅很可能就是诗人的教母。

研究布罗茨基的主要学者,瓦莲金娜·帕鲁希娜教授,现在也在积极证实布罗茨基在切列波维茨受洗的说法。在与伊琳娜·柴可夫斯卡娅的访谈中,她说:"在我眼中,布罗茨基是基督徒。事实上,维克多·克里乌林不久前告诉我一个秘密,布罗茨基的母亲,玛丽娅·莫伊谢耶夫娜,曾经明确告诉娜塔莉亚·卡鲁济娅娜,1942年疏散到切列波维茨时,照看小奥夏的妇女为他秘密施洗。玛丽娅·莫伊谢耶夫娜坚信,约瑟夫也知道这件事。但是,他也知道一句俄罗斯谚语:'受洗的犹太人——被饶恕的小偷。'他不想成为二者之一,因此,为自己杜撰了其他'称号'。他曾说:'我是个不合格的犹太人,不合格的基督徒,不合格的美国人,但愿也是个不合格的俄罗斯人。总而言之,他认为,谈论这个话题,毫无用处。

对他而言,信仰完全是个人的事情。'"

有些人坚决驳斥布罗茨基诗歌的基督教倾向,我只想建议他们再读读诗人的圣诞组诗。①

这样的诗歌,大概不会出自漠视基督教主题的诗人之手。有趣的是,在诗歌里,他更像基督徒。在采访中,他经常避而不答,或者用他不是蛮族的事实,掩盖自己的基督教信仰。那么,为什么几乎每个圣诞节前夜,他都要作诗呢?难道是自娱自乐?

如果切列波维茨的保姆确实为他施洗,这意味着,在形式上,他确实是东正教教徒,尽管这次洗礼可能没有任何记录。在苏联时期,我们的祖辈很多都秘密受洗,难道还需要出示证明吗?上帝看见了,邻居没必要知道。

我来到切列波维茨,想感受一下这座北方城市的氛围,看看约瑟夫·布罗茨基可能住过的地方。我想,无论保姆在何处为他施洗——在家里,或者在切列波维茨附近的教堂,这件事从未张扬。我完全同意瓦莲金娜·帕鲁希娜的观点,她委婉、却合情合理地说道:

> 约瑟夫知道他受过洗吗?如果母亲曾告诉他,那么,他心里明白,他是受过洗的。当受洗演变为一种时尚时,他对此表示拒绝。但是,有一张布罗茨基胸前挂着十字架的照片。当被问起,他说:"好吧,要知道,这很时尚。"受洗的犹太人,明白吗,很敏感的身份。如果他知道,他曾受洗,那么,他决不会将这件事告诉任何人。首先,这的确是非常私人的问题,其次……他的诗歌,尤其是采访中的很多部分都表明,他是一个有信仰的人。因此,犹太人因为他拒绝前往以色列而攻击他,

---

① 例如:在寒冷的季节,在更习惯炎热而不习惯寒冷/更习惯平川而不习惯高山的地方,/一个婴儿在洞穴里降生,为着拯救世界;/风雪,只有冬天的荒原上的风雪才这样激荡。/……认真地,不眨眼地,穿透罕见的云/从远处把这个牲口槽中的婴儿打量/从宇宙的深处,从宇宙的另一端,/一颗星星望着这洞穴。那是圣父的目光。(刘文飞译)——传记作者在前文引用过这首诗,为了避免重复,译者把它以脚注的形式列出。下文的类似情况,译者也这样处理。

俄罗斯人因为他拒绝回到俄罗斯而攻击他。为了避免夹在两个阵营之间,他编造了几句套话:"我是个不合格的犹太人,不合格的俄罗斯人,我也并不认为,我是个合格的美国人。然而,我是个优秀的诗人。"

关于布罗茨基受洗,以色列评论家米哈艾力·道尔夫曼曾写道:

我记得,当时以色列报纸关于布罗茨基的报道很多,试图把他列为犹太复国主义者。布罗茨基终于抵达维也纳时,他脖子上戴着大"主教"十字架走下飞机,很明显,他不想与以色列发生任何关系。以色列电台拍下了布罗茨基抵达的情形。正统的犹太界认为,受洗的犹太人等同死人,应当为他举行"毁灭"仪式,忽视他的存在,就好像他已经死了一样。一个家族成员的受洗,会使整个家庭的名誉染上污点,这种污点,甚至会影响家族的下一代,名誉受损的未婚男女,很难找到相配的另一半。

尽管布罗茨基一直远离以色列,但是,他并不想被美国犹太界认定为"死人",于是,在未来的移民生涯中,他只字不提受洗的事。他用创作回应上帝,在生活中,尤其是在美国犹太圈中,他从不表现自己的基督教信仰。1993年,在莫斯科,由于彼得·瓦伊尔的倡议,他的圣诞组诗得以单独出版。赠书时,布罗茨基写道:"函授基督徒赠"。

在第一段移民时期的照片中,我们可以清楚地看到布罗茨基胸前的东正教十字架。在与瑞典研究者本特·扬格费尔特(1987年10月10日《瑞典日报》)的交谈中,布罗茨基同往常一样含糊其辞:

——你离开后拍摄的一张照片上戴着十字架?
——那是1972年。当时,可以说,我更加系统地看待这件事。此后,这件事就过去了。如果您想知道,那么,这和帕斯捷尔纳克有关。在他的"小说体诗歌"发表后,大量的俄罗斯知识分子,尤其是犹太男孩,受到新约思想的极大鼓舞。在某种程度上,这是一种对抗体制的形式,另一方面,这里蕴含深厚的文化遗产,最后则纯粹是宗教层面,但是,我和最后这方面的关系并不如意……

诗人的回答不置可否。很难说,诗人系统地看待这个问题,与帕斯捷尔纳克有关,与新约思想有关,但是,他大概不会没有受洗就带着十字架。当然,诗人很可能已经知道了受洗的事实。早在1973年,布罗茨基在纽约国际作家学会演讲后,大司祭亚历山大·施梅曼写道:"昨晚,我和布罗茨基在儿子谢廖沙那里……在家中,他朴素、亲切。据谢廖沙说,白天,在作家协会,一个犹太人读过他的诗后问他,为什么他是基督徒,布罗茨基回答:'因为我不是野蛮人……'"

在俄罗斯诗歌中,最深刻的东正教诗作之一,是诗人1972年3月创作的《圣烛节》,令人难忘。若要写下这些庄严诚挚的诗行,必须用心灵感受基督教的精神。[1]

为了纪念与安娜·阿赫玛托娃的相识,布罗茨基创作了《圣烛节》,阿赫玛托娃在布罗茨基的个性形成中,起着决定性的作用。他反复思索,回忆他们的相识:"她教会了我应该如何生活。无法教导一个人如何写诗,但可以教导一个人如何生活。"安娜·阿赫玛托娃和布罗茨基一同讨论《圣经》主题,思索有谁可以延续俄罗斯诗歌的宗教线索。布罗茨基用自己的方式,继承了阿赫玛托娃的诗歌遗嘱,这就是圣诞组诗。《圣烛节》是诗人在国内写下的最后几首诗作之一;三十二岁的诗人不久被苏联政府驱逐出境。"圣烛节",在斯拉夫语中,意为上帝和人类的相逢。布罗茨基对此毫不掩饰。阅读这些诗行,你会全身战栗,突然感到,上帝真实存在。

---

[1]　时间的喧闹在他耳中消退,/西蒙的灵魂捧着圣婴的形体——/毛茸茸的头罩着一圈祥光——/像高举火炬,逼退黑色的阴影,/照亮通向死亡王国的通道,/在此刻此前,从未有人/设法为自己照亮这条通道。/老人的火炬光芒四射,通道变得宽广。布罗茨基著,王希苏、常晖译,《从彼得堡到斯德哥尔摩》,桂林:漓江出版社,1990,第127页。

关于布罗茨基,神父米哈伊尔·阿尔多夫写道:

毫无疑问,新约和基督教信仰是他的世界观的一部分。因此,每年圣诞节前,他一定会创作圣诞诗歌。而且,其中一些诗歌十分出色,我认为,有一两首,甚至超过了鲍里斯·帕斯捷尔纳克的名作。此外,他有一首非常精彩的诗——《圣烛节》,是为了纪念阿赫玛托娃而作的。为什么阿赫玛托娃受洗是为了纪念女先知安娜,这仍然是个谜。当圣母玛利亚和圣徒约瑟夫带着婴儿耶稣,来到耶路撒冷教堂时,与女先知安娜一同度过圣烛节。诗歌美妙至极,诗歌的结尾更是完美,布罗茨基出色描写了神受者西蒙如何径直走出教堂,步入无声无息的死亡领地。"他沿着虚无的空间行走"——已然接近神学,精彩绝伦。还有两点,布罗茨基有本小集,收录了十三篇文章,其中一篇是1984年诗人在某大学典礼上的毕业致辞。演讲中,布罗茨基告诫道,在这个世界,他们会遇到邪恶,各式各样的邪恶,应当做好准备;然后,他反驳了列夫·托尔斯泰、甘地、马丁·路德·金的消极抵抗学说。消极抵抗,建立在一段著名的耶稣训诫之上——如果有人打你的右脸,连左脸也要转过来由他打。布罗茨基当时简直就是优秀的布道者,我认为,只有优秀的布道者,才能胜任此类传道。他说,那只是上帝一段话的开头几句,此后,上帝说,如果有人要拿你的里衣,连外衣也要由他拿去;如果有人强迫你走一里路,就跟他走两里。他提倡的不是消极,而是积极,最后……

文学研究者叶莲娜·阿因泽恩斯坦,曾著有系列研究帕斯捷尔纳克创作的优秀书籍,她认真研究了布罗茨基的圣诞诗歌,她发现,诗人对福音书主题具有兴趣,这并不偶然。在生活中,他很可能是"戴着面具的基督徒"。考虑到美国的生活方式,以及想要跻身世界文学主流的自尊,他总是在采访中自我嘲笑,嘲笑自己的基督教信仰与俄罗斯的民族性。但是,正如普希金常说的一样,诗人可能流连尘世,攀附显贵,平凡生活,但是刹那间,当他忆起自己在上天和人民面前肩负的责任时,他会拒绝一切尘世生活的琐碎,想起自己的使命。

因此,我从不批判汲汲营营于世俗生活的美国公民,但是,我呼吁读者先读读他神圣的基督诗歌。他那"浓密蔚蓝中回响的钟鸣",他内心从未忘记的切列波维茨受洗。

叶莲娜·阿因泽恩斯坦在文章中写道:"我惊奇地发现,圣诞节主题诗歌的创作,始于1961年,这正是诗人被拘禁和流放前决定命运的时刻。可能正是对上帝和个人使命的信仰,帮助布罗茨基度过命中注定的考验。1963年的诗歌,生动鲜活,诗人如同事件的目击者,描绘了耶稣的降临,一切仿佛诗人亲眼所见。"

> 天寒地坼,救世主诞生了。/牧人的篝火在沙漠中熊熊燃烧。/送来礼物的可怜国王啊,/怒吼的暴风雪令他们精疲力竭。/骆驼扬起毛发零乱的腿,/起风了。夜晚,星星熠熠生辉,/注视着,三行队列如光线般,/交汇于基督的洞穴中。

另一首鲜活的圣诞诗写于1965年1月1日,当时,诗人被流放至阿尔汉格尔斯克州的诺连斯卡亚村。在《占星师会忘记你的所在……》,已经清晰可见悲伤与孤独和恭顺与企盼上帝的主题。

> 智者不会去了解你的姓名,/你的上空也没有燃烧的星宿。/只有同一种疲乏的声音——风儿阵阵嘶哑的呼号。/暗影落下你慵懒的双眼,/有如床头孤独的烛光死灭,/只因这里的日历只生出暗夜,/直至蜡烛的储存耗绝。
> (王希苏 译)[1]

---

[1] 布罗茨基著,王希苏、常晖译,《从彼得堡到斯德哥尔摩》,桂林:漓江出版社,1990,第181页。

1990 年,写于斯德哥尔摩婚礼之后的圣诞诗歌,对他意义非凡。1990 年 1 月 11 日,他在巴黎高等师范学院做讲座,结识了俄裔贵族小姐玛丽娅·索扎尼(母姓为别尔谢涅娃·特鲁别茨卡娅),同年 9 月 1 日,他决定在类似圣彼得堡的瑞典北部城市举行婚礼。此后,他便与妻子一同返回住地美国。为什么布罗茨基不愿在自己生活与工作的美国,或者在未婚妻居住的米兰举行婚礼,而要去那个接近俄罗斯北方的地方举行婚礼呢? 1990 年 12 月 25 日,新年前夕,他写下圣诞诗歌,表达了与上帝和爱人同在的美好……

周围的一切都已不再重要,/暴风雪不住呼啸,/牧人的房里拥挤不堪,/世上再无其他容身之处,/这一切都无所谓。

首先,他们在一起。其次,/主要是,他们有三人,/一切创造,麻烦与馈赠/尔后都由三人分担。

诗人此后的圣诞诗作《逃亡埃及》,写于 1995 年。1993 年 6 月 9 日,诗人的女儿安娜·玛丽娅·亚历桑德拉出生。诗人似乎在描写女儿和妻子玛丽娅:"玛丽娅祈祷着;篝火呼呼作响","婴儿睡着了,他还太小,其余什么也做不了"。不过我们知道,依照诗歌的涵义,婴儿就是耶稣。

星星透过门槛凝视着。/他们之中,只有婴儿懂得,/这目光的意味,/但他沉默不语。

布罗茨基的朋友,诺贝尔奖获得者,诗人德里克·沃尔科特曾写道:"布罗茨基认为,写诗是神圣的使命……他从不利用自己的犹太身份。从未充当生活和创作的牺牲品……令我印象最深刻的是,他常常如同中世纪的工匠一样,忠于自己的艺术品,忠于创作和神意。他的许多诗歌结构,就像教堂的内饰,有祭坛、拱顶,等等。诗歌的整体观念,则如同教堂的整体建筑……"

从 20 世纪 50 年代某时开始,犹太裔的俄罗斯知识分子开始迷恋东正教。他们不再相信共产主义,又疏远了原始的犹太信仰。随着鲍里斯·帕斯捷尔纳克的小说《日瓦戈医生》的出版,以及政权对小说的猛烈抨击,俄罗斯犹太人开始转向东正教,如同小说的作者和主人公一样。正是从那时开始,不曾忘记切列波维茨受洗的布罗茨基,开始带着十字架出现在公众面前。

我想,从未有人说过,他的心中永远有一座教堂。

在生活中,他既不愿意报复祖国,也不愿意报复不忠的朋友和爱人,对北境的流放时光,心怀感激,对出生的城市,怀着纯洁的基督徒的情感。只有基督徒,才能写出这样的诗歌:

> 我做梦有狱警的乌鸦眼监视,/啃囚犯的面包,不剩面包皮。/让各种声音连接,除了嚎叫;/化为窃窃低语。现在我四十,/对生活还能说什么? 生活漫长。/习惯了痛苦反倒不觉得压抑。/只要我这张嘴没被塞满黏土,/从中说出来的话只有感激。(谷羽 译)

除了恭顺和感恩世界以外,约瑟夫·布罗茨基认为,还有一个衡量基督徒的重要标准:"事实上,还有一个标准,最机智的人也无法推翻:你们愿意别人怎样对待你们,你们也要怎样待人。这是基督教赋予我们的伟大思想……"

在移民时期的采访中,布罗茨基反对他人——尤其是美国知识分子——强加给他苏联政权斗士的标签。文学研究者阿琳娜·沃尔吉娜写道,布罗茨基"不喜欢在采访中讲述在苏联精神病院和监狱中被剥夺的一切,不愿被贴上'政权牺牲品'的标签,坚持以自力更生的形象示人"。他似乎断定:"我一切都很走运。其他人的遭遇要比我坏得多、困难得多。"甚至是,"我认为,这一切都是我应受的"。沃尔科夫的《布罗茨基谈话录》,谈到弗丽达·维格多罗娃所作的审判记录,他称:"事实上,我怎么想,就怎么说! 当时,我就是那么想的。我拒绝将所有事情戏剧化！"

令我们羞愧的是,我们如今不仅竭力忽视布罗茨基的基督教主题和受洗的事实,甚至因此嘲笑他。例如,维克多·叶罗费耶夫说:"布罗茨基害怕被错误归入永垂不朽的行列,但一切还是发生了。他是俄罗斯文学忧郁的终结。如果回想陀思妥耶夫斯基,俄罗斯文学曾试图抓住上帝的后脚,但是,极不走运。被上帝遗弃的感觉,令布罗茨基十分痛苦。"

布罗茨基的反对者,狂躁的自由派就是这样写的。在他的文学作品中,经常提到"文学的终结"……正好相反,布罗茨基从未写过被上帝遗弃之感,好像就是为了回应这类人,他说:"我深信,'他'应该会喜欢我所做的一切,否则,我的存在对'他'有何意义?"我们想起那惊人的诗句:"上帝/留存一切;更留存他视为其声的/宽恕的言词和爱的话语。"[①]

我读着他的圣诞诗歌,想起诗人,想起玛琳娜·巴斯马诺娃,想起诗人美丽的妻子玛丽娅,想起叶罗费耶夫,"夜晚,星星熠熠生辉,/注视着,三行队列如光线般,/交汇于基督的洞穴中。"约瑟夫·布罗茨基固执地不愿去耶路撒冷拜访自己诗中所写的圣地,为此,我确实感到非常遗憾。他会看见,伯利恒不在峡谷中,而在山顶上,不在沙漠中,而在山谷里。伯利恒甚至少有天寒地坼的寒冷,不过,诗歌自有法则,不必符合地理事实。

1996年1月,去世前不久,布罗茨基在总结一生经历时写道:"总体上,我认为,我的大多数工作都是为上帝增光的事业。我大声宣扬的,并不重要。'他'对一切感到称心如意。"

我想,当他写下这些文字时,他想起切列波维茨,想起内心的"教堂"。的确,在眼前的尘世中,无论他曾多少次否认内心的"教堂",这些都无所谓。重要的是,上帝没有否认他,"对一切感到称心如意"。

他在给叶莲娜·切尔涅舍娃的小集中写道:

----

① 《阿赫玛托娃百年祭》中的诗句。

愿这本小册子可以提醒您,/它的作者并非同志,草莽,/也并非懦夫,伪君子,自由党,/而是——忧郁思想的上将。

他是忧郁思想的神秘的切列波维茨将军,有时又妄自菲薄。1972年6月,布罗茨基被驱逐,来到维也纳,他穿着红色的毛衣,胸前挂着金色的十字架,这是不争的事实。雅科夫·戈尔丁告诉我,这个十字架是他送给约瑟夫的。此后,在美国,诗人解释道:"如果想要获得'美国精英知识分子'式的成功,在生活中,不得不保持小心翼翼的政治态度。"因此,在大量的访谈中,他对自己的基督教信仰避而不谈,甚至极尽挖苦,但是,在诗歌中,他的信仰一如既往。诗人的葬礼,先按照新教礼仪举行,然后按照东正教礼仪举行,他的骨灰盒起先安放在美国公墓,后来被移至意大利威尼斯圣米凯莱的"墓园岛"。

海洋之心

　　约瑟夫·布罗茨基对海洋的热爱与生俱来。首先,他亲爱的父亲曾是海军军官,小奥夏试过亚历山大·伊万诺夫所有的海军制帽、海魂衫和海军佩剑。其次,父亲战后返回列宁格勒,曾在海军博物馆工作过几年,他的小儿子经常和他一起待在那里。有时,布罗茨基甚至不去上学,逃课去博物馆。大家知道他是摄影室主任的儿子,总是放他进去,但他却不找父亲,而是在各个展厅之间游荡,汲取着俄罗斯海军历史的知识。"或许,在这一生中,没有什么比胡子干净整洁的海军上将更令我着迷了——在镶金的画框中,他们的脸庞,透过舰船林立的桅杆,若隐若现。"

　　此外,在他的家中,还保存着父亲从中国带回的铜质帆船模型,他经常乘着帆船,开始思想的远航。他难以忍受学校,经常更换,在列宁格勒第 191 中学读八年级的时候,竟然直接退学,因为他不喜欢苏联的教育体系。不过,即使在世界范围内,苏联的教育体系也毫不逊色。我想,在任何地方——古罗马,威尼斯,以色列,他都会辍学。1954 年,他想报考第二波罗的海海军学校的潜水兵分校,但是没有成功。如果他成了优秀的海军军官,那么,他的诗歌将完全是另外一种面貌。约瑟夫在一些采访中解释道,主要由于身体原因而没有通过考核,在另一些采访中,大家则认为,这主要是他的犹太身份的影响。两种原因都可能存在。"民族,第五款身份。我通过了所有考试和体检。但是,当他们查出我是犹太人时——真不明白,他们为什么那么久才弄明白我是犹太人——对我进行复查。似乎查出,我的眼睛有毛病,左眼散光……"

但是，约瑟夫对海洋的热爱并没有消退，他甚至做过灯塔水兵。他爱圣安德烈军旗，在他的帝国梦中，他的帝国国旗就是白底上印着圣安德烈十字的海军旗。他喜爱海军旗，远远超过"帝国双头'鸟'①或半共济会式的镰刀与锤子"。顺便一提，布罗茨基曾不经意地流露出对共济会的蔑视。

最后，可能最主要的原因是，布罗茨基总是住在大海附近，由此诞生了"海洋之心"。他生于海边，葬于海岛。与玛丽娅结婚后，直到生命的最后岁月，他还是喜欢引人注目的海军制帽，这也绝非偶然。

> 波罗的海沼泽锌灰的碎浪旁／我出生，成长，在那成双前行的碎浪旁。／从此我有了一切韵律，有了倦怠的声音，／如果有微小的震动，则是湿发般／波动在细碎的浪花间。（王希苏译）②

此外，他所有的远游，总是以海景结束。他的瑞典朋友曾告诉我，在斯德哥尔摩，他总是要求预定正对着波罗的海海岸的旅馆。甚至他心爱的猫咪，也与"锌灰的碎浪"相似，叫做"密西西比"。他从一个帝国辗转到另一帝国，从未忘记对他的诗歌创作极为重要的第三个帝国——"罗马帝国"。帝国交替，大海永存……我们记得他的诗行："如果降生于帝国，／最好生活在海边荒凉的外省……"

总体而言，他的所有诗歌，尤其是晚年的诗歌，如同装在漂流瓶中的信笺，被抛入无垠的大海，不知道何时、何地会靠岸。除去最后几年与妻女的田园式的家庭生活，诗人的一生多半在漂泊，漂流瓶中的信笺是这样的：

---

① 俄罗斯帝国的国旗上面绘有双头鹰，此处作者用"双头鸟"，略带嘲讽意味。
② 布罗茨基著，王希苏、常晖译，《从彼得堡到斯德哥尔摩》，桂林：漓江出版社，1990，第295页。

我光荣地航行,但单薄的船体/在嶙峋的礁上撞伤侧舷。/我把手指伸进芬兰湾的水,/这才发现海域其深无比。(王希苏译)[1]

只留下"波涛……在奔跑的诗行和轰鸣的词语中"的回忆。"海洋之心"诞生了海洋诗歌……爱沙尼亚(同样是波罗的海沿岸国家)的哲学家米尔伊尔·洛特曼,曾就约瑟夫·布罗茨基的《观海》,有过十分精彩的论述。事实上,所有布罗茨基的诗歌,包括列宁格勒时期、流放时期、美国、威尼斯、斯德哥尔摩以及都柏林时期的诗歌——都是"观海"的诗歌。

诗人约瑟夫·布罗茨基,公民布罗茨基,一生曾有多次激进转变,但从未与自己的"海洋之心"分离,无论是在苏联、美国,还是在瑞典、意大利、墨西哥远游时,海洋在布罗茨基的诗歌中,从未改变。他对海洋的热爱,如同他对爱情一样,矢志不渝。他为海洋不受人类统治的自然力量而着迷。这一点,诗人与他陌生的亚历山大·勃洛克一致,"泰坦尼克"号沉没以后,勃洛克对遇难者表示同情,并且承认,海洋的自然力量更加强大……布罗茨基也写道:"后来,画着十字,他跃进/汹涌澎湃的波涛,赤手空拳地战斗/遭受了惨败……"

安娜·亚历山大罗夫娜在研究布罗茨基的论文中写道:

诗人在早期创作中,以水的抽象描写为主,沿袭了典型的浪漫主义传统。这是由于布罗茨基早期受到巴尔多夫斯基诗歌的影响,后来逐渐结合了茨维塔耶娃的传统。在早期的作品中,水被描绘为浪漫的"忧郁之水",恐惧和死亡的王国(《山丘》《你在幽暗中疾驰》)。除了对水的抽象描写外,年轻的诗人还被其实质所吸引。1962年,在克里米亚逗留期间,布罗茨

---

[1] 布罗茨基著,王希苏、常晖译,《从彼得堡到斯德哥尔摩》,桂林:漓江出版社,1990,第98页。

基对水的描写开始变得更为具体。在 1962 到 1964 年的一系列爱情主题诗歌(《预言》《冬日幸福之歌》)中,大海成为爱情的美妙舞台,成为一股令人冲动而又平静的自然力量。大海波涛的旋律,体现了日常生活的循环往复与爱情的永恒。此外,还有大海做为空间边界的传统主题——在无垠的大海中,远离一切尘世的喧嚣。此后,从 1964 年开始,这一主题逐渐向两个不同的方向发展:(1)水——吸食人类记忆和肉体的实体(传统的"忘川"形象)。时间的实体不合逻辑,具有独立的意识。类似的概念,在布罗茨基的诗歌中逐渐形成。溺水的主题是其分支之一,诗人立刻将此主题与人在时间中的"遗失"相互关联。(2)诗人将水视作"自由——奴役"的二元对立的标志。帝国主要以"沉闷国度"的形象出现,这里的居民贪得无厌,帝国的海洋或终年冰冻(《公元》,1968),或静止渐浅。"海边荒凉的外省",与首都沉闷的平静形成对比。(《致一位罗马友人》,1972)

唉,研究者经常用自己的科学性,把约瑟夫·布罗茨基诗歌的鲜活精神变得死气沉沉,而布罗茨基,则一直被内心的矛盾所折磨。他时而在早期移民阶段的采访中,承认具有一定的"苏联性",某种程度上,这一主题伴随着他,直至生命尽头;他时而妖魔化祖国,以澄清自己的移民行为(首先是在自己面前澄清):

　　现在那里没有我了。想来十分奇怪/但是想象山羊更古怪,/在暴君暮年时颤抖,愤慨。

衰老的列昂尼德·勃列日涅夫从来没有做过暴君。何况,约瑟夫·布罗茨基总是为自己的伟大祖国感到骄傲,这绝不仅是故作姿态而已。但是,他所有关于祖国的回忆,总是不可避免地转向海洋,或是水的主题。他在克里米亚,北方沿海,波罗的海以及雅尔塔的旅行,也总是与平静的水面息息相关。白海、勒拿河、科克捷别利①、雅尔塔、维尔纽斯和塔林——水域绵延不断。无意之中,他习惯了"铅块似的天空与艾瓦佐夫斯基式的风暴"。

他生长于蔚蓝的海边,后移民美国——"边际沉入海平面的帝国"(《科德角摇篮曲》)。他在纽约定居,邻水而居,死于海边,葬于海岛,这是真正的"海洋之心"! 在他的诗歌中,海洋的主题,远远多于犹太、美国或是意大利主题,仅次于俄罗斯主题,位居第二。有关约瑟夫·布罗茨基对海洋的认识,研究者著述颇丰。例如,米哈伊尔·洛特曼认为:

> 在布罗茨基的诗歌中,大海以时间和空间两种范畴呈现:
> 一、大海作为空间范畴,直接与布罗茨基的诗歌世界模型相联,并且具有象征意义……"在与陆地的对抗中",大海是积极因素,最终淹没陆地:

> > 有一天,它,哦,而不是我们,/淹没步行道的栅栏/在"不要这样"的呼喊声下前进,/把木梳抬高头顶……(《岸边的第二个圣诞节》)

> 大海首先毁灭一切落水事物的个性:

> > 惟有船与船相似。/于波涛中穿梭,/既像树木,又像信天翁,/大地从它脚下溜走。(新儒勒·凡尔纳,Ⅱ)

> 最终,大海将其完全毁灭并吞噬……"大海充满了惊喜",大海对陆地而言的一个优势,就是这种不可预见的性质:

> > 海洋比陆地变化多端,/气象万千。/表里如一。/就像鱼比梨有趣。(新儒勒·凡尔纳,Ⅴ)

---

① 科克捷别利是乌克兰的城镇,位于克里米亚半岛东南部,处于黑海之滨。

因此,大海有自己的法则,与陆地和人类的法则不同……

戈尔布诺夫(长诗《戈尔布诺夫和戈尔恰科夫》)在精神病院梦见大海。大海——"比我们更伟大,/它温暖了我们,却没有温暖自己",因此,对戈尔布诺夫,甚至是在梦里,大海都要比"凳子上"的戈尔恰科夫更加现实。

布罗茨基关注海洋的另一个原因是,较之于其他自然现象,他更喜爱水。

　　无论注视顶部,还是根部——/都感到头晕,呕吐;/我更喜爱河水……(《河流》)

在《病入膏肓者的滨河街》,布罗茨基写道:"不管如何,我总是认为,既然上帝之灵在水面上飘荡,水应当会把它反映出来。因此,我对水抱有感情,以及——因为我是北方人——对它的灰冷色调、多愁善感抱有感情。"①海洋对布罗茨基意味着解放。正是在岸边,他与心爱的女子一同生活,与世隔绝,"巨堤如墙"(《预言》),将他们与充满敌意的国家隔开。海洋是不受空间限制的自由的隐喻;海洋打破了时间的循环往复,是不受时间限制的自由的隐喻。

海洋比人类更加重要,海洋不受人类统治。

二、作为时间范畴的海洋。时间在布罗茨基的诗歌中,可以阐释为一种连续空间,时常与大海相联。布罗茨基在《病入膏肓者的滨河街》写道:"每个除夕之夜……我都试图在水边寻找自己,最好是靠近大海,或是大洋,去观察满满一盘,满满一杯新的时间从中涌现……"②

时间对于布罗茨基是绝对值,它在海洋中得以体现,并且逐渐使海洋扩展,但时间本身却开始收缩。海洋作为时间范

---

① 布罗茨基著,张生译,《水印,魂系威尼斯》,上海:上海译文出版社,2016。
② 布罗茨基著,张生译,《水印,魂系威尼斯》,上海:上海译文出版社,2016。

畴,开始在时间中获得具体坐标:"十月。清晨,大海/伏在堤坝上。"(《观海》,Ⅰ)

如果指出了时间,空间的地点也相应明显起来:

> 一月的克里米亚。严冬来了,/仿佛是为了在黑海海滨嬉闹。(《雅尔塔的冬夜》)(王希苏译)[1]

布罗茨基承认,圣诞节来临时,他总是尽量待在海边,这与他在圣诞节组诗中周期重复的"星星"(象征符号)紧密相连。布罗茨基诗歌的象征符号相互联系,时间反映在海洋中,星星也是如此:"星星在波涛中泛黄……"(《天使的谜语》)。同时,布罗茨基诗中的海洋,常常出现在秋冬时节,这一点,再次强调了海洋的形象与圣诞主题的联系。北方,还有波罗的海,让布罗茨基联想起灰色——"时间和原木"的颜色(《五周年纪念日》)……

诗人一生,每当精神动荡不安的时候,总要返回最初的起点——大海。[2]

布罗茨基认为,在海洋中,时间与空间相汇,生命与死亡相逢。布罗茨基一直渴望着靠近他亲近的水,他尤其着迷于"灰色的波罗的海之水",俄罗斯北方和圣彼得堡之水。晚年远游时,他一直努力在美国、瑞典和意大利的威尼斯,寻找自己的沿海的彼得堡。正因如此,火山地带的科克捷别利,同样吸引着诗人——科克捷别利,仿佛是诗人的故乡彼得堡,黑海边境的延续。

布罗茨基认为,海洋是所有生命的摇篮和坟墓。他的诗歌,则像戴着海军制帽。或许,这与他挚爱的父亲存在隐秘的联系。诗

---

① 布罗茨基著,王希苏、常晖译,《从彼得堡到斯德哥尔摩》,桂林:漓江出版社,1990,第85页。
② 当你饱经世故,/备尝艰难,/便不再期待任何人的帮助,/坐上火车,来到海岸。

人将他似乎死而复生的父亲，从圣彼得堡带到了海洋的另一端——澳大利亚，这也绝非偶然。

> 你起床——我昨晚梦见——启程去/澳洲。那嗓音，回声重重/喊叫着，抱怨天气/还有墙纸：房子怎么都租赁不来，/可惜它不在市中心，却临近大海，/在三楼，虽然没有电梯，却有浴室……

布罗茨基将海洋与世界相连，他将海洋比作剧院、平原与恋爱。海鸥的叫声代替了他的闹钟，就像在《我在都柏林的海鸥鸣叫声中醒来……》(1990)。事实上，海鸥的叫声十分响亮。"都柏林的海鸥鸣叫……喙声震耳，仿佛戏剧落幕"。在布罗茨基的诗中，甚至没有天空和夜月，而是"舷窗沐浴着海星的幽光/安睡了，窗幔轻摇"(《泻湖》，1973)。大海比任何电话或飞机更好，它将全世界的空间合为一体，将澳大利亚与墨西哥、爱尔兰与瑞典、俄罗斯与意大利连为一体。回头望去，诗人就在彼岸。

此外，在诗人看来，海景一直是时间与空间的一部分。苏联时期，他从波罗的海沿岸迁居黑海沿岸心爱的科克捷别利，此后，辗转威尼斯、亚得里亚海，四处为家，但一如既往，眷恋大海。

苏联时期科克捷别利的生活像磁铁一样，吸引着约瑟夫·布罗茨基。滨海疗养区的热闹气氛，与白银时代的隐秘联系，同样吸引着他。沃洛申、古米廖夫、茨维塔耶娃、阿赫玛托娃——他所有早期的偶像，都去过那里。

1967年，约瑟夫·布罗茨基同朋友阿纳托里·奈曼第一次前往科克捷别利。米哈伊尔·阿尔多夫回忆道：

> 我们——娜塔莉亚·阿列克谢耶夫娜、布罗茨基、同事亚历山大·阿弗杰卡和我，在科克捷别利的加布利切夫斯基之家吃饭。黄蜂嗡嗡的叫声令约瑟夫极其恼怒，他剧烈挥动手臂，想要打死它……

　　娜塔莉亚·阿列克谢耶夫娜突然惊慌失措，黄蜂落在了她的连衣裙领口。布罗茨基抓着头。四座一片寂静，大家不知所措。一分钟后，黄蜂飞走了，没有给女主人造成任何伤害。

　　这段无足轻重的小事让我想起，布罗茨基此后也曾在诗中提起这件事。

　　那个秋天……娜塔莉亚·阿列克谢耶夫娜为他画了肖像，在我看来，这幅肖像非常成功。约瑟夫在画像的另一面，写下了一首十四行诗，开头是这样的：

　　　　女士，您为我画了肖像，/诗人，豪杰，浪荡者的肖像。/……/为了报答，我帮您打发了黄蜂。

此后，托马斯·温克洛瓦讲道：

　　据说，亚历山大·加布利切夫斯基认识布罗茨基后，立即表示："这是我此生见过的最有天才的人。""得了吧，——周围的人回答道，你可见过斯特拉文斯基、康定斯基，甚至列夫·托尔斯泰。""这是我一生中见过的最有天才的人。"——加布利切夫斯基冷静地重复着。

　　一年之后，1968 年，加布利切夫斯基去世了。但是，科克捷别利神秘的高山深海，一次又一次召唤着约瑟夫。1969 年 1 月，他前往雅尔塔，在那里写下了爱情悬疑诗歌《献给雅尔塔》和著名的《雅尔塔的冬夜》。

　　　　一月的克里米亚。严冬来了，/仿佛是为了在黑海海滨嬉闹。/龙舌兰那尖细多刺的叶片上，/洒上薄薄一层轻盈的雪花。/饭馆里空空荡荡，食客寥寥。/鱼龙喷吐黑色的烟柱，玷污了/锚地。腐败的月桂，恶味充斥/空气。"喝

点这可恶的玩意儿?""好。"/(《雅尔塔的冬夜》)(王希苏译)①

正如诗人所说,尽管那一瞬间并不美妙,但却无法复制……而且,还带他远离了那段未果的爱情。所有的人都对他的长诗《献给雅尔塔》困惑不解:秘密的谋杀究竟是什么? 杀死了谁? 谁又是杀手? 难道是布罗茨基自己吗? 他如此形象而又虚幻地结束了与芭蕾舞女演员玛琳娜·库次涅佐娃的爱情。此后,关于这段往事,诗人的女儿曾说道:

> 布罗茨基的《你凭借笔迹认出了我,在我们忌妒的王国》(1987)一诗是献给母亲的。可事实上,她却没有告诉我任何关于父亲的事……我只知道一些布罗茨基去世前一年半左右的琐事。我还没来得及详细问她。此后,我找到了布罗茨基从雅尔塔寄给她的明信片,还有一些轻佻粗俗的诗句。

文学研究者叶卡捷琳娜·丹伊丝和伊戈尔·席德已经做了详细解释:

> 雅尔塔事件的核心,是一个不同寻常的人的死亡,而且,他的妻子及其情夫,见证了他的死亡。这些不过是对心爱之人移情别恋的隐喻。于是,形成如下假设:约瑟夫·布罗茨基与玛琳娜·库次涅佐娃,或者加琳卡·沃斯科娃的彼得堡往事,成为诗歌《献给雅尔塔》的出发点。事件的发生地,如同戏中,大多是假设。克里米亚——自古以来就是爱情、嫉妒与背叛戏码的舞台背景。

虽然在雅尔塔,他的爱情故事结束了,但他并没有结束对克里

---

① 布罗茨基著,王希苏、常晖译,《从彼得堡到斯德哥尔摩》,桂林:漓江出版社,1990,第 85 页。

米亚的全部想象。1969 年 10 月,秋天,他拿到去科克捷别利创作之家的疗养证。事实上,科克捷别利是理想帝国的"海边荒凉的外省"。这里有古希腊罗马文化的残遗,有他心爱的罗马帝国,这里有古老的赛艇,还有人们常说的——"苏联心爱的沙盒",布罗茨基毫不回避的漂泊诗人。在那里,他似乎感到自己成了"非苏联人"。

还是米尔伊尔·阿尔多夫,一个老科克捷别利人回忆道:"那一年,朋友们帮助布罗茨基拿到了科克捷别利作家之家的疗养证,我当时住在加布利切夫斯基家。不过,只有娜塔莉亚·阿列克谢耶夫娜一人,一年前,也就是 1968 年 9 月,亚历山大·加布利切夫斯基逝世了。布罗茨基的到来,恰合人意。我们每天喝酒畅谈,听外国广播……10 月 21 日,热烈庆祝了我的生日。布罗茨基为此还创作了冗长的谑诗。"我们一起去国营农场"dzhimbolosit"。这是克里米亚动词,意思是在花园与葡萄园捡摘剩余的果实。布罗茨基非常喜欢这个词,甚至把它用在一首祝贺我生日快乐的谑歌的结尾:

为了上百个 nadzhimbolosiv/我向你问好。约瑟夫

娜塔莉亚·阿列克谢耶夫娜为布罗茨基画了科克捷别利肖像,布罗茨基在画像背后题写了献给女画家的诗:"就让感激来终止/我笔下编织的思绪……"

"我从不墨守,或寻找一种风格。在我看来,一切碎片断草,都会用艺术的语言诉说,只要艺术家能将他们隐藏的美感提取出来,我们周围的一切,都有隐藏的美丽。"——艺术家娜塔莉亚·谢维尔佐娃(1901—1970)写道。她是著名的文艺研究者、哲学家、翻译家亚历山大·加布利切夫斯基的妻子,女演员,著名戏剧导演尤利亚·萨瓦斯基的学生,后来,谢维尔佐娃成为科克捷别利传奇之家的女主人。许多名人都曾到访,例如音乐家与艺术家:安德烈·别雷、马克西米利安·沃洛申、玛琳娜·茨维塔耶娃、罗伯特·法尔克、海因里希·涅高兹、斯维特斯拉夫·里希特……布罗茨基是她

最喜欢的客人之一,1967 年,他住在这里,1969 年 10 月期间,也常常到访。在这里,他写下《女士,感谢您作的画像》,献给女主人。

从那时起,科克捷别利就成了他的天堂。诗人对生活的渴望非常简单:绝对的、不受政府限制的自由(科克捷别利完全没有政权的影子),写作的可能,美味的科克捷别利白兰地与永远喧闹的大海,还有神秘的、赋予诗人活力的卡拉达格。1969 年 10 月,在献给娜塔莉亚·阿列克谢耶夫娜的诗中,他写道:

> 不要为了没有未来而哭泣。/一切最终都由/叫做天堂的地方接管/把生活套上灰色苹果木的马车吧,/我的姐姐。/时候到了!
> ……
> 但不要飞向白色教堂里的花圈,/径直奔向末日的光芒,/就像我们一同在森林中采蘑菇一样。

想起那个"叫作天堂的地方",大约是灰色的秋季,诗人在海边散步,套着连帽衫,遮避海风与飞溅的浪花,脸上却清晰地印着愉悦,这愉悦来自诗歌、姑娘、大海、火山和天堂。我认为,当时拍摄的那张照片,是约瑟夫·布罗茨基相片中最成功的一张。所有的科克捷别利人,都清楚地记得海岸上的砌栏,这也是我 1970 年以后最喜欢的地方之一。在这张相片上,可以看见大海、沙滩,还有他最爱的小猫,正钻出衣服,四处张望;风帽下,可以看见诗人那只敏锐善察的眼睛。我不知道相片是谁拍摄的,可能是当时在场的雅科夫·戈尔丁,或者是阿纳托里·奈曼。

此外,那里还有一批青年文学家,在 10 月获得许可,来到创作之家,而夏天的疗养证,则发给名流显贵。在这样的环境,写诗也轻松许多。

> 淡季临海,/除了物质利益,/还有其他好处,/可以暂时,/逃离岁月的弯刀,监狱的大门。/勉强微笑,/即使时

间不接受贿赂——/空间,我的朋友,却唯利是图!/二十
戈比上的雄鹰正确,/四季却能战胜一切!

当年 10 月完成的《观海》,是献给娜塔莉亚·阿列克谢耶夫娜
的。他详细描写了科克捷别利的所有生活细节以及各种偏僻隐秘
的景致。

> 这里葡萄园从山丘上,/流淌下墨绿色的肥土。/白色
> 房子的女主人们,/用绯红的山毛榉生火。

就好似看见了从山丘下一直延伸到沃洛申山的葡萄园,看见了
小白屋里友善亲切的居民。

> 完好的盥洗室没有香皂/先知出乎意料地发现/在创
> 造偶像时,/已然穿着晨袍在岸边,/饮下自己的第一杯
> 咖啡。

科克捷别利海边,创作之家门前著名的小广场,那里坐落着马
克思·沃洛申的故居和纪念碑。广场尽头是我的朋友——斯拉
夫·洛什卡的文学沙龙。斯拉夫已经在科克捷别利打造了尼古
拉·古米廖夫的纪念碑,应该开始设计约瑟夫·布罗茨基的纪念
碑了。或许,诗人就是在他的沙龙里,穿着晨袍,喝着第一杯咖啡。

> 报刊亭中/昨日的报纸已安置妥当,/他安坐在铝制的
> 圈椅里;/打翻的舢板腐蚀溃烂,/海平线处的巡洋舰冒着
> 轻烟,/浅礁背部的水藻渐渐枯萎。

在科克捷别利休养的文学家,生活非常规律。跃进海浪,振作
精神,喝着咖啡,"毫不费力地登山……"俄罗斯著名诗人沃洛申的
墓冢就在沃洛申山上。这已是另一种创作生活的现实。

当你饱经世故，/备尝艰难，/便不再期待任何人的帮助，/坐上火车，来到海岸。/大海更加宽广，/深邃。这一优势——/并不太令人愉悦。但/若是感到孤苦无依，/最好去那/掀起波浪，激起刺痛的地方。

这首诗早就应该刻在通往科克捷别利的路碑上。我明白：在苏联时期，因为某些原因，我们决不能缅怀布罗茨基，在乌克兰——则有其他原因（大家都记得《乌克兰之独立》一诗），不过现在，科克捷别利人应该行动了。

诗人离开科克捷别利，前往巴赫奇萨顿，在那里写下谴歌："早先那里是可汗的宫殿，/矿工举办粗野的宴会……"作家尤里亚·古瓦尔金，想起科克捷别利的时光时说：

那是 1969 年 10 月底，大海喧闹着。海水很温暖，还有人在游泳。我们坐在甲板上。瓦洛佳·库尔琴科，约瑟夫·布罗茨基，来自扎戈尔斯克的阿列克谢·可尔洛沃斯基，还有我，拿来一瓶白兰地。浑浊的新酿的葡萄酒已经够多了。我从里加的艺术家雅娜·巴乌留卡那里来。还有十几个人已杳无音信。年轻的，棕红色头发的约瑟夫·布罗茨基，望着大海深处，朗诵着："十月。清晨，大海/伏在堤坝上……"他总是怀着极大的热情，充满诗意地吟诵自己的诗歌。任何其他朗读的人都无法模仿他。布罗茨基曾经多次到访科克捷别利。

诚然，在所有被称为"阿赫玛托娃孤儿"的小组中，布罗茨基对神秘主义的思索与喜爱最为深刻。叶甫盖尼·莱茵曾回忆起与布罗茨基相识的时光："他们有个小团体，基本上对诗歌并不感兴趣，而是着迷于佛教神秘事物，以及东方的神秘主义环境。他们当中有安德烈·沃洛霍斯基，加里克·金兹堡-沃斯科夫，等等。"

在这些神秘事物中，当然包括神秘的大海。

1970 年 1 月，布罗茨基来到克里米亚的创作之家，1971 年 1

月又去过一次。在那里写下："第二次在海滨度过圣诞节/黑海上，冰不冻，雪未封。/众王之星高悬在港口屏障……"①显然，他每次都是顺路去科克捷别利。那些年，他还去过敖德萨，并为此作诗。那里大海汹涌，诗人跑过敖德萨台阶，就像电影《波将金战舰》的革命水兵："如同那个水兵……/指甲锉着桅杆，眼泪将船舷洗成银色，我把自己如同鱼儿一样拖入。"还有著名的普希金纪念碑，他在纪念碑前感到"血缘的孤独"，以及自由大海的自然力量。"跟随自由的海浪/冲上兰杰龙②的沙滩/忠于大地。"

此后，苏联，一去不返，对岸的帝国，在他的生命中矗立起来，不变的，仍是大海的自然力量。如此直至生命尽头。自始至终，他的爱情，都在海边发展成熟。

最后，还有一些具体细节，十分重要，漫长的几十年中，布罗茨基一直将其掩盖，不让众人知道，他这样写道：

> 我不反对任何与我艺术作品相关的文字著述——它们是公众的财富。但是，我的生活，我的生理状态，蒙上帝之恩，只属于并将一直属于我自己……我认为，这种企图的最愚蠢之处在于——类似的文章与其中描写的事件，都服务于一种目的：他们将文学降至政治现实。在读者面前，你们有意，或者无意地（希望是无意地）把我的好意，变得粗俗肤浅。你们——请原谅我用词过激——抢劫了读者（当然，还有作者）。还有，波多尔的法国佬说——很明显，他是持不同政见者，所以，这些反苏的瑞典人授予他诺贝尔奖。但"诗歌"是无法收买的……我并不可怜我自己，我对他感到惋惜……

当然，约瑟夫·亚历山大维奇，稍稍夸大了大家对持不同政见

---

① 布罗茨基著，王希苏、常晖译，《从彼得堡到斯德哥尔摩》，桂林：漓江出版社，1990，第161页。
② 乌克兰敖德萨的海滨小城。

者的兴趣。现在,已经没有人对此感兴趣了,然而,绯闻隐私,大为盛行。在此,比起他与玛琳娜、玛丽安娜,或者其他什么女人的恋爱细节,令我们更感兴趣的是,这些感性关系,如何滋养了有关爱情与大海的伟大诗歌。

例如,与玛琳娜·巴斯马诺娃的浪漫史,始于大海和海岸:《我将与你一同在岸边生活……》,而与爱人的永别,则注定与退潮的腐朽相联。[1] 是的,玛琳娜在他心中永远年轻美丽,无忧无虑,而他自己,却永远留在退潮后的一片腐朽之中。

诗人一生的所有重要事件,都与海洋相连,与退潮和涨潮相连,与海岸和桥梁相连,他生于波罗的海之滨的彼得堡,葬于威尼斯的圣米凯莱岛。最后等待他的是满天繁星:"尝试过两片海洋/以及大陆,我自觉理解/地球本身的感受:无路可走。别处无非是蔓延的/星群,不住地燃烧。"[2]

---

[1]　你也一直很幸运:除了也许在照片里以外,你哪里还可以/永远没皱纹、年轻、快乐、嘲笑?/因为当时间跟回忆碰撞,就发现它缺乏资格。/我在黑暗中抽烟,吸入退潮的腐蚀味道。(黄灿然译)

[2]　布罗茨基著,王希苏、常晖译,《从彼得堡到斯德哥尔摩》,桂林:漓江出版社,1990,第315页。

波斯的印迹

根据约瑟夫·布罗茨基回忆,他在图书馆借的第一本诗集,是波斯伟大诗人萨迪的《蔷薇园》。十六七岁的时候,诗人开始被东方哲学所吸引。他读完了《薄伽梵歌》《摩诃婆罗多》和《道德经》,熟悉了佛教、道教与拜火教的信条。1957 年,诗人去列宁格勒青年《接班人报》编辑部投稿,偶遇奥列格·沙赫马托夫。奥列格·沙赫马托夫曾是战斗机飞行员,比布罗茨基年长七岁左右,性格同样无拘无束,热爱冒险。他介绍布罗茨基认识了亚历山大·乌曼斯基,乌曼斯基是天才的业余文艺爱好者,写作神秘主义的专题论文,于是,布罗茨基开始被东方学和各式各样的神秘主义教条所吸引。

毫无疑问,这在狭隘的苏联社会中颇受争议,但尼采的《查拉图斯特拉如是说》折射的神秘波斯,却令布罗茨基倍感亲切。连同他对苏联当权者的公然厌恶,诗人对东方的着迷,几乎导致悲剧性的结局。

当时,奥列格·沙赫马托夫已经离开空军,后来又因酗酒和丑闻,被赶出列宁格勒音乐学院,只能在撒马尔罕音乐学院复职,他开始诚邀年轻朋友奥夏·布罗茨基去做客。除了夏季在地质勘探队工作,一向自由自在生活的布罗茨基,勉强攒够钱财,愉快地登上飞机,飞往神秘的东方。同时,他还顺便把亚历山大·乌曼斯基的新作转交沙赫马托夫。后来,在与所罗门·沃尔科夫的谈话中,说起沙赫马托夫,他回忆道:"乌曼斯基在世上最感兴趣的,就是哲学和瑜伽……沙赫马托夫也开始阅读所有这类书籍。想象一下,当一个苏联军官,战斗机飞行员,生平第一次接触黑格尔、罗摩克里希纳①、维韦卡南达②、贝特兰·罗素和卡尔·马克思时,他脑子在想什么吗?"约瑟夫也发现了新朋友身上的才能和热情,"沙赫马托夫出类拔萃:他有极强的音乐天赋,会弹吉他,总之,是个天才。与他交往非常有趣。"因此,布罗茨基连续收到两次邀请后,或许怀着某种隐秘的想法,决定飞往撒马尔罕。后来,他在 1962 年写的《夜航》中,描绘了从莫斯科到东方的第一次旅行:

> 道格拉斯的肚子里,夜晚在乌云间徘徊/望着星星,/我口袋中迷路的钥匙/无聊地一直鸣响,/葡萄顺着网袋跳过我的身体,/如同忧伤的杂技演员;/我的出生地列宁格勒已离我远去,/沙漠,却愈来愈近。
>
> ……
>
> 真实的圆形的大地的幸福就是,/目光所及,瞳孔从角落夺不走角落的自由,/然而相反:/在猫的睡袋里,在空间/你狡猾地咬出一个窟窿,/让亚洲之风吹干,/晶莹的欧洲人的泪水。

他如漂泊的苦行僧来到中亚,就像革命后米图里奇·赫列布尼科夫在东方漂泊一样。奥列格·沙赫马托夫,更像他在当地的向导。这里离波斯还有些遥远,但是周围的一切,已经渗透着古波斯文化。苏联政权,无论如何也无法改变东方的神秘氛围。在撒马尔罕,布罗茨基无处留宿,沙赫马托夫在音乐学院的生活也毫无保障,布罗茨基不得不像苦行僧一样,在古老的沙赫-辛德陵清真寺昼夜逗留。

后来,他在游历散文《伊斯坦布尔之行》中进行了总结,并与过去对东方的迷恋告别,约瑟夫总是怀着赞叹之情想起撒马尔罕:

---

① 室利·罗摩克里希那(1836—1886),印度近代宗教改革家。
② 维韦卡南达(1863—1902),印度人道主义思想家。

　　我看见了中亚的清真寺——撒马尔罕,布哈拉和希瓦的清真寺:真正的穆斯林建筑珍品。不知道还有什么地方,能比得上沙赫-辛德陵清真寺。我在清真寺的地板上过了几夜,因为没有别处可以寄宿,我当时十九岁,总是心存温柔地忆起这些清真寺,这绝不是为了缅怀少年时光。它们是比例与色调的完美的艺术结晶,是伊斯兰甜美柔情的见证。清真寺的蓝釉、祖母绿和银钴,与周边的黄褐色景致形成鲜明对比,产生了视觉冲击。这种对比,是对现实世界色彩多样性的纪念,或许更是设计灵感的来源。身临其境,的确可以感受到思想的融合,自信与完善自我的渴望。它们如同黑暗中的明灯,更似沙漠中的珊瑚。

　　沙赫-辛德陵建筑群的确是撒马尔罕最神秘与独特的建筑物之一,由一系列优雅精致、蔚蓝夺目的陵墓组成。

　　沙赫-辛德陵是安葬皇室成员之地。其中最著名的,是先知默罕默德的堂弟库萨姆·伊博恩·阿巴斯的衣冠冢,同时,阿巴斯的陵墓,也是整片陵墓群的起始。阿巴斯也被称作"沙赫-辛德",在波斯语中,意为"永生的国王"。他是此地伊斯兰教的布道者之一,后来,该建筑群变得非常重要,在民间被奉为圣地。据传,库萨姆·伊博恩在公元 640 年来到撒马尔罕,传教十三余年,在祷告时,被拜火教教徒砍下头颅。直到中世纪,朝拜"永生国王"的陵墓,等同于朝觐麦加。因此,布罗茨基与沙赫-辛德陵的寄宿者,的确成了苦行僧,或是他早期诗歌中的朝圣者。

　　　经过竞技场和神庙,/经过教堂和酒吧,/经过阔气的墓地,/经过宽敞的市场,/经过世界和痛苦,/经过麦加和罗马,/顶着蓝色的骄阳,/朝圣者走在大地上。(刘文飞译)

　　但是,对"永生国王"的朝拜,似乎不足以满足胆大果敢的布罗茨基。撒马尔罕直接通往德黑兰和麦加。布罗茨基还在列宁格勒时，当他得知沙赫马托夫曾是战斗机飞行员时，他直接质问："你有如此才华，怎能坐在这里？"在撒马尔罕，布罗茨基将抽象的理想转变为具体的行动计划。沙赫马托夫回忆道：

> 当约瑟夫得知，我要进入撒马尔罕音乐学院做职业音乐家时，他都做了些什么啊！他开始怒吼，跺脚，叫我"傻瓜""白痴"和"糊涂虫"，这已经是他赏给我最文雅的修饰语了……当布罗茨基得知我是战斗机飞行员，你知道他对我说了什么吗？"怎么回事，奥列格，你怎么能住在这里，从事这种职业呢？！"明白这种暗示吗？我一开始并不知道他的用意何在。还有，布罗茨基也急于转变话题。我想，他不仅是优秀的诗人，更是出色的心理学家。只有高强音，才能强迫我离开撒马尔罕音乐学院，他劝我把飞机开出边境，只需要低弱音。经过约瑟夫的劝说，我答应与他一同逃离苏联……

布罗茨基脑海中的想法已经酝酿成熟：与奥列格共同夺取一架小型单飞行员飞机，从撒马尔罕飞往阿富汗或者伊朗。很多年后，诺贝尔奖获得者约瑟夫·布罗茨基在《文学报》的采访中，就他与沙赫马托夫的逃亡计划说道："我们打算买下一架'雅克-12'飞机的所有座位。我负责打晕飞行员，奥列格负责驾驶飞机。我们的计划很简单——飞往阿富汗，然后步行去古巴。"

他们不愧是朋友——两人都胆大独立，着迷于东方和波斯。布罗茨基更爱思索与幻想；沙赫马托夫则有军队经验，能够更加冷静地看待生活。奥列格将布罗茨基的所有幻想都纳入了他们的共同计划。而且，冒险精神业已足够。奥列格大概从未想过类似的逃跑计划，但已经被布罗茨基的想法深深吸引，而且把计划落到了实处。就像布罗茨基后来对沃尔科夫讲道：

> 逃出边境是我的主意。我一直建议我那不幸的朋友夺取

一架飞机,逃往阿富汗。当时,我们在撒马尔罕,边境触手可及。我会用石头砸向飞行员的脑袋,朋友则趁机掌控操纵杆。我们飞上高空,在国境线上飞行,任何雷达都发现不了我们。一切细节,都已考虑周全,甚至机票都买好了。我用买票剩下的零钱,买了些胡桃,用准备砸飞行员脑袋的石头破开它们。我突然想起,胡桃仁就像人脑……我想:何苦去砸他的脑袋?谁又需要去阿富汗?

记者格里高利·萨尔基索夫曾成功采访过奥列格·沙赫马托夫,后者在改革之后辗转来到立陶宛。这位曾经的战斗飞行员,出狱的囚犯,立刻说明了布罗茨基的冒险计划。在与沙赫马托夫会面后,萨尔基索夫写道:

委婉地说,任何理智健全的人,都会认为这种行为简直愚蠢透顶——要知道,当时,在60年代,阿富汗正处于苏联政权的很强的影响下。阿富汗人自会逮捕逃亡者,并将他们转交苏联政府。不要忘记——这次逃亡计划是诗人的想法!诗人的思想向来不着边际,天马行空,更不善于考虑细节……而飞行员沙赫马托夫,曾就职于特殊飞行部队总部。出于职责,奥列格熟知所有美军在南北方的军事基地。他还知道,他与约瑟夫一到古巴,就会受到苏联同志的"热情"欢迎。"当然,作为同乡,他们会隔着监狱栅栏,将面包和水丢给我们,——奥列格·沙赫马托夫说。——此后,我们会被移交苏联政府,我和布罗茨基将被分别羁押,流放摩尔多瓦。在苏联,成功的叛逃者会被直接枪毙,没有任何商量余地。"

沙赫马托夫更准确地补充道:从撒马尔罕不应逃至阿富汗,当时,阿富汗统治者身边的顾问都来自苏联军队,应当逃至亲美的伊朗,最好先乘小型飞机到达美国在马什哈德的军事基地,再前往波斯。沙赫马托夫甚至宣称,他们买了从撒马尔罕至铁尔梅兹的机票,但航班取消了。如果航班没有取消呢?诗人未来的命运又将如何?

试图武装劫机是非常严肃的事件,任何民主国家都无法容忍。即使沙赫马托夫与布罗茨基自愿放弃"犯罪企图",他们也将终生受到监视,无论是在苏联,还是在美国,都是如此。根据列宁格勒国家安全委员会管理局官员沃尔科夫出具的证明,1962 年 1 月,对布罗茨基进行道德纪律检查(即 1 月 29—31 日的问询)。此后,他们仍然一直监视布罗茨基。要知道,正是布罗茨基逃往波斯的计划失败后的第十年,1970 年 10 月 15 日,恐怖分子布拉津斯卡斯父子,抢夺载有四十六名乘客的"安-24"飞机,从巴统飞往苏呼米。他们在劫机时杀死了飞机乘务员娜杰日达·库尔琴科。飞机在土耳其着陆,当地政府拒绝交出窃贼,并且允许他们移民美国。后来,小布拉津斯卡斯因为弑父,在美国受审。这件事对布罗茨基的心理产生了怎样的影响?

几乎成为杀人犯的布罗茨基改变想法了吗?沙赫马托夫和他的钱不够用了吗?或者他们得知,飞机燃料太少,难以抵达波斯?总之,上帝引领他远离了此次致命的冒险。要知道,当时他们已经买好了机票,背包里藏好了石头,研究了轻型捷克飞机"超级-45"的基本原理。如果起飞,约瑟夫·布罗茨基用石头砸晕飞行员,最后飞到美军在伊朗的基地,那么以后呢?即使与布拉津斯卡斯父子的情形一样,美国拒绝将窃贼交给苏联,诗人的命运又会如何?一个故意或无意杀人犯,能够写出深刻洞彻的诗歌吗?我想,不能。无意杀人犯,诗人尼古拉·鲁布佐夫,富有才华的女诗人柳德米拉·杰尔宾娜的命运,就是鲜明的例子。一般来说,杀人以后,即使有叶甫盖尼·叶甫图申科这样的调停人给予支持,女诗人也无法在任何打斗或情绪冲动中保持常态。上帝引领我们的伟大诗人亚历山大·普希金与米哈伊尔·莱蒙托夫远离决斗,阻止了尼古拉·古米廖夫与马克西米利安·沃洛什金在决斗中的致命射击。要知道,古米廖夫曾是军官,富有经验的射手——一位俄罗斯伟大诗人杀死了另一位诗人?简直无法想象。上帝不允许……

撒马尔罕行动的所有细节,考虑得过于匆忙。我想,抛开一切揣测,取消逃亡计划的唯一原因是——布罗茨基清楚,他无法用石头砸向他人的头颅,不能这样做。记者格里高利·萨尔基索夫继续与沙赫马托夫的对话:

布罗茨基在《文学报》的采访中说,你们买了四张机票,占据了飞机的所有位置。可是,请问,你们准备如何离开飞机?即使你们成功离开了,在阿富汗又将如何避开苏联同志呢?

——真令人惊讶!——奥列格·沙赫马托夫冷冷一笑。——很多人都暗示,我的计划前后无法衔接,不是只有你一个聪明人。问题在于细节。你看,我坐在右前方的位置,布罗茨基——则坐在飞行员座位的后面。我们的飞行员是一位年轻孱弱的小伙,因此,布罗茨基可以用石头砸死他……我们上了飞机。飞行员去了调度室。我与布罗茨基坐着闲聊。当然,很紧张……我还告诉他,从现在开始,你要装作不认识我。约瑟夫听了,点了点他那智慧的脑袋,我们开始等候飞行员。飞行员很快离开调度室,走向飞机。这时,我在脑海中将所有可能的场景演练了一遍,甚至想象,如何避开苏联的追捕。

不过,沙赫马托夫只是设想,而飞行员却有另外的打算。"同志们,——孱弱的飞行员走向飞机,抱怨道:——晚上,铁尔梅兹哪有乘客!不飞了!或者你们付了返程票钱,我就飞!"就在飞行员试图掏空乘客腰包时,沙赫马托夫想弄清楚,飞机是否加满油料。这完全不可能:如果是"雅克-12",燃料的数量可以通过计量器确定,但是,沙赫马托夫根本不了解"超级-45"型飞机及其飞行系统(否则,他早就自己驾机起飞,不必等待飞行员了)……由于靠近边境的缘故——当时边境地区飞机的燃油永远不会装满——以免飞行员抑制不住,逃离苏联天堂。总而言之,确实缺少燃料。飞行员要求乘客支付铁尔梅兹返程的票钱。而布罗茨基与沙赫马托夫两人只有一卢布。至少,沙赫马托夫这样认为。事实上,正如布罗茨基所写,在登机前,他把最后一个卢布也花掉了,买了一些坚果。看来,这是去古巴途中的口粮。

因此,整个波斯计划,在奥列格·沙赫马托夫看来,幸好因落魄的波斯朝圣者缺乏资金而失败。

关于此次逃亡,阿纳托里·奈曼也有自己的讲述:

当时,布罗茨基大概二十一二岁,结识了一个姓乌曼斯基的人,有段时间受到他的影响。乌曼斯基是一位年轻的哲学家,没有任何头衔,被称为"街头哲学家",写的是唯我论与二元论的哲学论文,总而言之,这也是他的工作。他想把论文传到西方。喜爱冒险的布罗茨基,立即伸出援手。他们得知,一个美国人来到列宁格勒,如果我没记错,这个美国人是个律师。他姓贝利,我不是很确定。他们去一个好像叫做"欧洲"宾馆的房间,试图把论文交给他。那个美国人接到国会的指示,认为他们是间谍,拒绝接收论文,此后便离开了;作为游客,他去了撒马尔罕,当时,这已经是一条很成熟的路线。诗人也去了撒马尔罕……此后,我不太清楚,还有个什么沙赫马托夫。他曾是飞行员,战斗机飞行员。但是,他在军队不太顺利,退伍了,他的过去,潦草含糊。诗人这次与沙赫马托夫甚至没有见到那个美国人,遭遇第二次失败后,他们决定劫机。他们已经商量好行动计划。布罗茨基自己曾经写过,也在采访中说过,他曾想象,如何做到这一切。甚至还有一张布罗茨基站在某个小飞机旁边的照片。他只是想象,最后放弃了计划。他们在列宁格勒被捕,准确的原因我也说不清楚。他们回到列宁格勒以后,都被逮捕了。当时,正值社会主义法制月,或是法制年,因此,不能永久拘留。我也不记得他们被拘留多久,可能是两个星期,或者三天。但是,侦查员问什么,布罗茨基就说什么,直接回答侦查员的问题,毕竟布罗茨基非同寻常。布罗茨基所言,推翻了整个审讯计划,因此,他在此事中的嫌疑也被排除了。他似乎被当作证人传讯,在整个事件中的参与程度极低,因此,被排除在外。

而历史学家奥丽佳·艾杰里曼曾找到一份资料,该资料出自国家安全机关巡察部的检察长沙鲁金娜,苏联部长委员会下属克格勃调查局分部主任茨维塔科娃。这份资料,分析了另一份克格勃列宁格勒分局军官沃尔科夫调查布罗茨基的资料:

> 资料显示,布罗茨基认识沙赫马托夫与乌曼斯基,两人因为反苏宣传而受审,布罗茨基同他们一起,酝酿背叛祖国的计划……沙赫马托夫与乌曼斯基于 1962 年 5 月 25 日,因反苏宣传罪被剥夺自由五年……布罗茨基与此案的牵连表现如下:布罗茨基与沙赫马托夫于 1957 年末在列宁格勒《接班人报》编辑部相识。布罗茨基在谈话中得知,沙赫马托夫也进行文学创作,这使两人走得很近。后来,他认识了乌曼斯基,经常与沙赫马托夫一同拜访乌曼斯基。沙赫马托夫于 1960 年被判流氓罪,刑满以后,前往克拉斯诺雅尔斯克,后来又去了撒马尔罕。他从撒马尔罕给布罗茨基寄了两封信,邀请后者前往撒马尔罕。此外,他对撒马尔罕的生活多有吹嘘。1960 年 12 月底,布罗茨基抵达撒马尔罕。临行前,乌曼斯基将《总统先生》的手稿交给布罗茨基,请他转交沙赫马托夫,布罗茨基照办了。此后,他们把手稿交给了美国记者梅尔文·贝利,并询问在国外发表手稿的可能。但是,他们没有收到梅尔文的明确答复,于是,收回了手稿,再没有给任何人看过。同样查明,布罗茨基与沙赫马托夫有过一次密谋,试图劫机偷越国境。尚不清楚谁是这次密谋的发起者。他们曾数次前往撒马尔罕机场调查情况,但是最后,布罗茨基建议沙赫马托夫放弃这个念头,返回列宁格勒。

回到家中,布罗茨基努力忘记这次波斯冒险。但是,一年后,沙赫马托夫因私藏武器被捕,并向肃反人员供出逃亡波斯的未遂计划的全部经过以及乌曼斯基的反苏文章。于是,沙赫马托夫从刑事犯变为政治犯。沙赫马托夫背叛了朋友,布罗茨基一生都无法原谅他。当时,布罗茨基很走运,除了沙赫马托夫的供词,没有任何布罗茨基与此案牵连的证据。而且,约瑟夫的母亲玛丽娅·莫伊谢耶夫娜,当时在列宁格勒"大房子"做会计,也积极促进此事的和解。虽然对失败的逃亡波斯的计划没有开庭审讯,但是,文件夹已经塞满与布罗茨基相关的文件,迟早都要以庭审收场。有趣的是,布罗茨基后来曾记叙了这次失败的波斯逃亡,但是,记录被列宁格勒警察局收缴,至今保留在外交部档案馆。我们或许还能找到它。

在这段波斯轶事中,一个永恒的俄罗斯之谜也令我非常感兴趣。我明白,年轻的叛逆者想要逃往西方,他们不接受现有体制,但是,为什么他们不像布拉津斯卡斯父子,选择穿过亲美的土耳其、日本,或者瑞典,逃往西方呢?为什么要从彼得堡穿越古波斯逃往西方?换句话说,为什么俄罗斯诗人世代痴迷东方?为什么布罗茨基似乎变成了莱蒙托夫笔下的毕巧林,急切奔向波斯?当然,毕巧林是虚构人物。即使描写自我,莱蒙托夫有时也夸大主人公的优点,有时又最大限度地贬低主人公。莱蒙托夫把理想当作现实,毫不留情地批判自我。于是,他的毕巧林前往波斯,死在归来的途中,好像实现了作者本人所有隐秘的梦想。那么,波斯也是布罗茨基隐秘的梦想?他就像"波斯之箭"?

莱蒙托夫也向往波斯,他曾给谢尔盖·拉耶夫斯基写道:"我已经计划前往麦加、波斯,还有其他地方。"他的朋友,十二月党人,诗人亚历山大·奥多耶夫斯基,也同样向往波斯,1835年,还为无法实现的"与亲爱的好友亚历山大·格里鲍耶陀夫的波斯之行"而惋惜。还有一位俄罗斯诗人,德米特里·韦涅维季诺夫,曾在俄波战争期间写信给哥哥:"祈求上帝,希望我们能尽快与波斯和解,我想与第一批使团一起去那儿,与东方夜莺一同自由歌唱。"1827年,去世前不久,他还充满幻想:"我要去波斯。已经决定了。我想,在那儿,我将找到生命与灵感的力量。"于是,毕巧林满足了对东方的向往,实现了莱蒙托夫想要逃离可恶兵营生活的愿望和前往神秘波斯的梦想,而且,还可以在归途中离开世界。我想起叶赛宁《波斯抒情》的诗句:"你曾说过那位萨迪/只吻胸脯从不吻嘴,/看在上帝份上你等一等,/总有一天我也能学会。"[①]约瑟夫·布罗茨基便把萨迪作为自己的老师。我记得,米图里奇·赫列布尼科夫,在国内战争期间曾实现了前往波斯的梦想。与布罗茨基一样,毫不妥协的尼古拉·古米廖夫也曾写过波斯。在所有白银时代重要诗人的诗歌中,波斯总是时隐时现。什么一直吸引俄罗斯文学家追求古老的波斯文明?无论其他富有智慧的布罗茨基研究者如何,我就生活在 20 世纪 60 年代,我想,任何潜在的苏联逃亡者,幻想逃亡计划时都是朝向西方,或西南方,而不是波斯。布罗茨基对世界的诗意理解,不为我们的社会体系所接受。带着萨迪的诗集,逃往波斯吧!

此后,他完全可以愉快地忘记这段口袋装着石头的冒险,没有人会知道。况且,这件事也没什么值得炫耀:差点杀死一个无辜的人。但是,奥列格·沙赫马托夫的背叛却把这次冒险变得路人皆知。奥列格·沙赫马托夫,由于告密,只是加长了刑期,因为他的告密,乌曼斯基被判同样的刑期(五年),因此,乌曼斯基至死憎恨这位过去的朋友。可以说,布罗茨基非常幸运:他找到了辩护人,没有被送上法庭。但是,阿纳托里·奈曼写道:"克格勃,而且是列宁格勒的克格勃,不会释放或遗忘任何人。诗人更有名气了。虽然现在不应夸大他那时的名气。当时,对不劳而获者的审判十分普遍,经常有人被送去受审。此外,不劳而获是一个广义的范畴,但是,所有创作者,从社会观点出发,都是不劳而获者。总而言之,他们决定,依据不劳而获罪审判他。"

存在一个由来已久的争论:如果没有波斯冒险,那么,1964 年不劳而获罪的审判还会进行吗?布罗茨基的朋友雅科夫·戈尔丁

---

① 顾蕴璞译。

认为,我们夸大了此次失败的逃亡计划在诗人命运中的作用。即使没有什么波斯,他的诗歌与统治制度格格不入,迟早还会因为其他原因被审判。科斯佳·阿扎多夫斯基,因为麻醉剂被问罪,有人因为日常斗殴遭拘留,还有加里克·金兹堡,因为伪造文件被关进监狱。戈尔丁写道:

> 被捕前最后一段时间,正是布罗茨基的行事风格引起了克格勃的兴趣。但是,那时,有谁不写"颓废诗"呢?很多人都写,大部分是年轻人。问题不在于布罗茨基的诗歌反对苏联,而在于它们是异类。它们用自身蕴含的天赋与力量,破坏了文化和心理的固有准则,作协领导与克格勃的有关部门,充当固有准则的警卫。"专制"完美评价了布罗茨基的诗歌。

难怪庭审期间,特意提到了布罗茨基的诗对青少年的危害。布罗茨基作为诗人,而不是作为潜在的叛逃者,遭到惩罚。把受审的原因归结于撒马尔罕事件,忽略以上事实,意味着简化 1964 年那场闹剧的本质。

我可以同意尊敬的雅科夫·戈尔丁的说法,他是为数不多的陪伴诗人一生的挚友,但是,决不能忽略人为因素以及列宁格勒的影响。在列宁格勒,约瑟夫·布罗茨基无法躲避法庭和判决。但是,在同一时期的莫斯科,同样胆大放肆、特立独行的"青年天才联盟"①,不劳而获者,反叛者,却没有任何法庭的传讯。在莫斯科,只有像青年天才联盟分子加兰斯科夫,拿着政治标语走上普希金广场,才会受到审判。布罗茨基的美国朋友,"俄罗斯茶炊"饭店的老板罗曼·加普兰,被《列宁格勒晚报》称为"雄蜂"②,或是"吃粪的苍蝇",他及时设法逃离了残酷的列宁格勒,在和善的莫斯科平静地安家落户。安德烈·比托夫、叶甫盖尼·莱茵,都顺利迁往首都。

---

① 20 世纪 60 年代初期莫斯科持不同政见的青年文学家团体。

② 指不劳而获者。

完全可以假设，在莫斯科，如果没有波斯冒险，约瑟夫·布罗茨基不会被关进监狱。诗人的命运也将从此改变。我想，在 20 年代的莫斯科，尼古拉·古米廖夫也不会被枪决。尽管雅科夫·萨乌洛维奇·阿戈兰诺夫来自莫斯科，但是，只有在彼得堡，他会允许自己下令枪决俄罗斯伟大诗人。尼古拉·古米廖夫与约瑟夫·布罗茨基的命运非同寻常，对他们的判决十分荒谬，或许列宁格勒的肃反分子在 20 年代、60 年代，都以此为荣？

波斯印迹赋予这场荒谬的审判阴谋论的色彩。我想，布罗茨基也乐于将自己 1964 年的受审浪漫化。当然，在诗人看来，作为失败的劫机者，向往神秘波斯的叛逃者，远比做一个卑微的不劳而获者有趣得多。

社会寄生虫的罪名

我同意雅科夫·戈尔丁的观点，即使诗人没有企图逃亡波斯，或早或晚，苏联的触角，都会伸向布罗茨基。他与当时习以为常的行为规则已然格格不入。不过，由于此次失败的逃亡计划，监视异端思想的进程原本进展缓慢，现在却逐渐加快。此外，约瑟夫此前的朋友奥列格·沙赫马托夫在接受调查时，完全背叛了他，而奥列格本人则被发配集中营劳改五年。1964 年，在审判社会寄生虫的法庭上，布罗茨基不得不再次回想与沙赫马托夫的友谊。雅科夫·列尔涅尔此前领头的"伪"纠察队则被唆使攻击布罗茨基。

年轻的诗人究竟为何激怒了列宁格勒的秩序维护者？难道真的是因为夏季他更喜欢在地质勘探队工作，其他时间都用来创作吗？去过地质勘探队的人都知道，帮工需要完成多少繁重的工作。我想，因为没有更严重的罪名，列宁格勒市政府只能用荒唐的不劳而获罪控诉他。约瑟夫·布罗茨基的诗歌没有任何反对苏联的消极思想，年轻的诗人也不从事政治活动。然而，他的诗歌对青少年的影响与日俱增。他的诗作，不仅在文学界广为流传，而且受众广泛。我现在还保留着布罗茨基 60 年代创作的诗歌的打印稿，例如《朝圣者》《每个人在上帝面前都是赤裸的……》《惋惜的时刻降临》《游行》和《圣诞歌谣》。

1960 年，在高尔基文化宫举办的"诗人竞赛"中，布罗茨基朗读了《犹太公墓》。这首诗，甚至不算诗人早期诗歌的佳作，显然受到鲍里斯·斯卢茨基的影响。例如，如果《犹太公墓》的朗诵者不是布罗茨基，而是其他什么人，那么，大概没有人会注意这首诗。诗歌没有狂热地突出犹太主题,而是回响着忧郁的讽刺。

> 他们不曾播种。/他们不曾播种。/他们只是像庄稼
> 一样躺倒在/冰冷的地球上面,/进入永恒的安眠。(张
> 红　译)

闻所未闻的流言突然愈演愈烈。布罗茨基的诗歌虽然没有反苏思想,但是他的行为举止、言语自由、行事自由,以及他自由演讲的艺术,却触犯了苏联体制。并且,为了回应他的反对者,布罗茨基带着挑衅与叛逆,朗诵自己的诗歌:

> 每个人在上帝面前/都是赤裸的,/可怜,赤裸,贫
> 贱。/每段音乐里/都有巴赫,/每个人心中/都有上帝。/
> 因为上帝/永垂不朽。/片刻——不过是/公牛的命运……
> ……
> 装疯,/偷窃,/祈祷! /孤苦,零丁! /……好像皮鞭
> 属于公牛,/十字架永远属于/上帝。

在当时的时代氛围中,这不亚于十二月党人起义。但在法律上,这类行为却无可指摘。于是,他们开始收集诗人不劳而获罪的证据。雅科夫·戈尔丁讲道:

> 他从来没有追求过精神领袖主义,但是,却很早明白了自
> 己的价值和地位。1963—1964 年的时代绞肉机,使他更加清
> 晰地认识到自己的特殊之处,并且坚定了"我有权利"的感触。
> 　　1965 年 6 月 13 日,他在流放中给我写信:"我现在准备为
> 自己建造一个小亚斯纳亚波良纳①;即使我现在的状态不强制
> 我这样做,也允许我这样做。准确地说:是我的位置,地理位

---

① 　亚斯纳亚波良纳,俄罗斯文学家托尔斯泰的庄园。

置，允许我这样做……审视自己的时候，不要与其他人作比较，而要天马行空。要天马行空，让自己为所欲为（当然，这里指写诗，而不是生活行径。——雅科夫·戈尔丁注）。如果你满怀愤懑，那么，就别掩饰，让它粗鲁下去；如果你心情愉悦，同样不要掩饰，就让这开心老套好了。要记住，你的生活，就是你的生活，任何人的规则，即使是最崇高的规则，也不是你的律条。那不是你的规则，它们至多不过像是你的规则。要独立。独立，是最高贵的品质，是所有语言中最美妙的词语。即使它会导致失败（一个不敬的词语），那这也仅仅是你的失败。你只需要与自己算账；否则，你就不得不去与鬼才知道的什么人算账。"

　　起初，对独立的渴望，如同贯穿生命的法则，清晰地将布罗茨基与常人分隔开来。而诗歌中，无处不在的存在主义和叛逆思想，则引起了年轻人对布罗茨基、他的诗歌及个人生活的兴趣。他的诗作被传抄，被谱曲作乐，他声名鹊起。然而，我却认为，为了更好地理解1964年发生的一切，必须将约瑟夫·布罗茨基看作一种现象……

　　实际上，1964年布罗茨基遭受审判，不是因为他反对苏联，而是因为他行事自主，独立创作。布罗茨基在"阿赫玛托娃孤儿"中，表现出极其鲜明的创作独立。况且，列宁格勒的氛围较之莫斯科更不自由。列宁格勒的领导与思想家，决不容许类似莫斯科"青年天才联盟"的组织出现。于是，他们便选择了可能产生最大影响的攻击目标——不是莱茵，也不是索斯诺拉，而是布罗茨基。

　　因此，雅科夫·戈尔丁认为："无论布罗茨基是否结识沙赫马托夫和乌曼斯基，事件未来的走向都无法改变。因为，就事件本身而言，是布罗茨基自己指引了这件事的走向，用唯一可能的方法，确定了他在文化中的存在。但是，如果说，捷尔任斯基区法庭审判了无辜的人，我不敢苟同。在他们面前，布罗茨基确实有错……"

　　雅科夫·列尔涅尔与他领头的"民众纠察队"被唆使攻击布罗

茨基。于是,11 月 29 日,《列宁格勒晚报》刊登了杂文《文学寄生虫》。这篇文章已经不止一次被转载,但在这里,我还是想把它完整地呈现给读者。

几年前,在文学界,出现了一位自诩诗人的年轻人。他总是穿着绒布裤子,装满纸张的公文包一刻也不离手。冬天,他外出总是不戴帽子,雪花肆无忌惮地扑落在他红褐色的头发上。朋友们直接叫他——奥夏。其余场合,则冠以全名——约瑟夫·布罗茨基。

布罗茨基总是访问入门文学家的文学协会,在"第一个五年计划"文化宫学习。但是,穿着绒布裤子的诗人认为,文学协会的课程不符合他广阔的天性。他甚至劝说其他写作的年轻人,认为此类协会的学习是创作的枷锁。约瑟夫·布罗茨基将独自一人攀登帕耳纳索斯山。

自信的年轻人带着什么作品进入了文学界呢?他署名的诗歌几十首,抄在薄薄的中学练习本里,所有的诗作都证明,他的世界观残缺不堪。《坟墓》《死亡,死亡》——仅凭题目,就能判断布罗茨基的创作爱好。他模仿宣扬消极主义和怀疑论的作家,他的诗歌是颓废主义、现代主义,还有通俗暗号文字的混合。这些才气平庸的模仿,令人可怜。此外,他无法独立创作:能力不足,文化知识匮乏。一个连中学教育都没有完成的人,能有什么知识呢?

布罗茨基如此浮夸地宣告他创作的神秘主义诗歌:

"诗歌的思想是关于世界概念拟人化的思想,在这种意义上,诗歌是世俗的赞歌。为了达到目标,要让与这些概念相近的措词,从至少二十个虚构人物口中说出,话语通过抒情诗的形式表达。"

此外,乡下的伙计也热爱浪漫曲,声嘶力竭地用吉他弹唱。

这就是布罗茨基所谓的愿望:

躲避伤寒的吹风,/我想藏进书柜

这是他提出的要求:

喂饱饥饿的耳朵/哪怕用面包干……

他厚颜无耻地承认:

我咀嚼一切荒诞,/靠仅有的面包生活。

还有他所谓的神秘诗歌的片段:

我沿着小巷行走,/双腿剪刀一般。/晴日阳光照耀,/
我沿着十字路口,/踱步,/如同沿着纸张/有个人却相反/
步入黑暗之境。

这也能称作抒情诗? 简直胡言乱语!

离开文学协会后,他成为个体手工业者,开始竭尽全力博
得青年的欢迎。他渴望公开演讲。有时,他成功站上讲台。布
罗茨基曾经几次在列宁格勒大学的宿舍、马雅可夫斯基图书
馆、列宁格勒政协文化宫,朗诵自己的诗歌。真正的诗歌爱好
者,抵制他的抒情诗。但是,他却找到了一批爱好其唯美主义
的青年男女,他们喜欢一些辛辣讽刺、耸人听闻的东西,因为
布罗茨基的诗歌而兴奋尖叫。

布罗茨基周围又是些什么人呢? 他们用狂热的赞叹与惊
叫支持他的诗歌。

玛丽安娜·沃尔亚斯卡娅,生于 1944 年,追求放纵,留下
退休的母亲独自生活,令母亲备受煎熬;沃尔亚斯卡娅的朋
友——尼季达诺娃,宣扬瑜伽和神秘主义;弗拉基米尔·什维
戈里茨——我们可以不止一次在民众纠察队发布的讽刺宣传

画上看到他的面目(这个什维戈里茨,贪婪无耻地剥削自己的母亲,从她微薄的工资中索取零花钱);刑事犯阿纳托里·格依赫曼;无所事事的叶菲姆·斯拉维恩斯基,他喜欢连续几个月在不同的地质勘探队摸爬滚打,其余时间则围绕在外国人身边。在布罗茨基的密友中,有不值一提的文学创作者弗拉基米尔·格拉西莫夫,还有外国旧货收购商施林斯基——更响亮的名字,则是若拉。

这群人不仅给予布罗茨基过多的赞誉,而且尝试在青年人当中传播他的创造模板。有个列昂尼德·阿罗佐恩,用自己的打印机翻印了布罗茨基的诗歌,而格里高利·科瓦列夫,瓦莲金娜·巴布希金娜与希洛科夫(绰号"伯爵"),偷偷地把打油诗塞给饥渴的读者。

众所周知,约瑟夫·布罗茨基在交友方面毫不挑剔。对他来说,如何攀登帕耳纳索斯山并不重要,重要的只有结果。要知道,他把自己归为上帝的"选民"。他不仅认为自己是个诗人,而且是"诗人中的诗人"。很早以前,伊戈尔·谢维亚宁曾声称:"我,天才的伊戈尔·谢维亚宁,享受自己的胜利:我全心全意地坚信!"但事实上,他只不过逞威风罢了。约瑟夫·布罗茨基则认真坚信这一点。

其中,还有一个事实,可以证明布罗茨基对自己的看法。1960年12月14日,高尔基文化宫举办青年诗人晚会。约瑟夫·布罗茨基朗诵了自己低沉忧郁的诗歌。有人对他的诗歌做出真正的评价:"这不是诗歌,简直胡言乱语!"布罗茨基自以为是地回答:"朱庇特能做的事,牛就不能做吗?"

难道这还不算厚颜无耻吗?青蛙显出神气十足的样子,狂妄自大地以为自己是朱庇特。遗憾的是,在晚会上,没有一个人,包括主席——女诗人帕鲁希娜,支持这个放肆之徒。但我们还未谈及重点。布罗茨基的文学活动,决不仅限于玩弄文字。故弄玄虚的密语和殡葬死亡的主题,只不过是布罗茨基无辜爱好的一部分。——他的一些诗句更明确地反映了自己的信仰。"我们是宇宙的尘埃",他在《八月的自我分析》中宣称。在另一首献给诺娜的诗中,他写道:"诺娜,请允许我用自己的方式生活、撒谎、编制生活的童话。"最后,他还宣称:"我喜爱异乡。"

可以看出,"自负地向着帕耳纳索斯山攀登的侏儒",并非毫无恶意。布罗茨基极其坦诚,承认自己"喜爱异乡"。事实上,他的确不爱祖国,而且毫不掩饰,此外,他甚至一直预谋背叛。

一天,受好友沙赫马托夫的邀请,布罗茨基前往撒马尔罕。沙赫马托夫现在正因刑事犯罪受审。除了自己的薄薄的诗歌练习本以外,他还带着某个乌曼斯基的"哲学论文"。论文的主旨是:年轻人不应当受到父母、社会、国家责任的限制,因为这束缚了个性自由。"世界上有白骨人与黑骨人。因此,需要消极地对待一种人(黑骨人),积极地对待另一种人(白骨人)"——最终,这篇论文教导人类应当分化,完全借鉴了一整套法西斯的意识形态。

摆在我们面前的是沙赫马托夫的审讯记录。在侦查中,沙赫马托夫承认,他与布罗茨基在"撒马尔罕"宾馆与外国人碰面。美国人梅尔文·贝利邀请他们去自己的房间。会谈如下:

——我有一份手稿,在我们这里不能出版,——布罗茨基对美国人说。——您不想看看吗?

——很乐意效劳,——梅尔文答道,他翻了翻手稿,说:可以,我们来出版。怎么署名?

——只要不署作者的真名就行了。

——好,就按我们的习惯来署名:乔治·史密斯。

不过,布罗茨基与沙赫马托夫最后一刻却退缩了。"哲学论文"留在布罗茨基的口袋里。

在撒马尔罕,布罗茨基试图实现逃离祖国的计划。他与沙赫马托夫一同前往机场,准备劫机逃亡国外。他们甚至已经选中了一架飞机,但是,发现机箱里的燃油不足以飞越边境,于是决定等待更为合适的时机。

他的嘴脸如此丑陋,不仅书写掺杂密语、消极思想、淫秽内容的打油诗,而且预谋背叛祖国。

然而,考虑到布罗茨基还年轻,他的很多错误都被宽恕。我们对他做了大量的教育工作。而且,他还不止一次因为反社会的行为受到警告。

布罗茨基并没有悔改。他继续过着寄生虫似的生活。身体健康的二十六岁青年,将近四年没有从事任何对社会有益的劳动。他依靠零工生活;甚至向父亲伸手要钱。他的父亲是列宁格勒报纸的编外摄影记者,虽然经常批评儿子的行为,但仍然继续养活他。即使布罗茨基突然开窍,不再作父母与社会的寄生虫,他还是无法摆脱对帕耳纳索斯山的向往,为达顶峰,不择手段。

显然,应当不再纵容文学寄生虫。像布罗茨基一样的人,在列宁格勒没有容身之处。

综上所述,我们可以得出什么结论呢? 布罗茨基,还有他身边所有的人,都踏上了一条危险的道路。我们要严重警告他们。就让约瑟夫·布罗茨基身边的文学寄生虫受到最严厉的回击吧。我们不允许他们再混淆视听。

约宁、列尔涅尔、梅德韦杰夫

诽谤书的作者混淆事实,将德米特里·博贝舍夫的诗行,署上布罗茨基的名字,用各种诗歌中的句子,拼凑"反爱国主义"的诗句"我喜爱异乡",尽管喜爱异乡与热爱祖国并不矛盾。况且,通过断章取义,任何作品都能被指责为恐俄症。所有的指控极其荒谬,执法部门的低级水平,实在让人尴尬。

诗人写了一份驳斥声明,但是,没有必要向他人展示。这次行动,基本上由州委员会第一书记托尔斯吉科夫一手策划。安娜·阿赫玛托娃是正确的:他们瞬间赋予了这位年轻诗人世界性的荣誉。诽谤者自己都不明白,他们究竟做了什么。1964年1月8日,同样在《列宁格勒晚报》刊登了《我们的城市容不下不劳而获者》，文章的结尾庄严宣称："任何尝试逃离社会审判的行为，对布罗茨基及其维护者，都无济于事。我们的优秀青年对他们说：'够了！布罗茨基就是寄生虫，依赖社会生活。我们需要劳动，如果不想工作，那么，只能自作自受。'"总而言之，布罗茨基是诗人中少有的勤劳的人。可以说，国家机关无法以此次愚蠢的审判为荣。何况，这场闹剧很快就登上了世界舞台。

朋友们试图营救布罗茨基，将他送往莫斯科，甚至让他暂住精神病院。不幸的是，玛琳娜·巴斯马诺娃与博贝舍夫之间的爱情阴谋悄然展开，布罗茨基冒着被捕的风险，前去解救自己的爱情。2月13日晚，布罗茨基被捕送捷尔任斯基区警察局。1964年，历史性的审判开始了，诗人被正式等同于不劳而获者。法官萨维里耶娃，公诉人索罗金，以及那些经过精心筛选、心怀偏见的民众，竭力将布罗茨基的罪名最大化，最终达到了目的。

法庭的审判记录有多个版本。记者弗丽达·阿勃拉莫夫娜·维格多罗娃做了一份文学记录。这份记录很快就在国外刊登出来，在非法刊物《法庭》上流传，而且，作者维格多罗娃的姓名常被隐匿。无论从形式还是法律角度看，这份记录都不是速记，这是一份经过文学加工的记录，符合本文体的所有标准。

出席庭审的雅科夫·戈尔丁后来写道：

让我感到吃惊的是，这位直到此刻我才得以仔细打量一番的青年，即便在对他来说非常艰难的环境中，依然表现出某种超脱的镇静——（法官）萨维里耶娃，既无法羞辱他，也无法大发雷霆，他也毫不畏惧她持续不断的粗鲁喊叫，虽然现在完全处于她的掌控之中；他的平静，或许不是出于无畏，而是出于另一种感觉：他宽厚的，带有神圣色彩的脸上，有时出现慌乱的表情，这是因为，他们无论如何也听不懂他的话，他也无法理解那个奇怪的女人及其毫无来由的愤怒；就连那些在他看来最为平常的概念,他都无力向她解释清楚。①

当我们走出三层大厅时,走廊与台阶上挤满了大批青年。我恰好被挤到法官萨维里耶娃身边。她惊讶地挑了挑精心修剪的眉毛,小声说:

——真不明白,为什么会聚集这么多人!

我回答道:

——审判诗人的事儿,可不是每天都有。

法庭审判分为两部分。预审,精神鉴定(三天在精神病院)以及 3 月 13 日的主要会议。大会在丰坦卡 22 号大厅举行,大厅里挤满了人群。大会持续近五个小时。审判结果如下:

由于频繁更换工作,布罗茨基一直无法完成苏联人民在物质价值以及个人保障方面的生产责任。1961 年与 1962 年,国家安全部以及警察局对他进行了警告。后者保证从事固定工作,但无疾而终,继续游手好闲,写作并在晚会上朗读自己的颓废诗歌。青年诗人工作委员会的证书表明布罗茨基不是诗人。《列宁格勒晚报》的读者对他进行了批判。因此,法庭接受 1961 年 4/V 号命令:判决布罗茨基五年流放以及义务劳动改造。

第二天,同样在《列宁格勒晚报》,刊登了简讯《对不劳而获者布罗茨基的审判》,文中写道:

15 号维修建筑局俱乐部宽敞的大厅,挤满了捷尔任斯基区的劳动者,在此审判不劳而获者布罗茨基。《文学寄生虫》一文描写的,就是布罗茨基。这篇文章刊登在 1963 年第 281 期的报纸上。

---

① 列夫·洛谢夫著,刘文飞译,《布罗茨基传》,北京:东方出版社,2009,第 101 页。

人民法院巡回法庭，由法官萨维里耶娃主持开庭，工人佳格雷伊、退休人员列别杰夫任人民陪审员。

根据捷尔任斯基区警察局的结论，布罗茨基——二十四岁，文化程度——七年级，无所事事，狂妄自大地以为自己是文学天才。问询中，我们完全揭露了这个不劳而获者的丑恶嘴脸。

——您的总工时是多少？——法官问道。

——我记不清了，——布罗茨基在一片哄笑中答道。

哪里还能记得呢？布罗茨基从1965年起，更换了十三个工作地点，每次工作的持续时间，从一个月到三个月不等。最后一年，他根本没有工作。

布罗茨基炫耀自己的天分，响亮地发言，厚颜无耻地宣称，只有后世才能理解他的诗歌。这段宣言引起哄堂大笑。

尽管大家已经明确认识到布罗茨基的反社会行为，但我们毫不惊讶，他也找到了辩护人。女诗人戈鲁吉宁娜、科学院语言学研究所高级研究员阿德莫尼、赫尔岑师范学院副教授埃特金德，做了辩护发言，他们费尽唇舌想要证明，发表过几句打油诗的布罗茨基绝不是寄生虫。辩护律师托波罗娃，不断重申这一观点。

但控方证人完全揭露了布罗茨基的寄生行为，他的拙劣诗歌对青少年的侵害和腐蚀。穆欣娜高级艺术工业学校教研室主任罗曼绍娃、诗人沃耶沃金、退休人员尼古拉耶夫、管道安装工杰尼索夫、国防之家的负责人斯米尔诺夫、埃尔米塔什博物馆的行政副馆长洛古诺夫愤怒地证明了以上事实。同时，他们指出，布罗茨基的父母纵容、鼓励儿子游手好闲，同样有罪。他的父亲亚历山大·布罗茨基，其实就是老懒汉。

社会控诉人，捷尔任斯基区民众纠察队代表索罗金，在审判过程中激动地做了发言。

人民法庭认真听取各方发言，仔细研究相关文件以后，做出以下判决：按照俄罗斯苏维埃联邦社会主义共和国最高委员会主席团 1961 年 6 月 4 日颁布的命令,强制布罗茨基在指定地点从事五年义务劳动。本决议获得多数出席人员的支持。

可以说,在法庭上,作协代表、平庸的文学家叶甫盖尼·沃耶沃金的表现极其无耻,他甚至承认,没有读过一句布罗茨基的诗,却完全支持以上指控。以普罗科菲耶夫为首的列宁格勒作家协会的作家,也不愿意支持自己的同事,他们的决议对事件进程具有重要影响:

摘　要

摘自 1963 年 12 月 17 日俄罗斯苏维埃联邦社会主义共和国作家协会列宁格勒分会党委成员与秘书处会议 19 号记录。

出席人员:普罗科菲耶夫、布劳恩、切布罗夫、格拉尼、舍斯金斯基、霍特扎、谢尔盖耶夫、费多连科、别林、阿布拉姆金、卡比察、德米特里耶夫斯基、阿扎罗夫、纳维科夫、沃耶沃金、米勒、波德泽林斯基、谢宁、库库什金以及民众纠察队行动队长列尔涅尔。

听证:捷尔任斯基区检察长信函。列尔涅尔同志宣读了捷尔任斯基区检察长要求将布罗茨基移交社会法庭的信函。列尔涅尔同志对布罗茨基进行评定,援引了日记、信件关于布罗茨基的引文以及刊登在《列宁格勒晚报》的《文学寄生虫》一文。列尔涅尔同志请求秘书处派遣四至六位作家出席社会法庭。

发言:普罗科菲耶夫、布劳恩、卡比察、德米特里耶夫斯基、切布罗夫、库库什全、阿扎罗夫、阿布拉姆金、布勒金、费多连科、格拉尼、谢宁、纳维科夫、波德泽林斯基、霍特扎、舍斯金斯基达成决议:

1. 完全同意检察官将布罗茨基移交社会法庭的意见。鉴于布罗茨基及其同伙的反苏言论,请求检察官对布罗茨基及其同伙提出刑事诉讼。

2. 请求苏联列宁共产主义青年团与苏联作家协会列宁格勒分局了解诗人的创作活动。

3.《列宁格勒晚报》载文《文学寄生虫》，发表的言论正确适时。

4. 委托布劳恩、托洛彭吉、埃利亚谢维奇、舍斯金斯基出席社会法庭的审判。请求法庭允许舍斯金斯基加入法庭主席团。

俄罗斯苏维埃联邦社会主义共和国作家协会列宁格勒分会总书记　普罗科菲耶夫　签名

可以推测，如果丹尼尔·格拉宁与其他文学家不拒绝帮助未来的同事，那么，布罗茨基的命运将截然不同。确实，很多可敬的作家，从科尔涅伊·楚科夫斯基到安娜·阿赫玛托娃，都支持诗人。土壤派、西欧派等不同阵营的年轻作家，毫不畏惧地对法庭的判决递交了抗议书：

致苏联作家协会列宁格勒分会青年作家工作小组

尊敬的同志们！

列宁格勒有大量的青年散文家、诗人、翻译家与批评家，均不是苏联作家协会的成员，但是，他们多年从事文学创作活动，并且不止一次在文集与杂志发表作品。这些人年龄不同，生活经历不同，职业不同，但是，同样关心我们国家生活的中心问题、道德成长、新人的形成与人类的内心世界，因此，他们汇聚一堂。

大部分年轻作家，在进行紧张的创作活动的同时，完成基础的职业劳动和学业。其中一部分作家与出版机构签订了长期合同，基本属于职业作家范畴。没有中断生产活动的年轻作家，为了继续创作，不得不停止劳动。由于他们不属于苏联作家协会成员，面对外界"不劳而获"罪名的指控，毫无还手之力，他们对此一无所知，无法弄清事情的本质。

青年作家通常在苏联作家协会列宁格勒分会青年作家工作委员会登记。我们不了解该组织的全部功能，但我们认为，委员会应当对青年作家面临的问题给予关注。然而，最近发生的一系列事件，令我们倍感担忧。我们发现，这些事件与沃耶沃金出任委员会主席一职有关，沃耶沃金实际上执行委员会的一切决定。

接触过沃耶沃金的青年文学家都更加确信，这个人对他们的求助，置之不理，并且不愿支持他们对文学事业做出的贡献。所有与沃耶沃金相遇、交谈的人，都认为此人不具备从事文学活动的文化水平与精神素养。沃耶沃金极其轻率地对待自己的责任。递交委员会的申请，被束之高阁，口头请求，更不被理睬。与沃耶沃金交谈，不仅令人厌恶，而且毫无益处：他根本不尊重对方，态度轻蔑做作，完全打消了人们对他敞开心扉的愿望。

在审判青年作家布罗茨基（不劳而获罪）的法庭上，他的行为尤其卑鄙。我们坚信，法律将还布罗茨基公道，但沃耶沃金作为控方证人发言，极力促使法庭做出不公正的裁决。他毫无证据地控诉布罗茨基写作、传播黄色诗歌。众所周知，布罗茨基从未写作黄色诗歌。因此，委员会主席诬告了青年作家。

他将个人签署的声明递交法庭，欺骗法庭，确定委员会大部分成员赞成这份诋毁布罗茨基人格和作品的声明。因此，沃耶沃金做了伪证。

我们，列宁格勒的年轻文学家，不能，不愿，也决不会与这个道德败坏的人有丝毫关系。他不仅玷污了列宁格勒作家组织，而且破坏了作家协会在青年作家中的威信。

戈尔丁、亚历山大洛夫、叶菲莫夫、拉奇科、伊万诺夫、马拉津、鲁奇康、古宾、谢维列夫、哈鲁波维奇、德鲁戈列恩斯基、卡尔马诺夫斯基、达尼娜、谢夫、索洛维耶夫、沃利夫、库什涅尔、戈尔丁、比特夫、比特克维奇、巴金斯基、卡拉列娃（补充说明：我部分赞同以上内容，我认为，鉴于沃耶沃金在法庭上的发言,他不应继续留任青少年工作委员会)、戈罗德尼兹基、泽夫斯基(补充说明:本人对沃耶沃金个人没有任何反对意见,联合加入申明行列)、莱茵、谢尔巴科夫、格拉乔夫、济林、卡莱茨基、列昂诺夫、施塔克里别尔克、博贝舍夫、斯坦林斯卡娅、维林、斯塔维斯卡娅、科马洛夫。

我想,并不是所有签名的作家都与布罗茨基的立场一致,但是,这里表现出作家的团结。如果作家的劳动毫无用处,那么,他日就可以审判任何流派的作家。事实上,这是一场对每位作家的审判——从米哈伊尔·肖洛霍夫到亚历山大·索尔仁尼琴。法庭的决议毋庸置疑地证明:文学创作并非劳动。因此,土壤派、西方派,以及各个阵营的作家,都签名声援布罗茨基。

很快,所有文学官僚,克林姆林宫的官员,都得知了这场庭审丑闻。各种各样的问询与说明,从莫斯科接踵而来。虽然彼得堡的检察官仍然坚持保留法庭的决议,但当世界著名作家也参与其中的时候,莫斯科便急于减缓判决。1965 年 8 月 17 日,让·保罗·萨特写信给苏联联邦委员会主席团主席阿纳斯塔斯·米高扬,9 月 4 日,联邦委员会做出决议,更改处罚期限,但是,本该寄往阿尔汉格尔斯克的文件被误送到列宁格勒州,因此,布罗茨基在 9 月 23 日才被正式释放。

此后,法官与检察官都耻于辩解自己的行径——据说,当时审判的不是诗人,而是反苏分子。甚至挑拨诽谤的雅科夫·列尔涅尔也向法庭递交了一份庭审记录。记录发表在别古诺沃的《约瑟夫·布罗茨基审判真相》一书。书中宣称,维格多罗娃的记录造假,托波罗娃、戈鲁吉宁娜、格鲁沙诺克、伊诺夫的信件与证词是伪证,还有人伪造了肖斯塔科维奇与楚科夫斯基的电报……记录审判布罗茨基的原件,保存在国家档案馆,可能"由于保存期限已满而被销毁",此外,可以断定,列尔涅尔及其熟人,可能存有原件、复件以及照片,甚至审判的全程录音。

我认真读过据说由列尔涅尔保存的法庭记录。唉,他们只不过证明，一切对布罗茨基的指控荒谬至极。如果没有列尔涅尔的造假，布罗茨基不会因为公然的反苏言论吃尽苦头。按照列尔涅尔的说法，布罗茨基在法庭直接表示："我不工作，是因为我不信任，也绝不会信任党与列尔涅尔。"我想，这样的法庭记录，会帮助布罗茨基更快获得诺贝尔奖。但是，判决期限也会更长。列尔涅尔阐述了反苏主义与反犹太主义的荒谬混合，而任何苏联法庭绝不允许此类言论的出现。布罗茨基似乎声称："没什么可说的了，我都说完了。我仍将像从前一样生活。纠察队员瞧不起我，他们与警察局和党委秘书有关，不允许人们，尤其是犹太人，按照自己的想法生活。一定有人能够帮助像我一样的受害者，尽管这些人远在他方。"以上类似言论，根本不可能在苏联法庭出现。难道别古诺沃与他的同伙不清楚吗？

众所周知，布罗茨基不愿回忆此次审判。他在乎的，是人们关于诗人的看法，而不是关于"不劳而获者"审判的例行回忆。在西方，很多人认为，正是审判与流放赋予诗人盛名，甚至帮助他获得了诺贝尔奖，对此，布罗茨基公然表示愤怒。他希望凭借自己的作品得到重视，而不是借助苏联当局的定罪出名。

布罗茨基获得诺贝尔奖以后，艾特津德出版了《约瑟夫·布罗茨基诉讼案》（1988），布罗茨基勃然大怒，立刻与叶菲姆·格里高利耶维奇断绝往来。艾特津德应当明白，布罗茨基对于俄罗斯以及世界文学的重要性在于他是诗人，而不是苏联政权的牺牲品。同时，布罗茨基闭口不谈弗丽达·维格多罗娃的法庭记录。

可以这样理解诗人：现今一些自由主义者，开始将布罗茨基诉讼案与"造反猫咪乐队"成员诉讼案相提并论。我并非这起诉讼案的支持者，但是，显而易见，她们微不足道，好斗庸俗。决不能将布罗茨基与卑微的无赖相提并论，没有诉讼案件，无赖无论如何也无法进入公众视线。布罗茨基对任何版本的庭审记录都毫无兴趣，北疆流放的意义更为重要，不过，这已经是另外一个主题了。

为爱反叛，或玛琳娜·巴斯马诺娃

1962年，布罗茨基在鲍里斯·季先科家中作客时，与玛琳娜·巴斯马诺娃相识。布罗茨基最早献给爱人的诗，写于同年2月——《我拥抱这双肩》。后来，无论在生活、感情，还是诗歌中，这份爱情都愈演愈烈。

> 双眼发出凄厉的惨叫。/眼睑锁闭，仅微微一抖，/有如牡蛎壳阴郁的/弯曲，护住自己的眼眸。/淹没于摩托的交谈，/这痛苦，几时才能消散，/才能冲出温暖的臂膀/就像牛痘的苍白瘢痕？[①]

我想，大家还会继续书写他们生活、相爱与分别的浪漫故事。但是，在我看来，哲学家、文学史学家，甚至热衷于说教的道德家，都不应回避诗人生活中的这条主要线索。正是这疯狂的爱情，决定了诗人的大部分生活。与监狱、流放、喧嚣的流言相比，与爱人的分离，或是少有的幸福时刻，显得更为重要。我想就献给玛琳娜·巴斯马诺娃的诗歌专门写一篇文章，这个传奇的女艺术家，为了俄罗斯诗歌，迷住了红头发的牧人。我们晚些再谈写于阿尔汉格尔斯克流放期间的诗歌。在偏僻的乡村，诗人拥有了一切：强烈迸发的热情、兴趣、痛苦，和戏剧性的分离。

---

① 布罗茨基著，王希苏、常晖译，《从彼得堡到斯德哥尔摩》，桂林：漓江出版社，1990，第29页。

105

但不知为何，四周寂静无声，你听，/高处，每一句诗行/都因为你，没有死亡，/因为你，像围墙一样困住我的梦魇，/现今在我背后怒号，/吞没了埃及的骑兵。

1972 年，离开俄罗斯前，诗人最后一次与爱人相见。一切似乎都已终结。你好，新的生活！诗人前往另一帝国，在彼岸生活，那里会有另一种朋友，另一种女人。然而，一次又一次，直到 1989 年，我们还能看到他献给玛琳娜的抒情诗，共有三十多首，还有多少诗没有献词，同样渗透着爱情主题！一些善妒的朋友猜测，这些献词，不过是无意之作，献给一个人，写着另一个人；献给巴斯马诺娃，不过是虚无的借口，等等。够了，善妒的人啊！请你们认真阅读诗歌，诗歌是这份深刻爱情的有力证明。诗人清单式地列举各种物品，将各个印象随意集合，这令纳乌姆·科勒扎维恩、爱德华·利莫诺夫，甚至阿纳托里·奈曼愤怒，但是，当一切屈服于伟大的爱情时，却发生了奇迹般的变化：诗歌的细节也有了感知，冰冷的物体也有了生命的活力，如同在霍夫曼的童话故事里，冰冷堆砌的诗行，变成了表白爱情的火焰。

例如，1982 年，诗人在美国已经度过了十年岁月，他坐在壁炉旁，火焰欢快地燃烧，突然产生了奇迹般的变化，壁炉中的火焰魔法般变成了爱情的浓烈火苗——上帝之爱，柏拉图之爱，遥远的思乡之情，浓厚的人间挚爱，坦诚的性爱，无尽的激情，一同迸发：

冬日的夜晚。木柴，/被火焰包围，——/像女人的头颅/在风和日丽的日子里。/燃烧，在我眼前燃烧，/撕扯着，像窃贼的衣衫，/像失常的裁缝，/一个冬日的火焰！/我认出了你的长发。你的，/卷发。最后——还有脸庞的炽热。

唉，善妒的"阿赫玛托娃的孤儿们"，将有关这段深切爱情的所有记录，从文学记忆中删去——难道这些不是献给玛琳娜·巴斯马诺娃的诗歌？好吧，只有叶甫盖尼·莱茵，表现得诚实正派，没有歪曲鲜活的文学史。其他彼得堡失败的诗人，被布罗茨基的耀眼光芒遮蔽，因为嫉妒布罗茨基获得诺贝尔奖而饱受折磨，在最近的回忆录中，尝试用自身填满布罗茨基周围的空间，像水蛭一样吸附在他的记忆上。他们按照自己侏儒般的大小，改写和贬低诗人布罗茨基的形象，仿佛诗人远离俄罗斯，远离祖国的历史，是苏联国家政权的蒙难者与受害者。但来自苏联文学杂志的问询和消极评论，根本无法令布罗茨基感到痛苦（自然，也无法令他愉悦）。例如：

> 你仍与以前一样。/迫于命运，生存/你的身后——是灰烬，/与黯淡的炭屑。

布罗茨基以茨维塔耶娃式的狂野，将无法静息与熄灭的热情充满诗行。他拒绝返回圣彼得堡，甚至拒绝在祖国短暂停留，与任何政治无关，与对深爱城市的态度无关。燃烧殆尽的心灵，不愿再次靠近昔日爱情火焰的灰烬，心中不存一丝渺茫的希望。他害怕回到那个曾经拥有短暂幸福的挚爱之地。而且，他不愿回到双亲已逝的城市，他们曾在那里度过了孤单沉痛的晚年。这是我发现的两个极为明显的原因。亚历山大·索尔仁尼琴的以下说法并不正确："当时，所有的路线已经开放，列宁格勒的景仰者都在等他：'如果我可以返回安阿伯，为什么要回到列宁格勒呢？'正如我们所知，布罗茨基甚至不愿在故乡短暂停留，这一点显而易见。"不，我认为这种不愿返回彼得堡的执念，并不能体现他对俄罗斯的态度。此外，随着时间的推移，我想，诗人早晚会回归故乡，然而，死神却过早地夺去了他的生命。要知道，亚历山大·索尔仁尼琴早先也不急于回国——他的所有移民朋友和敌人，从沃伊诺维奇到马克西莫夫，都曾回国，库布拉诺夫斯基，利莫诺夫，还有马姆列夫，都在作家上路之前回到祖国。我深信，布罗茨基出于某些与索尔仁尼琴不同的原因，总会回国，哪怕是为了填补俄语的记忆，近年来，俄语的记忆已经有所缺失了。

诗人组成了新的家庭,俄裔意大利籍的玛丽娅,以及小女儿安娜保护他,使他不被尚未愈合的爱情伤口所感染(顺便一提,诗人的妻子玛丽娅以及女儿安娜,不在布罗茨基学的研究范围之内,"安赫玛托娃孤儿们"的大量回忆,对她们几乎只字不提。即使在俄罗斯,也从未听到她们的消息)。然而,我认为是玛丽娅决定了布罗茨基的最终安葬地点。除了诗人向往威尼斯之外,或许玛丽娅也不愿将诗人的骨灰交还诗人钟爱之人的城市?将他的骨灰安葬在彼得堡——意味着将丈夫置于情敌身旁,后者对他具有某种神秘的控制力量:

> 我非常乐意和你躺在一起,但这太过奢侈。/如果我躺下,那么,就会和青草齐平。/一个老太婆在摇摇欲坠的小木房里抽泣,/把鸡蛋煮得半生不熟。(汪剑钊 译)

诗人仿佛想起诺连斯卡亚的小木屋,在那里度过了十八个月的幸福的流放岁月,在那里,他迎接、送别玛琳娜。

然而,他已经无法与青草齐平了,我们只能在威尼斯圣米凯莱墓园岛的流放墓地找到他的坟墓,严厉的宗教捍卫者不允许把他安葬在犹太教与天主教墓地,最后,他只能被安葬在新教徒墓区,那里埋葬的是自杀者、演员以及命运悲惨的罪人。

我们不得不惊叹布罗茨基献给玛琳娜·巴斯马诺娃爱情诗歌的细腻:没有抽象、缥缈的"劳拉",或是布洛克式的陌生女郎,只有细节之间的相互补充、发展与明确,事物之间的相互替代。可以说就像感情崇拜物的清单。艾都阿勒特·利蒙诺夫或许是正确的:如果不是诗人鲜活的热情将崇拜物偶像化,那么,这份会计列举式的清单将显得冗长无趣。约瑟夫·布罗茨基已经忘记此前的俄罗斯过往,进入英语文化世界,无法再次在母语中找到合适的同义词;他的俄语词库逐渐匮乏,充斥着外来的垃圾诨语;同许多移民一样,他迷恋俄罗斯词语,喜好达里和乌沙科夫,但是,他的爱情世界，还是充满各种具体事物以及即将熄灭的爱情火焰。

巴斯马诺娃组诗的第一首，写于 1962 年，最后一首写于 1989 年。很快，1990 年 9 月 1 日，在瑞典，他与善良忠贞的玛丽娅·索扎尼举行婚礼，1993 年 6 月 9 日，女儿安娜·玛丽娅·亚历桑德拉出生，从此，我们再也看不到有关爱情的诗歌。诗人或许还在不断书写爱情诗歌，只不过把诗歌译成了密码，出于对年轻妻子与小女儿的尊重，不写致词就送去出版。这份狂热的爱情，改变了诗人的生活；或许，他离开彼得堡，首先是希望远离爱情魔法的旋涡，期望在美国的偏僻之地脱离爱情的掌控，但记忆的旋涡陪伴着他，直至生命尽头，并且催生新的奇妙诗行：

现在人们在外省和首都的教堂看见你／参加一些共同朋友的葬礼，这种事情如今连续不断地／发生；而我为这个世界还存在着比你和我之间／更难以想象的距离而感到高兴。

别把我的话看得太坏：你的声音，你的身体，你的名字／再也勾不起任何联想；没有人摧毁它们，／但是要忘却一个生命，最低限度也得／需要另一个生命。而我已经经历了那一部分。

你也一直很幸运：除了也许在照片里以外，你哪里还可以／永远没皱纹、年轻、快乐、嘲笑？／因为当时间跟回忆碰撞，就发现它缺乏资格。／我在黑暗中抽烟，吸入退潮的腐蚀味。（黄灿然　译）

可以说，布罗茨基超过二十七年的爱情悲剧破坏了他的性格，甚至命运，任何流放或者命运的变故，都无法造成如此巨大的影响，不过，后者比起心脏手术和心肌梗塞，却为漫长的生命留下了更多印象。但是，这份漫长的爱情史，促使诗人创作了大量杰作。

一切都始于愉快的青春岁月,那时,诗人相信自己,依赖自己的感觉,坚信未来的幸福以及预言的力量:

> 是的,这颗心飞向你——/越来越快,越来越远。/一个越来越虚假的音符潜入我的声音。/我也许将它认作命运,/这命运不索取我的鲜血,/却用一根钝针将我伤害。/如果你希冀一个微笑——/等一等,我笑给你! 我的微笑/将如难朽的墓穴屋顶,/漂浮在我的上空,轻比烟岚。①

约瑟夫·布罗茨基不喜欢著书。最多只限于编辑出版社寄来的手稿,删去孱弱无用的诗行。"读书比写书更有趣",——诗人认为。"有时,我想,恐怕有生之年,我一本书都写不成……生命不够漫长。毕竟,年纪越老,写书就越困难。但是,我总算编了一本集子……这本集子收录了献给大约二十一个对象的诗歌。在某种程度上,这是我一生最重要的事。每当我思考时,我都决定:即使是最精巧的双手,也不应干预此事,最好由我完成……"那么,真正的诗歌爱好者,请你们读读诗集《献给奥古斯都的新章》。即使亚历山大·伊萨维奇·索尔仁尼琴与纳乌姆·科勒扎维恩——两个最猛烈地否定布罗茨基天赋的作家,也不会有任何反对意见。

索尔仁尼琴写道:"不同年份的献给巴斯马诺娃的组诗,在其余布罗茨基的组诗中,尤为突出……组诗,毋庸置疑,表现出执着的依恋……因为忧思造成的伤害,持续经年。这些诗歌美妙、简洁、清晰,没有任何句法的纠缠……""不过,在任何年龄阶段,诗人都有一些极其完整,没有任何缺陷的诗歌。这些诗歌,不少是献给巴斯马诺娃的……"

要知道,亚历山大·伊萨维奇,诗人自己承认,这是"我一生最重要的事",而你却因此对他评头论足。就让随便哪个诗人的几行

① 布罗茨基著,王希苏、常晖译,《从彼得堡到斯德哥尔摩》,桂林:漓江出版社,1990,第43页。

小诗进入世界诗坛吧，布罗茨基可有整整一组杰出的诗歌。

易怒苛求的纳乌姆·科勒扎维恩不承认布罗茨基特有的天分，但对献给巴斯马诺娃的组诗没有任何反对意见，恰恰相反："'你忘记了，迷失在沼泽中的村庄'好得令人惊讶……我第一次认识到，他并不平庸，极富天分。这首诗体现了布罗茨基的所有特点，恰到好处。甚至诗歌结尾的换行，奇巧反常，甚至可以说，'粗野'的换行，也被赋予某种激情和思想。"①

显得非常奇怪——围绕爱情伤痛写成的爱情诗，却在描述乡村。而且，这些诗歌，无论就主题或实质而言，都不属于"民间抒情诗"，只不过是关于爱情的抒情诗……我们了解一个人的内心世界，这个人能够感知生活与人类，而这种内在财富，正是美学欣赏的条件之一。我们在感情最强烈的那一时刻，进入他的内心，那一刻，他的内心吸取了整个世界，包括那个乡村。"我们相爱的荒凉之地——此刻，诗人感到窒息，想起爱情以及难以实现，但依然存在的高尚。"

诗人爱意正浓，感情炽烈，此刻，甚至菜园的稻草人，沼泽旁孤零零的乡村，都变得亲近可爱。通过自己的爱情，他熟悉了整个世界，熟悉了我们现在不愿提起的人民的生活。而这一切，都始于献给玛琳娜·巴斯马诺娃的惊艳爱情诗《预言》，这首诗充满了希冀未来幸福生活的预言。沉浸在富有民间壮士歌色彩诗行中的读者与研究者，怎能想起诗人痛苦的流放生活：

> 我们一同去生活在海边，/巨堤如墙将我们与大陆隔开。/一盏自制的提灯温煦的光芒/掷过我们四周的圆形空间。/我们用纸牌宣战，竖起耳/捕捉疯狂的海浪拍岸声。/我们轻轻咳嗽，无声叹息，/每当风的咆哮过于喧

---

① 例如：那儿冬天靠劈柴御寒，吃的只有芜菁，/浓烟冲上冰冷的天空，熏得寒星禁不住眨巴眼睛/没有新娘坐在窗前，穿着印花布的衣裙，/只有尘埃的节日，再就是冷落的空房，/那儿当初曾是我们相爱的地方。（叶尔滗译）

闹。/我将变老,你却依然年轻……①

　　就让所有的回忆录作家尽力贬低玛琳娜·巴斯马诺娃在诗人生活中的重要性吧。她已经成为诗人的命数,只有死亡,才能最终将他们分开。但是,诗人渴望与爱人白头偕老的幸福生活的预言,终究没有实现。

　　北方海边的预言,一部分实现了,命运(或是心爱的女人,两者通常意义相同)终于让他屈服。

　　　　当冬季降临,残酷无情,它/将卷走我们木屋的草顶。/如果生育,男孩叫安德烈,/女儿便叫安娜,我们的俄语/将因此印上那小小的皱脸,/永远不会被忘记。②

　　1967年10月,玛琳娜·巴斯马诺娃生下了布罗茨基的儿子,取名安德烈。只有这一点,迎合了被爱人拒绝的诗人的预言。我读过多少关于这场爱情变故的故事,多少她爱上布罗茨基从前的朋友德米特里·博贝舍夫进而背叛爱人的故事,仍然不明白他们分手的真相。况且,诗人完全原谅了爱人与博贝舍夫之间的纠葛(自然,也同博贝舍夫断绝关系)。他与玛琳娜最美好的相爱时光,停留在北方沿海的流放时期。此后,诗人的创作,只有与日俱增的宿命和悲剧,尽管诗人依旧不敢与爱人分离。这是一个老生常谈却又永恒不变的爱情故事。他的旧识柳德米拉·施泰因回忆道:"在我看来,尽管他们相互谅解,试图共同生活,尽管玛琳娜前往诺连斯卡亚,并且生下了儿子安德烈,但他们的结合终将分离……玛琳娜难以忍受布罗茨基,他过于紧张,神经衰弱,她无法承受布罗

① 布罗茨基著,王希苏、常晖译,《从彼得堡到斯德哥尔摩》,桂林:漓江出版社,1990,第35页。
② 布罗茨基著,王希苏、常晖译,《从彼得堡到斯德哥尔摩》,桂林:漓江出版社,1990,第35页。

茨基的'电压'……两人持续的紧张关系，引起双方父母的强烈反对。约瑟夫不止一次抱怨，玛琳娜的父母无法忍受他，不允许他跨进家门。布罗茨基称他们为'世袭的反犹太主义者'……"此外，再重复一次，每个人都能选择自己的命运，不过一切早已天定。

"但愿我的脑袋能长出兔子的耳朵"

约瑟夫·布罗茨基想要长出兔子的耳朵,不是为了狂欢节的娱乐,也不仅仅是为了获得邻家顽童式的乐趣。这是他面对整个世界的悲情呼号,因为爱情破灭,伟大的希望落空而哭号。

但愿我的脑袋能长出兔子的耳朵,/甚至在森林中为你吞咽铅弹,/可是,在枝杈交错的黑水池中,/我向你游去,瓦兰人也无法做到这一点。/但是,你看,命运不再,岁月蹉跎。(汪剑钊　译)

后来的美妙诗歌《友人》被谱成歌曲。我们可以看到竖着耳朵的兔子,准备为自己的爱人牺牲一切。或许,世界诗歌因这剪不断的爱情而受益,但诗人未必仅仅将玛琳娜·巴斯马诺娃的形象当做爱情的象征,当做劳拉或贝缇丽丝的原型。或许,那时,他不止一次切开自己的血管,也是为了诗歌游戏?或许,他直接离开莫斯科,落入警察与庭审的陷阱,这一切都只是为了同一诗歌形象?

不,无论其他反对者如何歪曲事实,数十年来,对玛琳娜的炽热爱情,一直控制着约瑟夫·布罗茨基,这份爱情,明确而细腻。为了表明自己的感情,他可以扮演任何角色,但他从未扮演过爱人的角色。他可以尽情扮演兔子——这是他的狂欢节,仅属他一个人的狂欢节。他想象兔子的游戏,不是为了盛大的宴会,而是为了解释自己的爱情。但是,当爱情的冬天来临,任何勇敢的舞蹈也无济于事。

冬天来了，没有一只鱼，苍蝇，飞鸟。/只有狼在哀嚎，兔子勇敢地舞蹈。

除了舞蹈，我们又一次从他的"兔子诗歌"中得知：

为何悲恸？已经达成了伟大的一致。/这就是对你的报复：一下认出两只兔子。/尽力盘算，亲爱的，到这来，究竟同谁一起？

直到1980年，那时，他已经写完长着兔子耳朵的《友人》，还创作了《冬日巡航的诗歌……》：

如果有什么逐渐变黑，那一定是字母。/如同奇迹般幸免于难的兔子脚印……

但是，我们还是忘了这幸免于难，把耳朵缝在头上的兔子吧，为了与爱人在一起，他不惜扮成这副可笑的模样。他的美妙的爱情诗《献给奥古斯都的新章》，一直有现实内容做基础。还有，1963—1964年，玛琳娜·巴斯马诺娃与德米特里·博贝舍夫一同在科马罗夫的作家别墅度过新年之夜。热情甚至烧毁了别墅的窗幔。后来，博贝舍夫回忆道：

但是，如何留住这些面庞/当疯狂的鸟儿跃上旁人屋子的窗幔/在旁人的屋子里，浸染在自己的轻烟中，火焰里……/那时有些东西不得不拯救！/不，屋子是完整的，但熊熊燃烧的草垛/烧尽了归途，/人情却如火如茶。/我的自由与你的勇敢/一张白纸也无法承载，/我应当以你的亲吻，/把它像床单一样，/胡乱涂写，/褶皱，烟灰，姓名的许诺/都无法让它暴露。

我不准备为博贝舍夫辩白,后者利用自己与诗人未婚妻的情事,发泄对布罗茨基诗歌天赋的嫉妒。谢尔盖·多夫拉托夫如实写道:"我知道季马,他与陌生女郎发生不正当关系,声称——我看见了上帝!"事实的确如此。按照男人的方式,应当与他决斗,抽他嘴巴,或是干脆把他从桥上扔下去。况且,他知道,克格勃一直紧跟布罗茨基,因而下流地挑唆布罗茨基离开解困的莫斯科,前往圣彼得堡。此后,等待布罗茨基的,便是逮捕、审判和诺连斯卡亚的流放。

但是,我想在这场爱情罗曼史中,他本人并无任何过错。玛琳娜,我并不知道,她为什么鬼迷心窍,选择博贝舍夫作为暂时的追求者。博贝舍夫已经准备与玛琳娜结婚——唉,就让布罗茨基嫉妒他吧。玛琳娜在众人面前与他调情,愚蠢地坚持这段感情。极具讽刺意义的是,她怀了布罗茨基的孩子后,再一次奔向他,并且问道:"你会一直带着布罗茨基的孩子吗?"博贝舍夫同意后,她却与他断绝来往。

> 那时,我与他人的未婚妻在一起,/众所周知的浪子,
> 摇摆不定,/手持蜡烛,沿着海湾的冰面行走,/不远处,传
> 来微微的亲吻声。

恰恰相反,我对朋友的背叛感到极其厌恶。博贝舍夫甚至跑到彼得堡,追随玛琳娜前往诺连斯卡亚。在那里,布罗茨基难道没想过用斧头劈了他? 或者用拖拉机碾过他的身体? 我不想再写他了。他的回忆录,平庸无味,令人生厌。

没有人能猜透玛琳娜的永恒之谜。她不祈求宽恕,而是布罗茨基寻求她的宽恕,请求与她一起生活。玛琳娜已经怀了布罗茨基的孩子,从未想过堕胎,却再次离去。她生下儿子,像布罗茨基的《预言》,给他取名安德烈,但是,却加上自己的姓——巴斯马诺娃,"开始的时候,她想用爷爷的名字作父称,巴甫洛维奇,后来,才稍稍让步,取名为奥夏巴维奇,这样的状况,一直持续到 1990 年布罗

茨基与玛丽娅结婚。"

玛琳娜告诉我,布罗茨基当时在美国,已经获得诺贝尔奖,还一直劝她带着儿子去美国。她哪有什么利益可图:生活贫困,和儿子一起生活,从未打算嫁人。没有任何采访、回忆录,甚至没有刊登一张照片。

我问她:您作为世界诗歌的女主角,难道从未向任何人说些什么,或写些什么吗?读者并不是对你们之间的亲密细节感兴趣,而是非常想知道那些惊艳诗歌的创作过程,那些真实的、毫无遮掩的献给玛琳娜·巴斯马诺娃的诗歌。哪怕只是写写评论吧!

我与玛琳娜的关系很好。首先,她知道,我当时加入了艺术家弗拉基米尔·斯捷里科夫及其妻子塔季扬娜·格列博娃的小组,她的父母是彼得堡著名的艺术家,卡济米尔·马列维奇的学生,也常常去那儿;可能在青年时代,我们甚至在列宁格勒附近遇到过。第二,我们看待很多事情的观点十分相似。我只想说,我们的自由主义者徒然编造了巴斯马诺夫一家人是反犹主义者的谣言:在斯捷里科夫小组,没有任何反犹主义。而且,独立的玛琳娜未必会听从父母的意见。况且,如果她是反犹主义者,那么,她不会生下布罗茨基的孩子。她不愿嫁人,不愿前往美国,也不愿与著名的、世界公认的、成功的诗人共处一室,在这种不情愿中,我们可以看到,她饱经忧患,孤独坚守生活观念与原则。玛琳娜·巴甫洛夫娜甚至很早就让唯一的儿子安德烈离开家庭,给他完全的自由。

布罗茨基的北方流放生活结束以后,曾专门前往科马洛夫别墅,在那里,玛琳娜故意制造了一场不大的火灾。他的很多关于燃烧、灰烬、火灾的诗歌,仿佛都是对这场火灾的回忆。在某种意义上,他甚至因为她的行为而狂喜,尽管爱情带给他的折磨远比玛琳娜要多。爱情的一瞬换作数月的疏离,诺连斯卡亚数月的家庭生活,换作多年少有的电话与来信。我愿意相信,他们双方都不曾销毁信件。

永别了,永别了——我在行走中低语,/在熟悉的街道

117

间再次行走，/玻璃在我的头顶微微发抖，/远处，日常生活的喧嚣越发响亮，/而门口的火焰已经熄灭，/——永别了，爱情，随便什么时候，请打给我。

布罗茨基把献给玛琳娜，与玛琳娜有关的诗歌，当做自己一生的主要事业，把它与但丁的《神曲》相比。现在，布罗茨基创作的大部分研究者，竭力把这段爱情史搁置一边，寻找替代。杂志充斥着五花八门的讲述布罗茨基数十段爱情的文章、随笔、谈话和自白。诗人流传在外的"唐璜式清单"，甚至超过了普希金。但一切都是谎言，事实上，直到生命的最后几年，他的爱人，只有唯一的玛琳娜。

更高的是热情，/它从无尽的高空，/俯瞰着通亮的大楼。/它渐渐地看向你。/更高处只有伤痛和等待。

1966 年圣诞节，约瑟夫和玛琳娜孕育了他们唯一的儿子——安德烈。从那时起，圣诞节对诗人而言，变得更加重要。安德烈生于 1967 年 10 月 8 日。父亲在他出生那天，送给儿子一本《圣经》并题词："给永远的安德烈"，写下了诗歌：

儿子！如果我没有死去，那是因为/我知道，我不会在地狱遇见你。/我违背了阿波罗的意愿，/他不允许把瘟疫送去天堂。/问罪破碎的轨迹！/但是我最好屈身于责备，/也不要在你生前对我一无所知。/听我说，你的父亲没有被杀死。

后来，在他纽约家里的壁炉上，挂着两幅照片：阿赫玛托娃的肖像以及留在俄罗斯的玛琳娜和儿子的照片。

柳德米拉·施泰因回忆道：

安德烈出生时,玛琳娜拒绝让儿子使用父姓,约瑟夫极度绝望。玛琳娜让儿子姓巴斯马诺夫。我们一同给律师基谢列沃打电话,询问能否诉诸法律程序,然而,毫无作用。我们安慰约瑟夫,尝试向他解释,不让安德烈姓布罗茨基,不是"故意作对",也不是因为她父母是强烈的反犹主义分子。只不过在我们国家,姓巴斯马诺夫比姓布罗茨基更容易生活。"但我能要求,至少儿子的父姓取为约瑟夫维奇吗?"布罗茨基坚持。玛琳娜将安德烈的父称取为奥夏波维奇,大概是布罗茨基与曼德尔施塔姆的折衷。

可惜,玛琳娜并不鼓励儿子与父亲交流,因此,两人没有激发出父子之间的亲近之感。布罗茨基前往美国时,儿子仅有五岁,而且,他们少有交往,玛琳娜不允许布罗茨基说他是安德烈的父亲。玛琳娜完全掌控自己和儿子的生活。直到现在,她也随心所欲,精力充沛。

安德烈现住彼得堡。同他的父亲一样,不热衷学习,中学都没毕业。可惜儿子并没有继承父亲的天赋。安德烈沉迷于摇滚乐,但摇滚乐只能引发父子的争吵。安德烈仅有一次去美国看望父亲,收到的礼物是一把吉他,他弹奏了一首亚历山大·巴什拉切夫的作品,顺便一提,巴什拉切夫可是很不错的诗人。约瑟夫·布罗茨基十分震惊。他给朋友弗拉基米尔·乌夫打电话,惊恐地说道:"天啊,他躺在沙发上,唱着某种恐怖的歌曲!简直没法听!"

说实话,我不理解当时的布罗茨基。我的冰岛籍孙子谢瓦·邦达连科,同样把摇滚吉他弹得铿锵作响。我既不打算为那凯尔特人的摇滚旋律赞叹,也不对此感到气愤。我们的父亲——布罗茨基的父亲是海军军官,我的父亲是林业专家,当我们阅读多斯·帕索斯与海明威的作品,而不是屠格涅夫的书时,他们也同样气愤,但没有惊恐地给任何人打电话。我想,问题不在于布罗茨基的保守,而在于父子一开始就缺少交流。他们彼此陌生,导致误解。当时,就儿子的到访,诗人写下了极其忧郁的诗歌。

二十年后重返此地，/寻找自己在沙滩光脚留下的足迹。/看门狗对着整个码头狂吠/不知是高兴，还是粗暴。/如果你愿意，把浸透汗水的破烂脱下扔掉；/但是，仆人再也认不出你的疤痕。/人们说，她只是在等你一个人，/到处都找不到，因为她给了所有的人。/你的小伙子已经长大；他自己就是水手，/他看着你，就像你——垃圾。/周围的人喊叫的语言，/要分辨清楚的话，似乎也是枉然。

好在他现在已经有了三个孙子，他们没有继承爷爷与奶奶的内向自闭，而且准备肩负起布罗茨基-巴斯马诺夫家族的责任。

安德烈偶然在父亲的诗中读到："你也娶了一个荡妇"，于是表示，不会原谅布罗茨基，要为母亲报仇。他是自由艺术家、摄影师，或者说，是无业游民，该像父亲一样接受审判了……他还认为自己是共产主义者。20世纪90年代中期，儿子去纽约看望父亲后，写了一本关于美国轶事的粗野小书……布罗茨基一气之下称之为"预备草稿"。

每位流浪忧伤的人，/很高兴，不管用什么办法消除痛苦/第一个弯起的椭圆/用喜爱的线条涂满。

布罗茨基一生只爱过唯一一个女人，尽管愤怒时称她为敌人、冷血的荡妇，但所有优秀的爱情诗歌以及一首反爱情的诗歌（《亲爱的，我今天走出家门》），都是献给她的。

诗人的回忆录，记叙了很多爱情罗曼史。罗曼史的确存在，但那是爱情吗？

激情四射、精力充沛、充满力量的男人，需要女性的爱抚以及她们赋予的灵感。因此，他总是走向环绕在他身边的女性崇拜者。移民之后，他很快射出"波斯之箭"，与法国人维拉尼卡·施丽茨成为朋友。

　　你正盲目地冲过去，充满勇气。/在沙漠里根本不可能追上你；同样，/在丛林般的现在。因为每一丝温暖都有限。/出自一只人类的手，更是如此。（王东东　译）

　　1967年，他们结识于莫斯科。维拉尼卡·施丽茨在大使馆工作，俄语说得十分流利。"我领着他们出门，他让我想起了演员列夫·普雷古诺夫，约瑟夫写下了天才的诗歌《别了，维拉尼卡小姐》之后，便从爱情解脱。如果不是我，这首诗便不会存在了。当我在他美国的家中时，我们曾回想起此事。"此后，他与伦敦的斯拉夫学家费依特·维格泽尔交往。1968年，他们结识于列宁格勒。《洗衣妇桥上》，就是献给她的。

　　洗衣妇桥上，你和我驻立/如钟表的两条长臂在夜半时分/拥抱，紧接着别离，不是一天，/而是日复一日——我们这桥上/今朝有一位自恋的渔人，/不过垂钓的浮标，瞪大眼睛/瞧着他晃动水中的身影。[①]

　　布罗茨基的《波罗乃兹舞曲：一种变体》，则是献给自己的女性朋友——波兰的佐菲亚·卡布斯钦斯卡。

　　谁从谁身边跑掉，这真的有关系吗？/既非空间，也非时间在为我们做媒，/它们从那些未来的时代和随之而来的/事情选出一些，并且充分加以利用。（王伟庆　译）

　　但是，这些关系，都不过出于偶然，而且流于表面，他想尽一切办法，逃避重复和延续（怎能同一次踏入两条河流呢）。他有时候略带轻蔑地将自己的"女友"称作东西。例如，在巴西国际笔会期

---

① 布罗茨基著，王希苏、常晖译，《从彼得堡到斯德哥尔摩》，桂林：漓江出版社，1990，第75页。

121

间,为了冲淡孤独的"我的瑞典东西":"记得那迷人的,浅黄色带深蓝色图案的连衣裙,亮红色的晨袍——还有那些动物参透自己原来只是动物的凶恶嫉妒,凌晨2点。"

80年代,在意大利,他差点与阿涅丽萨·阿列娃结婚。叶甫盖尼·莱茵这样描述她:"她的身上透着温顺,还有些幻想。她声音安详,长着一双灰色的眼睛,目光明亮,美貌动人,丝毫也不平庸乏味。我有时甚至想,这样的头像,可以印在古罗马的硬币上。"《乌拉尼亚》的很多诗歌,都是献给她的。在送给莱茵的小册子上写着:"写于第勒尼安海的伊斯基亚岛,有阿列娃陪伴的生命中最幸福的两周时光。"1987年的诗歌,也是献给她的:

> 你的内心流露着阴郁,/当用嘴唇俯在我的肩上,/而我,正好在你面前读书,/仓库里的芝麻簌簌作响。

在莱茵收藏的版本中,诗歌题词的下方写着附言:"我应当与阿涅丽萨·阿列娃结婚,将来或许会结婚"。此后,他很长时间都与美国斯拉夫学家凯勒·约兰德住在一起,她激发了布罗茨基写作随笔《一个半房间》的灵感。对此,柳德米拉·施泰因写道,当布罗茨基与朋友回忆各种爱情罗曼史时,突然说道:"听起来很可笑,但我还是为玛琳娜心痛。知道吗,就像一种慢性病。"

在彼得堡,有流言称,布罗茨基有很多私生子,但在法律上,始终无法确定他们的身份,尽管现在DNA检查并不复杂。全世界都流传着诗人关于一个或另一个女人的伟大爱情故事,但布罗茨基,还是一如既往地写着献给玛琳娜·巴斯马诺娃的诗歌。有时以兔子的名义,有时以猫的名义,有时以酒鬼伊万诺夫的名义(《伊万诺夫的爱情之歌》)。

他不想和世界谈论这段平庸的三角恋,况且,在这段关系中,他也不是主角。只有把自己的角色安置在伊万诺夫身上,他才能非常坦诚地表达自我。

　　每次我在这个地方，/回想起我的未婚妻。/走进小酒
馆，点上两百克酒精。/河水在我们的脚下奔腾，瘟神。/
我心里对她说：快跑。/眼里是泪水。但是我一眼瞥见/铸
造厂的桥和驳船的侧影。/我的未婚妻爱上了我的朋友/
我知道了，差点没杀了他/但是法典严厉，压抑个性/是我
的长处。是的，喝酒。

　　……

　　塞满了裤子的骨头/瘫散在床上，长满了长毛。/喉咙
想要大叫：母狗/但是不知为何却说：原谅。/为什么？原
谅谁？当我听见海鸥，/尖锐的叫声使我发抖。/她终结的
时候，就是这种声音，/尽管此后仍饱受折磨：不要触碰。

1989 年，他仿佛用反爱情诗歌，粗鲁有力地结束了自己的爱情
抒情诗。[1]

　　诗人忠实的老友柳德米拉·施泰因，总是对布罗茨基的爱情悲
剧持怀疑态度，这次甚至以所有女性的名义表示委屈："他为什么
用这样的诗歌报复世界？最后，他终于不爱玛琳娜·巴斯马诺娃
了？四分之一世纪过去了，终于摆脱了她的魔力？为了纪念慢性
病的治愈，要猛击她的太阳穴吗？为什么独立自由的诗歌之子，要
在大洋对面，唾弃那个他曾爱得'甚于天使'的女人？布罗茨基的
伟大先辈曾写过：'我曾经爱过你，爱情，或许……'或许有人能够
奏响更高的音符，但布罗茨基没有成功。"

　　在与玛丽娅结婚一年前，诗人终于总结了自己逝去的爱情。[2]

---

① 四分之一世纪以前你嗜好烤羊肉串和约会，/你在笔记本上画炭笔素描，唱点
　歌，/跟我嬉戏；但是接着便交上一个化学工程师，并且，/根据你的来信判断，你
　越来越愚不可及。现在人们在外省和首都的教堂看见你/参加一些共同朋友的
　葬礼，这种事情如今连续不断地/发生；而我为这个世界还存在着比你和我之
　间/更难以想象的距离而感到高兴。（黄灿然译）
② 别把我的话看得太切：你的声音，你的身体，你的名字/再也勾不起任何联想；没
　有人摧毁它们，/但是要忘却一个生命，最低限度也得/需要另一个生命。而我
　已经经历了那一部分。（黄灿然译）

当苏联与美国的布罗茨基反对者指责他内心冷漠，如数字般冰冷时，我想建议他们读读诗人的爱情抒情诗。可能，这两个极其不同又极其相似之人的结合，就是为了写下这些伟大的诗歌？

我仍然记得，在生命最后的日子里，诗人就献给玛琳娜的诗歌说道："这是我一生最重要的事。"此后，诗人将爱情抒情诗编进诗集《献给奥古斯都的新章》，并与但丁的神曲相比。很多人认为，诗集最重要的诗歌是这三首杰作：《哀歌》（"直到如今，当忆起你的声音，我总是莫名激动……"），《燃烧》与《我仅仅是你手掌触碰的一切……》。其实，整部诗集就是一首美妙的爱情抒情诗，很多人认为，这是布罗茨基诗歌的精品。

叛逆的继子

　　布罗茨基不止一次自称俄罗斯文化的继子。我们姑且保留这个称谓吧。我们已无从得知，他口中的"继子"，指的是自己的民族、"游牧生活"，还是国家对诗人的镇压手段。但是，这个继子从青年时期就开始反叛，不仅反对政权，而且反对俄罗斯文学的浪漫主义倾向，反对法国对俄罗斯诗歌的影响，反对东方的亚洲对俄罗斯诗歌的嫁接。此外，反叛也同样是俄罗斯文化的古老传统，从大祭司阿瓦库姆，到现在的爱德华·利莫诺夫，都有反叛精神……

　　　　我是野蛮王国的继子/脸颊已支离破碎/被另一个同
样伟大的王国/收养。

　　他不是作为政治家进行反叛，而是作为诗人进行反叛。他反对自由主义者和狂躁的国家利益至上者，反对凶恶的先锋主义者和安静的抒情诗作者。但这始终是一种保守主义的反叛。他讨厌一切形式的先锋主义者。在瑞典时，有人告诉我：布罗茨基曾在海湾对面租了一套房子，因为那里非常像他深爱的彼得堡，然而，房里挂满了抽象派的油画，于是，他请求立即把这些垃圾清理干净。他在诗歌与生活中，亦是如此。我想，他不喜欢沃兹涅先斯基和叶甫图申科，多半因为他们假意的创新。

　　按照日期计算，他的生命并不长久，但是，在形而上学意义上，他的生命，如同他的创作、移民之后的命运一样漫长。他也毫不掩饰这一点："我的生命如此漫长"，"我看不到地平线——逝去生活的减号","全身的每一个细胞,嗅到死亡暗影的呼吸","可怕！是可怕！",还直接坦白——"漫长的生活"……对他来说,后期的诗歌,甚至成了书写自己死后的诗歌:"只有灰烬知道,什么叫燃烧殆尽……",还有:

> 我的朋友,我们将永远分离。/请在白纸上画一个普通的圆圈。/这将是我:里面空空如也。/你先看一眼,——然后将它撕碎(汪剑钊　译)

诗人 80 年代末与 90 年代初的诗,都是"生命终结后是什么……",他晚期诗集的题目,可以借用诗人 1987 年诗作的名字——《后记》。这是对长达二十余年的失败爱情、早已成型的诗歌创作、过往的梦想与预言、昔日的浪漫主义,甚至古典主义的后记。这是一切的后记:

> 我不再能想起事情发生在/何时何地。这件事,或其他任何事。/昨天？几年前？在公园长椅上？/在空中？在水里？我有毛病吗？
> ……
> 触摸我——你就不免会打扰那些忽视我/而确实存在的事物,很显然在此过程中/不信任我,我的大衣,我的面孔——/不免会打扰那本总是让我们迷失的书。(程一身　译)

我想,这种漫长的生命的体验,对诗人所有的晚期移民诗歌起着决定性作用,还有所谓的"怀疑式古典主义",他已然用讽刺检验整个世界。诗人所有 300～400 行的漫长诗歌,绵长的情节,还有他著名的跨行连续,不断从一行转到另一行,加剧无穷无尽的冗长。他害怕打断诗行,仿佛随着诗行的结束,生命也一同终结。他变得难以用典,思想不仅无法融入诗行,甚至无法进入诗篇。此后,他更无法把思想融入短诗,不得不将诗歌写得冗长。诗歌变成了散文,但没有生动的情节,没有主人公,没有冲突。唯一的冲突,就是诗人与逼近的死亡。于是,不由地出现了诗歌形而上学式的黑暗。诗人的恐惧,对自己以及全世界怀疑式的嘲讽,更加剧了这种黑暗。讽刺有时吞没了诗歌的思想,但讽刺本身不是目的,诗人以此躲避临近的死亡。那些年,关于死亡,他思考得太多。①

约瑟夫·布罗茨基生活、写作、抽烟,烟抽得很凶,基本没有停过。他以此不断延长无尽的游牧式的存在。他可以任意谈论自己的世界主义和国际性,但是,失去了波罗的海,家乡的一角,他(顺便一提,像纳博科夫一样)没有找到另一家乡的角落,因此,他在世界漫游,不时躲在瑞典的海湾,正因如此,他也没有在任何地方购置房产,只在马萨诸塞州有一幢不大的木屋,他在那儿能安心工作。他并非自愿流浪:三届彼得堡政权,心爱的女人,善妒的同行竞争者,最终使他成为流浪者。他决不愿意陷入犹太民族的圈子,用尽一切可能的方法摆脱这种局限。他喜爱斯拉夫女人和欧洲女人,全心向往北方和西方;任何东方的事物,包括犹太的事物,对他都是那样陌生。于是,布罗茨基在俄罗斯、美国与罗马三个帝国之间游荡。

渐渐地,因为个人的苦难,他与所有地域割离,变得越来越国际化,不再眷恋任何一片土地。但是,没有土地,就没有诗人。无论多么国际化的诗人,济慈,奥登,沃尔科特,或弗罗斯特,他们都具有本民族的色彩。例如在《奥德修斯致忒勒玛科斯》中,他仿佛对彼得堡的儿子安德烈说:

> 我不知道我在哪里也不知这算是/什么地方。它看去像是污秽的岛屿,/点缀着树丛、房屋和哼哼唧唧的肥猪。/一座花园在荒草中窒息,和一位什么女王。/野草和

---

① 一切都指责于我,除了坏天气。/而我也常常用严酷的贿赂威胁自己。/不过很快,据说,我将摘下肩章。/仅仅变成一颗星。

杂石……忒勒玛科斯,我的儿!/一切岛子的形貌在漂泊的人眼里/全是一副模样。心儿在轻跳,/默数着海波……/快长吧,忒勒玛科斯,长得魁梧结实。/唯有神祇知道我们今生有无相见的/日子。①

诗人的创作,陷于冗长的形而上学,这种情况也直接影响了他本人(我想,在拥有自我批判能力的情况下,诗人会同意纳乌玛·科尔扎维恩与亚历山大·索尔仁尼琴的许多评论),但是,其中却蕴藏着真正神性的突破。

---

① 布罗茨基著,王希苏、常晖译,《从彼得堡到斯德哥尔摩》,桂林:漓江出版社,1990,第239页。

诗歌赘疣

事实上,约瑟夫·布罗茨基写过许多无用的诗歌,他不像帕斯捷尔纳克,只在"诗行被感情操控"时写诗,而是以尤里·奥列沙推广的古拉丁谚语为准则——"没有一天不能没有诗歌"。因此,诗人有许多冷漠冗长、难以阅读、多义空虚的诗作。对他而言,这是什么?智力锻炼?有时,我想,诗人因为成串的诗行,头脑发昏,开始追求谨慎臆造的玩笑,产生了对天才诗人而言难以想象的庸俗。在我看来,《献给玛丽·斯图亚特的二十首十四行诗》就是此类贬低自我与自我思想的最恰当的例子。就让文学家称之为"怀疑论的古典主义"吧,就让他们去辩论巴赫金的狂欢化理论吧,但是,上帝啊,万物各得其所。粗俗的俄罗斯民间四句顺口溜,不会在教堂或父母的坟前响起。用"你"称谓女王,本来就透着粗俗,"在你的百年祭日,飞来白色的乌鸦,在同辈人眼中,你曾是妓女",或者戏谑悲剧:

> "她的头被砍下了,啊"。——/"想想看,巴黎人多么生气。"——/"法国人?因为那头颅?/要是砍得再低些……"——/"毕竟不是男人。衣衫不整。"/"随意吧,不重要……"——/"恬不知耻!要让她走上正途!"/"噢,裙子,或许,没有其他选择",——/"是,俄罗斯更好,例如伊万诺娃:/每个变格听起来都像娘们"……

对世界愚蠢、嫌恶、高傲的讽刺,没有任何内在的魅力,这绝对不同于民间的粗俗词语。这是破坏自己深爱的语言。最后，诗中哪怕蕴含某种圣物，神圣的价值，尊重他人的价值也好！例如，他或许尝试放肆嘲笑在火葬场排队的赤裸的犹太人，挖苦大屠杀，就像这是有益的清洁，能让疲惫不堪的犹太民族复兴。要知道，最后一切都将以种种方式，导致人性的泯灭。狂欢文化的下层盛世，是个危险的主题。我们今天可以嘲笑美国五角大楼的坍塌，乌克兰顿巴斯地区的轰炸，那么，我们明天又会嘲笑什么？

布罗茨基毫不掩饰对东方的厌恶，有时甚至采取明显的排外形式。例如，在诗歌和散文中，运用"前苏联中亚共和国"表示轻蔑。在巴西的作家论坛上，他说："前苏联中亚共和国，对此比欧洲人更加乐不可支。那里有来自塞内加尔的成堆的象牙制品，其他产地，我已经不记得了。还有各式各样散发着巧克力光泽的人，裹着来自巴伦西亚的精美织物和便帽，而且对巴黎生活颇有经验，因为对左岸的左倾分子而言，如果没有来自第三世界的黑人，生活就是如此……而白人的放肆行为，则有其他丰富的理据：历史缘由、十字军、传教士、商人和帝国的影响，总之，他们是一种动态的发展，从不沉湎于扩张。"

布罗茨基之所以可能迁就日常非激进的反犹主义，将其视作与他毫不相干的世界观，是因为他同样允许自己对其他民族的排外性。他甚至认为，种族主义是人类情感不可避免的现象——令人厌恶，但不可避免。他曾不止一次地说过："在反犹问题上，我们应当十分小心。反犹主义实际是种族主义。但是，要知道，我们在某种程度上，也是种族主义者。某些面孔，我们不喜欢，或者某种美学类型……什么是偏见，什么是种族偏见？这是人类对自己所处的世界地位表达不满的方式。当偏见成为体系的一部分，就出现问题了。"

出于个人观点，他对西方大学将政治的正确性强加于人才培养表示怀疑："创新者坚持认为，现在的教育项目，过于以欧洲为中心，充斥着地理和种族的不平衡。民主平等原则，在某些领域并不适用，其中之一就是艺术领域。在艺术领域采用民主原则，意味着将精品佳作与粗制滥造等同起来……但是,捍卫平等权利的人声音响亮,没有人能压倒他们的声音。"作为平等世界的公民,他还发出了极为冒险的宣言:"我坚信,在人类进化的阶梯上,没有平等……不是所有的人都能称为人……我们,粗鲁地说,是不同种类的人……"诗人的其他言论让人想起激进的反对派分子。我想,如果布罗茨基生来就是俄罗斯人,他完全可能加入他们的行列。幸运的是,他并不持双重标准,允许自己做的事,也准许他人去做……

> 不会让热情冷却!总之忘了吧!/我几乎在思考暴动!/我没有对佛祖发誓……(谈谈溢出的牛奶)

此后,则是对现今俄罗斯生活的直接预见:

> 否则,占上风的就是通灵术士,/佛教徒,招魂术士,标本,/弗洛伊德分子,神经和心理学家。/吸毒,欣悦的情绪,/就会向我们授意其规律。/吸毒者给自己戴上肩章。/注射器被悬挂起来,/代替了救主和圣母像。(刘文飞 译)

我曾读过大量无用的回忆录和采访,这些文字常常模糊了诗人的形象,"超乎常人的天分",引起读者的愤慨,我认为,其中仅有四本具有价值:列夫·洛谢夫的成功的文学传记,不知疲倦的瓦莲金娜·帕鲁希娜编写的诗人的详细生平,沃尔科夫的《约瑟夫·布罗茨基谈话录》以及柳德米拉·施泰因的回忆录。书中甚至包含令作者不快的真相,一个远远超乎他们想象的布罗茨基,犹太移民,深爱俄罗斯,宣传俄罗斯文化的布罗茨基,他将献给玛琳娜·巴斯马诺娃的爱情诗看作自己最优秀的诗歌,将阿尔汉格尔斯克的流放生活称为自己生命中最美好的时光。亚历山大·索尔仁尼琴说得对:如果布罗茨基可以在北方荒凉的乡村继续生活五年,那么,美国将收获一个完全不同的诗人。索尔仁尼琴在布罗茨基的流放以及流放时期的诗歌中,看到了这一切:"土地、一切生长的东西,马儿和乡村劳作,等等,生机勃勃的现象。当我,一个被惊呆的城市学生,遇上大马车队时,我产生了相似的体验——欣喜不已。我想:假如布罗茨基的流放生活更久一些,这将更加延长他的发展道路。但是,他很快就获得宽恕,返回故乡,乡村的印象,无法保留在他的记忆中……"我或许会说:基本没有保留在他的记忆中。

是的,诗人还是一位不高明的预言家,关于这一点,我曾经和已逝的塔季扬娜·格鲁什科娃讨论过。对于大诗人,这个特质并不重要。此外,布罗茨基也早已感到自己在预言方面的缺陷。预言家要有钢铁般的意志,他应当是一位演说家、战士,能言善辩。但诗人却因为爱情、身体和自我怀疑而伤痛,因此,他显然不适合预言。

> 预言家习惯上缺少健全的身体。/多数的先知都有腿瘸。简单地说,/我不比老卡尔卡斯①看得更远。/预知未来有如鼻嗅鲜花——/仙人球或紫罗兰——隔着钢铁头盔。/它也如同用盲文学习希腊字母。/毫无希望的任务。我搜索的手指,/很少接触感觉如你的物体,/在这空虚的世界上。每个人的/受害者能说先知先觉的故事。②

而他既是先知,也是受害者……

唉,他始终缺乏真正诗人必备的预言天赋,这一点,要归罪于他的爱人(如果相爱的人有罪)。诗人应当遵循自己的预言,直至实现。很多人把他的早期诗作的矛盾作为其预言失败的例证:"我要去死在/瓦西里岛上"——而他起初葬在美国,后来改葬威尼斯。

---

① 希腊神话中的预言家,曾参与希腊人对特洛伊的远征,后遇见预言术高于他的摩普索斯,忧伤而死。

② 布罗茨基著,王希苏、常晖译,《从彼得堡到斯德哥尔摩》,桂林:漓江出版社,1990,第128页。

此外,如上所述,失败的命运预言,一直伴随着一个具体的女性名字——玛丽娅,如果他的妻子不是意大利人,那么,或许,彼得堡将多出一个文学家族。但任何一件事都被上天掌控,也就是说,某种神秘力量一直阻碍约瑟夫·布罗茨基实现自己的诗歌预言。

我——不合格的犹太人

在布罗茨基的生活中,民族问题从来没有占据过重要地位。他生活在俄罗斯文化中,依靠俄罗斯文化生活。因此,他很可能甚至不愿意让犹太文化渗入自己的家庭。有一次,布罗茨基看完伍迪·艾伦的电影《安妮·霍尔》以后(电影的犹太主人公神经衰弱,患有夸大癖好和自卑情结,精神分裂,他疯狂地爱上了盎格鲁-撒克逊的"蓝色血液"),漫不经心地说:"肮脏的犹太人与白人女性是常见的结合。与我的状况完全一样……"可怜的布罗茨基,一直在为自己失败的爱情辩解,但是,我想,对玛琳娜·巴斯马诺娃而言,布罗茨基的犹太血统没有任何意义,她生下了诗人的儿子,这就是最好的证明。一切只不过是诗人对爱情悲剧的自我辩解。为了纪念海边的《预言》,他还是将女儿起名为安娜。于是有了安德烈和安娜——他们的母亲都不是犹太人。

他对东方,包括以色列,十分冷漠。塞尔·伊撒伊亚·别林与吉安娜·阿巴耶娃曾探讨过这一问题。

吉安娜·阿巴耶娃:你说,他为什么逃避以色列?

塞尔·伊撒伊亚·别林:不知道,因为……他不想成为犹太教的犹太人,不想被犹太人包围,被犹太思想折磨,思考犹太问题,并不适合他。他对犹太人毫无兴趣。他成长于俄罗斯,成长于俄罗斯文学。这里适合他。

吉安娜·阿巴耶娃:他感觉自己是北方人,彼得堡人。他喜爱北方和北方的思想。这一点与奥登相同。他曾在爱尔兰稍作停留，和奥登一样，喜欢英国北部和瑞典。他热爱意大利，但不过是外人对奢侈美感的神往。他得在北方工作。他完全疏远东方，甚至从心里感到害怕。

他根本不想成为文学领域的犹太人、犹太诗人和犹太民族的诗人。在生活中，看在上帝的份上，他从未贬低或炫耀自己的犹太血统，而是仅仅将其视作客观现实。在文学中，他显然是一位俄罗斯诗人，而非其他。诗人后期对俄罗斯文化的反叛没有成功。在他的俄罗斯气质中，显出自我意识模糊、自我排斥，或遗失自我的状态。在流亡中，他曾尝试将自己排斥于俄罗斯之外，挖苦俄罗斯，索尔仁尼琴曾毫不迟疑地指出：

> 他成长于独特的圣彼得堡知识分子氛围，几乎没有接触过广袤的俄罗斯土地。他具有世界性的精神，与生俱来的多面的世界主义特质……在《五周年纪念日》（1977），他甚至毫无怜惜地列举着离别国度的景物。在演讲中，布罗茨基称俄罗斯为"过去的祖国"……

是的，晚期的布罗茨基有许多疏离俄罗斯的表现，如同任何一位侨居多年的俄罗斯移民，索尔仁尼琴也是如此。我们不再赘述。

令我惊讶的是，他无法在诗歌，甚至是生活和超现实外的虚构中，克服自己的俄罗斯特性。他不允许犹太特性进入自己的文化。在这一点上，他与亚历山大·索尔仁尼琴、纳乌姆·科勒扎维恩以及西蒙·马尔基什相似。后者写道：

> 我敢说，在这个独一无二的诗歌个性中，没有任何犹太界限，诗人约瑟夫·布罗茨基不了解任何犹太主题和犹太"素材"——这样的"素材"与他格格不入……

无论就信仰还是世界观而言，他都不是犹太人，此外，奥西普·曼德尔施塔姆和鲍里斯·帕斯捷尔纳克也是如此,他们有意识地在俄罗斯文化中选择自己的命运。

"'您怎样定义自己?'——布罗茨基回答道:'俄罗斯诗人。''您认为自己是犹太人吗?'——'我认为自己是人。''您是犹太人,这一点对您重要吗?'——'我更看重一个人的特质,他是勇敢,还是懦弱,诚实,还是虚伪。与女人相处时,是否正派'。"——柳德米拉·施泰因在书中写道。

最令人吃惊的是,他坚守原则,拒绝进入犹太教堂并在教堂演讲。不得不说,不仅犹太人,甚至著名的俄罗斯诗人,从叶甫盖尼·叶甫图申科到安德烈·沃兹涅先斯基,都曾在美国犹太教堂的音乐会或文学晚会上演讲。犹太教堂有便宜的大厅,大量的折扣和固定的听众。布罗茨基甚至不愿听闻这类演说。难道他害怕犹太文化的局限性,犹太宗教的正统性和成为犹太人的感觉?事实上,巴威尔·戈利洛夫在《共青团真理报》的文章中,柳德米拉·施泰因在回忆录中,以及亚历山大·索尔仁尼琴,都曾写过——侨居晚期,诗人或想要远离俄罗斯文化,或想要完全融入世界文化,首先是融入英国文化。他似乎想要疏远俄罗斯,认为俄罗斯处于世界边缘,在自己的讽刺诗歌中,嘲笑俄罗斯与基督教,但他更加拼命地疏远犹太世界。正是在美国,他对犹太人眼中清晰的世界划分感到震惊,他曾多次在采访中说:

> 你们知道吗,俄罗斯不会严格区分旧约与新约。对于俄罗斯人而言,实际上,它们是地位相当的两本书,可以前后衔接。因此,当我来到西方,我为犹太人与非犹太人之间的严格区分感到惊讶。我想:"一派胡言! 要知道,这剥夺了他们的前途"。

或是:

> 在我的生命本质中,犹太特质,可以说,触手可及……佛教

难以理解,基督教以及基督教传统同样难以接近。因此,我将自己的精力,集中在那些不利于自己犹太特性的东西上……事实上,我的犹太特性,在美国变得更加突出,美国社会对于犹太人和非犹太人的区分,更加明显。

此外,在这种严格的区分下,约瑟夫·布罗茨基为了世界文化,尽力削弱自己的犹太特性。总之,他不是"世界诗人",而是俄罗斯诗人。

布罗茨基在少年时期曾顺道参观犹太教堂,没几分钟就跑了出去,从此以后,再也没有去过犹太教堂。柳德米拉·施泰因回忆道:

> 后人曾在圣公会教堂、俄罗斯东正教教堂为他举行葬礼,却从未在犹太教堂为他举行过任何丧葬仪式。他躺在棺材里,手握天主教的十字架。这是他的意志,还是玛丽娅的意愿,我们无从得知。1995年春天,我劝说布罗茨基在美国做文学巡讲,负责人在犹太教堂租下几个大厅。我把租用场地的清单给布罗茨基看,他激动地说:"哦,犹太教堂,我不会在犹太教堂演讲……"布罗茨基对以色列的态度让人捉摸不透……他拒绝以色列的邀请并说道:"你们知道,我是个不合格的犹太人。"这听起来很奇怪。无论是对犹太人,基督徒,还是穆斯林而言,纵观人类文明史,以色列是地球上最重要、最令人激动的地方之一。众所周知,布罗茨基再三拒绝以色列大学的邀请——讲座或是文学晚会,他甚至不愿与人探讨此事……

我想,他拒绝这些邀请,不是出于什么反犹情结。首先,布罗茨基害怕融入无处不在而又固步自封的犹太文化中。他害怕最终成为"犹太诗人","犹太诗人"——首先是"犹太人",其次才是诗人,他绝对无法接受这样的喧宾夺主。

为人民的反叛

　　流放"北方"之所以成为布罗茨基一生最关键的时期，还有一个更重要的原因。在北方，他不仅亲近大自然，免受他人歧视与个人苦难的困扰，更重要的是，他开始走近人民，亲近当地居民。他一生中第一次感到自己是人民的一部分，更准确地说，是俄罗斯人民的一部分。他开始不再为同事和朋友而担忧，转而关心人民。这是布罗茨基前所未有的，甚至一生都无法再现的心境。

　　本节的标题可以叫做"人民诗人约瑟夫·布罗茨基"。如果你想辩驳，那就不妨一试！不过，不是与我而是与诗人辩驳：

　　　　如果世上有什么事真能令我发怒失控，那就是在俄罗斯，在农民身上发生的事。这真把我气疯了！因为让我们——知识分子——让我们读书，就可以淡忘一切，不是吗？而这些以土地为生的人，除此之外，一无所有。这对于他们而言，是真正的痛苦。不仅痛苦——他们没有任何出路……因此，他们酗酒、沦落、斗殴……与当地村民交往，比起与出生在故乡城市的大部分朋友和熟人交往，更令我觉得轻松。

　　我可以说，在俄罗斯的集体氛围中，诗人创作了优秀的乡村诗歌：《临近北方边境》《房屋被乌云压在地上》《我窗口，我木头窗口的树木》《北方邮局》《摇篮曲》，当然，还有《一首歌》和《乡村里上帝不只是偶像……》。

　　通常，从前几行诗句就可以判断，是否出自晚期的布罗茨基之手,布罗茨基晚期的诗歌,通常语调中立,行文单调,引用大量的英国文学经典。诗人创作的刨根问底的研究者,诗人类似民俗歌谣的诗作,引用了谁的作品?

从七个小镇飘来了梦幻。/从七个村庄袭来了睡意。/人们准备就寝,炉灶已经冷却。/一扇扇窗户朝着北方眺望。/无主的草垛守护在小溪身边,/即使费尽心机,路上也泥泞难行。/向日葵无力地垂下了脑袋。

不知是下雨,还是姑娘等待。/驾上马车吧,让我们朝她奔去。/丢开繁琐小事,如同把石头抛入池塘。/让我们喝干这一杯,用绸缎把床铺好。/你为何闷闷不乐,默然无语?/难道篱栅有齿,如同松针?/要么篱栅里面有楼阁耸立?

驾上马车吧,把我带走。/那里不是楼阁,而是松木盖的寺院。/院内的草地上盛开着鲜花。/没有粮仓,没有农舍,没有打谷场。/不必犹豫,快套上枣红马。/那个寺院有益众人,正面还有一片空地,/那个院长,已经真正神经错乱。(吴笛 译)

布罗茨基的这首人民诗歌,散发着克留耶夫旧教派、北方隐修院以及舍尔金童话色彩。

我相信,正是因为他的"乡村诗歌",他真想在科诺沙当地刊物上发表作品。记者阿尔贝特·扎巴耶夫,在科洛沙刊物《号召》上回忆:

一天,一位红头发的青年,穿着城里的牛仔裤,走进办公室,他显然不是本地人。

——您可以刊登不劳而获者的诗歌吗?——他简单直接,一本正经地问道。

——可以,只要符合报纸的要求。

——《黎明的拖拉机》(诗人带来的正是这首诗)符合要求，短小精悍，而且是生产主题……——一周之后，约瑟夫带来了第二首诗——《秋季》。我读后幼稚地点评：

——这首诗不如第一首。第一首更生动形象……

——先不说了，——他打断了我。——现在是午饭时间。你们的食堂在哪儿？还是我们回家吃？走吧，我请你喝茶。路上我们谈谈，或许能改变你的想法……

他说，与这两首推荐给报社的诗歌相比，形象性，即使是最成功的形象性，也不是目的，它仿佛自然而然从深处渗入诗歌的内容……

诗歌很快就发表了，但这不是诗人的最终目的。他显然已经成为村庄的一员，想和当地的年轻记者交流，深入了解他们的生活。此外，另一个科洛沙的当地人，弗拉基米尔·切尔诺莫洛尔津卡回忆道：在国营农场，"他没有遭受特别迫害，而且还有条件进行创作……那时，他的健康状况不大好，所以，对粮食生产的贡献也不大……当地综合生活服务部的领导米留金曾经帮助他。因此，布罗茨基成了外勤摄影记者。"

此外，以生产活动为主题的诗歌，也融入了诗人当时对罗伯特·弗罗斯特的迷恋：

种子在靶下立起了身子，/发动机震聋了四周。/飞行员在云间留下他的墨迹。/脸冲土地，背对前方。/我用自己装点播种机，/被撒了一层尘土，像莫扎特。

但是，我对他的生产诗歌，《黎明的拖拉机》，或者《布罗夫，拖拉机手和我》，并不感兴趣，虽然这些诗歌完全没有贬低诗人的地位，与为统治者服务的诗歌完全不同。我更感兴趣的是，诗人不断亲近人民，亲近周围的人，感到与他们融为一体。他当时并不相信安娜·阿赫玛托娃曾对他讲过的话："我(阿赫玛托娃)当时与我的人民同在,/我的人民在那儿,不幸的是……"现在,约瑟夫·布罗茨基,也与自己的人民同在,与人民交融。那时,因为这种人民性,周围的精英人士简直气急败坏!但布罗茨基却毫不掩饰,后来在美国的各种采访、意大利记者乔瓦尼·布塔法瓦以及沃尔科夫等人的采访中,他都承认,在阿尔汉格尔斯克,感到与俄罗斯人民同在:

> 在那里,发生了一件更重要、更深刻,给我的一生打上标记的事件:早上六点出门,在田间工作,一小时后,太阳升起,我感到,千千万万的人,正是在这样生活。那时,我领悟了人民生活的涵义,可以说,那是人类团结的意义。如果我没有被逮捕,被流放,我将没有这样的经历,内心也将更加贫乏。从某种意义上说,我很走运……

于是,怀着对俄罗斯人民的强烈归属感,在流放期间,诗人写下了《人民颂》,这首诗,甚至令安娜·阿赫玛托娃感到惊讶。1965年5月,她在日记中写道:"他给我读了《人民颂》,要么是我还不理解,要么这是一首天才的诗作,就精神道路的意义而言,这就是陀思妥耶夫斯基在《死屋手记》中谈到的:没有丝毫的怨恨或傲慢,这正是费多尔·米哈伊拉维奇①吩咐我们惊惧的两样东西。"

诗人可能逐渐由描写北方自然的诗歌、描写在北方与生活和解的诗歌、赞美农舍与劳动的诗歌,进一步找寻个人的"伟大的构思",写下《人民颂》。

我毫无恶意地想象:如果这首诗的对象,变成诗人并不陌生的欧洲人民,那么,它将被列入所有文选,而诗人听从成熟心灵的召唤,把它献给了另一个民族。正如我们所见,阿赫玛托娃承认,这首诗是天才的作品,她热切地想为这首诗改名(阿赫玛托娃心脏病发作后,又一次在日记中提起这个名字:"希望布罗茨基能为我再

---

① 即费多尔·米哈伊拉维奇·陀思妥耶夫斯基。

朗诵一遍《人民颂》。")。诗人的老朋友列夫·洛谢夫,在自己的
《阿赫玛托娃的人民之爱》中,准确评价了《人民颂》,这首诗是阿赫
玛托娃依恋人民,热爱祖国和母语传统的延续,是"构思伟大"的诗
歌。当时几乎所有布罗茨基的朋友,从阿纳托里·奈曼,到翻译家
安德烈·谢尔盖耶娃,大家都认为,这首诗不过是歌功颂德的工
具,乞求当权者的宽恕。在他们眼中,诗人如此渺小!1964年12
月,诗人还看不到任何被释放的希望,所有当地刊物都没有刊登这
首诗,歌功颂德的作品,对布罗茨基何益?而且,当权者难道会喜
欢尼古拉·鲁布佐夫,或者雅拉斯拉夫·斯梅利亚科夫诗歌中的
人民性吗?人民性,从来不是为了向领袖致敬,人民性比起持不同
政见者,同样令其惧怕。更何况,为什么患病的阿赫玛托娃,如同
依赖药片一样,留恋所谓的守旧的定制诗歌呢?

> 走进人民,贴近伟大的河流。/饱尝她伟大语言蕴含
> 的言语。/贴近河流,/无尽流淌,/穿越世纪,奔向我们,路
> 过我们,超越我们⋯⋯

此外,这些杰出的诗行,同样符合诗人"伟大语言"的观念。可
惜,亚历山大·索尔仁尼琴写文章时,没有看到这首诗。可惜,诗
人的美国朋友,总是竭力轻视他的北方诗歌,把它们排除在书籍和
文选之外。可惜,为了进入世界文化,诗人也被劝说放弃了大量的
早期诗歌。列夫·洛谢夫在美国生活期间,无论是《十四个八月》
出版之后,索尔仁尼琴受到抨击时,还是布罗茨基的"错误"诗歌受
到轻视时,他表现的逆流而上的英勇与独立,我十分珍视。

早已脱离"阿赫玛托娃孤儿"(顺便一提,这些诗人怎么体会不
出这个术语本身蕴含的轻蔑呢?)群体的叶甫盖尼·莱茵,也高度
评价诗人的北方诗歌。莱茵这样回忆1965年5月的诺连斯卡亚
远行:

> 我正赶上他状态不错,他没有任何消极失落或厌烦的情

绪。虽然，不得不承认，此前，我收到他不少悲观忧伤的来信……精力充沛，充满活力的布罗茨基，完全没有被压垮，尽管当时还没有通过释放的决议，很可能，他会被继续流放五年……有时，布罗茨基离开了，留给我一大堆他在那里写的诗歌……时值晚春，北方极美的季节，平静的农舍，没有人妨碍我们阅读，散步或从事其他活动。读完他的全部诗歌，我非常吃惊，因为这是他创作最强劲的时期之一，他的诗歌完成了新的转变……正是在诺连斯卡亚，他达到了精神上的高峰、形而上学的高峰。所以，在不公和野蛮的流放中，在北方乡村的孤独中，他却在内心找到了心灵的动力和创作的力量，实现了诗歌上更高的飞越。

只有一点，我与叶甫盖尼·莱茵意见相左：流放半年后，布罗茨基已经不再处于"北方乡村的孤独"。流放初期，他有大自然，此后，又有鲜活的乡村农舍，最后，还有 14 个农舍的村民，有布罗夫、佩斯捷列娃、扎布罗夫、卢萨科夫、农民、记者，甚至出于职责探望他的当地警察，作为监管人必须要与他喝瓶伏特加，如布罗茨基所说，"那些农村人"——成为诗人生活中不可逃避，又令人愉快的一部分。否则，就不会出现神秘的美妙诗歌了：

> 在村子里上帝不只是像嘲笑者们/所宣称的那样，活在圣像角落，/而是到处朴实地活着。他圣化/每个屋顶和锅，分开每道双扇门。/在村子里上帝经常活动——/在星期六用铁罐煮扁豆，/在闪烁的火焰中跳懒散的吉格舞，/还向我，这一切的目击者，眨眼。
> ……
> 在这秋雾的飒飒声中，我要说，/有机会知道和目击这一切/是村子里一个无神论者/仅有的一点儿幸福。（黄灿然　译）

只有结尾,透露出见证者有意识地自我隔离,疏离百年农民神化的生活。但是,诗人终会想要抛弃身处乡村,与宏大的遥远世界隔离的思想。他开始像基督徒一样,宽容温顺地面对真实的生活:

> 夜晚的农舍多么可爱,/迷失在命运里,/忘却思索自我,/假装睡下,/在夜色里倾听,/老鼠如何在炉后肆虐。

可能,这就是生活的奥秘? 朴素的人儿,单纯的关系,简朴的物件,简单的生活。如同布罗茨基非常喜爱的尼古拉·扎博洛茨基的诗歌:"他们穿着自己的短呢衣——两个不幸的俄罗斯老人。"现代主义永远无法达到这样的简洁。

泰西娅·伊万诺夫娜·佩斯捷列娃回忆道:"初春,我们一起种土豆。八月,他要离开,我问他:'我一个人怎么收土豆呢? 他回答说:'那能怎么办呢,伊万诺夫娜! 该走了,去世上转转……'"

诗人约瑟夫·布罗茨基的乡村流放生活就这样结束了。随之而去的,还有他的宽容与温顺。俄罗斯文化的继子又开始了他的反叛。

为俄罗斯性质的反叛

他虽然曾讽刺，甚至疏远俄罗斯，但是，他从未摆脱文化上的俄罗斯性。他无法摆脱俄罗斯性，在文学、诗歌中遵循俄罗斯传统，忘我于诗歌。他无法摆脱俄罗斯性，完全沉浸于俄语的天地。俄罗斯性，甚至成为他的生活行为的模式，他无法摆脱最高纲领，他渴望维护真理，可以奉行极端的无政府主义，或是肆无忌惮地寄希望于"侥幸"。

"俄罗斯人，当然还有犹太人，倾向于一见钟情，既而一往情深……"——约瑟夫·布罗茨基写道，显然他在解释俄罗斯性，以及对玛琳娜永不停息的爱。有时，读者在他的诗歌、演讲、文章中，会看到"我们的人民"这一表达，毫无疑问，"我们的人民"，就是俄罗斯人民。如果说，约瑟夫曾在某个方面背叛俄罗斯，那么，只能说他曾与其他帝国为伍——文学中是罗马帝国，生活中则是美利坚合众国：

> 他，恰似一位暴虐的首长，/不忠于广阔的宫殿、多重的
> 欲望，/只需要不断更换后宫，/我已变换了纷繁多样的帝国。
> ……
> 帝国的变化紧密连结/娓娓的话语，言语间的唾液/柔
> 软、带摩擦的飞溅，罗巴切夫斯基①/的全部天使，那条怪

---

① 罗巴切夫斯基(1792—1856)，即尼古拉·伊凡诺维奇·罗巴切夫斯基，俄国数学家。

异的/平行道或许有一日偶然/笨拙地彼此相撞……（常晖译）

在此，他不过延续了库尔布斯基、赫尔岑、佩切林、纳博科夫、西涅夫斯基的俄罗斯传统……

但是，他始终无法在语言方面背叛俄罗斯；和弗拉基米尔·纳博科夫一样，布罗茨基向英语文学逃亡的企图失败了。他曾在《纽约客》上发表了几篇英语诗歌，此后则沉迷于把自己的诗歌翻译成英文，但即使最出色的美国翻译家的译作，也无法令他满意。而且，绝非偶然，很多美国诗人与评论家都认为，这些翻译是"世界意义上的平庸作品"。在某个核心刊物上，他读到一位美国著名出版潮流引领者署名的评论后，就不再认为自己是美国诗人了。即使是在非俄罗斯诗歌中，例如在《五周年纪念日》，他谈及院里的水洼，还有同宇航员加加林一同飞上太空的俄罗斯"看门狗"，并且，在文学上坚决放弃了过往的预言："无论是对希腊人，还是对瓦良格人，我都无话可说，/因为我不知道，去往哪一片土地"，被世界抛弃的感觉，也保留在母语——俄语中：

从没有骨架的语言，直到清晰的发音/以基里尔符号感谢命运。

当捷克著名作家米兰·昆德拉在美国报纸上公然宣扬俄罗斯民族的侵略性与俄罗斯文化的无用性时，不是别人，正是布罗茨基，做出了公正的回应。即使是在少有刊登自己作品的侨民文学集中，他也捍卫俄罗斯文化免受写作狂幼稚的反苏攻击。

此外，我们不要忘记，委婉地说，逃往英语世界，实属迫不得已。无论如何，他没有特别渴望离开苏联。这里有他的父母，他的爱情，也意味着，有对未来的希望。一方面，他想要离开，冲出爱情与文学的无望；另一方面，这里也有和解的希望，有他的儿子，有他不愿离开的俄语空间。如果能够不用排队拿到以色列签证，获得如愿的自由,他将多么高兴。他给列昂尼德·勃列日涅夫写信,而文学史家对这封信评价不足。这封信不带政治色彩,而是一封文学信件。1972 年 6 月 4 日的《新闻报》刊登了这封信,此后,这封信被杜尚·维力奇科维奇在南方斯拉夫报上大量引用。临行的诗人,没有向总书记哭诉抱怨,也没有向他提起政治公诉。这封信无关忏悔,并非出于强迫。这封信讲的是,诗人在俄罗斯文化生活的权利不可动摇:

> 敬爱的列昂尼德·勃列日涅夫,离开俄罗斯,非我所愿(毫无疑问,您已被告知),请允许我向您提出一个请求,而且我认为,我完全有权提出这一请求,因为我坚信,在十五年的文学创作生涯中,我的所作所为都是服务于,也将继续服务于俄罗斯文化。我想请求您允许我留在俄罗斯文学世界中,哪怕像现在这样做一名翻译也好。我属于俄罗斯文化,我感到自己属于它的一部分,任何空间的转换,都无法改变这一最终结果。语言是比国家更古老、更无法逃避的现象。说起国家,我认为,作家爱国的方式,不是崇高的宣誓,而是用他周围孩童的语言写作。即将离开俄罗斯,我十分痛苦。我在这里出生、成长、生活,感谢俄罗斯让我拥有了现在的一切。我曾因邪恶暂时压倒善良而煎熬,但我从未感到祖国使我抱屈。现在也没有。尽管我失去了苏联公民身份,但我仍然是一名俄罗斯作家。我相信,我会归来,要知道,作家总要回归,即使肉体无法归来,也能通过作品重返。我坚信,两者都可以实现。我希望,您能理解我。请您允许我今后生活在俄罗斯文学中,生活在俄罗斯的大地上。我不相信自己对祖国犯下罪过。相反,我相信,在很多方面,我都是正确的……如果我的人民不需要我的肉体,那么,或许,他们需要我的灵魂。

约瑟夫·布罗茨基可以为这封写给国家领导人的信而感到骄傲。他如同曼德尔施塔姆,面临"诗人与沙皇"一对一的境地,而且,这场"决斗"明显对诗人有利。诗人没有对谁忏悔,也没有疏远他并不需要的苏联性,但是,无论走到哪里,他都遵循着俄罗斯民族、俄罗斯文化以及俄罗斯文学的传统,保留着俄罗斯性质。我无法将这封信定义为亲苏或反苏(布罗茨基从来不属于这个坐标体系)。这是一封亲俄信件,身处国际化、民族体系之外的诗人,比列昂尼德·伊里奇·勃列日涅夫看起来更像俄罗斯人。完全可以把这封信列入俄罗斯诗人致沙皇或总书记的杰出书信之列。这封信,不仅讲述了诗人及其俄罗斯性,而且为俄罗斯文学增光添彩。

正是布罗茨基,在世界出版界,不止一次地歌颂从巴拉丁斯基到维亚吉姆斯基等普希金时代的诗人,宣扬 20 世纪俄罗斯文化的世界水平,称玛琳娜·茨维塔耶娃为百年以来最杰出的诗人,称安德烈·普拉东诺夫和尼古拉·扎博洛茨基为世界文学经典作家。当然,诗人也有不太客观的偏见:他一直赞扬列宁格勒的朋友,称他们与自己天赋相当,虽然诗人的老友经常因为嫉妒背叛他。但是,哪个人没有偏爱的朋友圈子或团体呢?

总之,毋庸置疑,"约瑟夫·布罗茨基是俄罗斯文化在世界的启蒙者与宣传者"。很多英语世界敏锐的文化鉴赏者,第一次从布罗茨基口中得知杰尔查文和罗蒙诺索夫,赫列布尼科夫和克留耶夫。他甚至没有忘记苏联作家,例如尼古拉·吉洪诺夫和弗拉基米尔·卢戈夫斯基,当然也没有忘记自己的老师鲍里斯·斯卢茨基和安娜·阿赫玛托娃。即使是最渺小的二流三流诗人,也能引起文化人的兴趣。"总的来说,在那些二流诗人中间,有一些极其出色的人物。例如,德米特里耶夫和他的预言诗。多么美妙的诗歌啊!俄罗斯寓言简直令人震撼。克雷洛夫是天才的诗人,对音韵的把握,可与杰尔查文媲美。还有卡捷宁!……或是维亚吉姆斯基。我认为,他是普希金'诗群'中最伟大的现象。"在谈论俄罗斯政界精英一直以来文化落后的现象时,他写下了精彩的文字:"一个社会为自己对文化的漠视所付出的代价,首先就是公民的自由。文化视野狭隘,乃政治视野狭隘之母。只有阉割自我文化,能为暴政铺路……"

此外,有趣的是,约瑟夫·布罗茨基几乎与斯坦尼斯拉夫·库涅耶夫同时创作了拒绝崇拜师长的诗歌,而且同样是拒绝崇拜鲍里斯·斯卢茨基。库涅耶夫写道:"我背叛了自己的老师",显得残忍而坚决。布罗茨基则更加温和——"遗憾的时刻来临。/路灯昏暗,/晨光熹微/认不出老师"。现今,我们的自由主义者,包括文学自由主义者的文化趋势,同样导致对约瑟夫·布罗茨基诗歌的狭隘理解。诗人献给戈列勃·戈尔博夫斯基的两首优美诗歌,《献给戈列勃·戈尔博夫斯基》("离开爱情……"),《致戈列勃·戈尔博夫斯基的十四行诗》("我们没有喝醉,我想,我们仍然清醒……"),几乎被完全遗忘。而布罗茨基虽与晚年的戈尔博夫斯基在政治和创作理念上颇有分歧,也曾在美国期间的采访中承认:"当然,这个诗人比叶甫图申科、沃兹涅先斯基、罗日捷斯特维恩斯基更有天赋……"在与沃尔科夫的谈话中,他表达得更加明确:"如果在您说的那部选集(《20世纪俄罗斯诗歌》)中收有克留耶夫的《火灾》,或者戈尔博夫斯基的诗歌,那么,就没有《娘子谷》[1]什么事了……"

但是,"阿赫玛托娃的孤儿们",则喜爱将荣誉的绸缎披在自己身上,布罗茨基的研究者也积极配合。不,我们可以对尼古拉·鲁布佐夫的《我将沿着祖国沉睡的山丘跳跃……》和布罗茨基的《你在黑暗中跳跃,沿着寒冷、无边的丘陵》进行有趣的创作对比。两首诗创作的时间基本相同,两位诗人也彼此熟识。他们是互相影响,还是创作竞争?我们没有发现任何一方的崇拜者有所偏爱。还有,他们与塔季扬娜·格鲁什科娃的会面,如格鲁什科娃所说,他们对艺术和俄罗斯经典的态度相仿。她认为,杰尔查文是尤里·库茨涅佐夫和约瑟夫·布罗茨基的先驱。要知道,他们都不是来自"普希金家族"的雏凤……

我们的主人公没有如此狭隘,也不愿挤进普洛克洛斯忒斯之床[2]。唉,俄罗斯爱国者不需要布罗茨基身上的俄罗斯性,土壤派

---

① 俄罗斯诗人叶甫图申科的作品。

② 希腊神话,即削足适履。

阵营的批评者想起布罗茨基,不过是为了再次辱骂他,自由主义者同样不需要他的俄罗斯性,他们否定俄罗斯,抹去诗人命运中一切俄罗斯性的体现。

此外,尽管诗人感觉茕茕孑立,但是,他从未脱离了自己的同代,他曾不止一次书写同辈:这一代作家,生于战争年代,紧随20世纪60年代的自由思想知识分子,诗人畏避、鄙视60年代的自由知识分子,从阿克谢诺夫,到叶甫图申科和沃兹涅先斯基。实际上,他的同辈,就是20世纪俄罗斯文化的最后一代。不要忘记,这代人通常拒绝60年代自由思想的虚伪,不在乎谁是右派或左派,这代人吸纳了约瑟夫·布罗茨基的列宁格勒小组,诗人的朋友以及几乎所有"寂静抒情派"诗人——从尼古拉·鲁布佐夫到奥丽加·丘霍洪采娃和塔季扬娜·格鲁什科娃,还有神秘主义者尤里·库茨涅佐夫。一批优秀作家捍卫了当代文学! 20世纪末毫不逊色于20世纪初。约瑟夫·布罗茨基谈到同代人时说:"这是最后一代一直视文化为主要价值的人群。对他们而言,基督教文化,比世上任何东西都要珍贵。他们尽力维护这种价值,蔑视眼前世界的价值观。"这一正统论点在布罗茨基的诗歌中多次得到证实。

我不想在俄罗斯诗人约瑟夫·布罗茨基的众多采访中发掘论据佐证我的观点——诗人的俄罗斯心智与生俱来。在诗人众多美国时期的采访中,可以找到支持任何观点的论据。那些了解诗人创作的读者,一定能在诗歌中找到证据,那些相信我的人,也会相信我的观点,那些不愿将约瑟夫·布罗茨基视为俄罗斯诗人者(左派、右派、俄罗斯人、犹太人中都有这样的人),就让他们在诗人身上寻找其他特质,塑造一个纯粹的美国诗人,或犹太诗人形象吧。我更看重自己的观点。如果观点正确,就能取胜。任何言谈,包括批评,都建立在事实的基础上,每个亨里克·施里曼,都能找到自己的特洛伊。

是的,布罗茨基曾上百次自称俄罗斯诗人,他从不羞于以个人名义,以俄罗斯文化和诗歌的名义发声。这一点最令人惊讶,他是一位鲜明的个人主义者,依靠个性生活,突然压抑自己,为了俄罗斯和人民的"大我",放弃了个人的"小我"。我想,约瑟夫·布罗茨基创作中的"我"和"我们",是个将来可以研究的课题。

而且,除了客观的研究之外,像列夫·洛谢夫,或者其他回忆录作者,例如叶甫盖尼·莱茵等,大多数描写布罗茨基的作家,或是完全回避其诗歌、创作和情感的俄罗斯性,或是纯粹表示反对,尽量回避布罗茨基本人在诗歌中的言论,或者尽力寻找诗人对祖国表示愤怒,与政权抗争的例子。

当然,在俄罗斯文化中,他属于西方派,在斯拉夫派与西方派的斗争中,他完全捍卫西方派的利益。不过,他是俄罗斯的西方派,俄罗斯的犹太人。当他不得不面对那些毫不掩饰的恐俄主义,还有对俄罗斯与俄罗斯文化的排斥时,他出于本能,不假思索地支持俄罗斯。与西方派赫尔岑一样,对卡尔·马克思而言,他不过是腐朽的俄罗斯蒙昧主义者。我不知道,布罗茨基对俄罗斯文化的英勇捍卫是否源于他父亲的军官身份,这一点令他备感骄傲;或是源于北方流放时期,他对俄罗斯性质的着迷,在生命尽头,他依然兴奋地回忆那段时光;或是与爱人(俄罗斯艺术家玛琳娜·巴斯马诺娃)的会面与谈话,浸染了俄罗斯性。

所有诗歌的论据,都来源于诗人。诗人从不以模糊的形象遮掩诗歌的抒情主人公,而是一直遵循他崇敬的诗人——康斯坦丁·巴丘什科夫的名言:"像写作一样生活,像生活一样写作。"因此,我同意列夫·洛谢夫的观点:"生活中的布罗茨基与诗歌中的布罗茨基没有明显的界限。"

此外,他的俄罗斯气质,常常即兴表现出来。例如,在诗人粗糙响亮、极具冒险的《乌克兰之独立》中,他说:"不是我们,喀查普人①,应当控诉他们的背叛。"也就是说,诗人感到,他是俄罗斯人。要知道,诗人此时已移居美国多年,甚至有承认自己犹太特性的趋势,"事实上,我的犹太特性,在美国变得更加突出,美国社会对犹太人和非犹太人的区分,更加明显"。在严格的区分下,诗人在自

---

① 旧时乌克兰沙文主义者对俄罗斯人的蔑称。

发的诗行中,自感是俄罗斯人,因为乌克兰脱离俄罗斯而备感煎熬。就像他的《人民颂》,绝不是歌功颂德之作。

在波罗的海沿岸,他是过客,同我们一样,总是认为乌克兰是我们整体的一部分。他喜爱保卫塞瓦斯托波尔的英雄历史。这时,基辅对他而言,也是"俄罗斯城市之母"。因此,即使诗人身处遥远的美国,仍对乌克兰的独立产生了强烈而又痛苦的反应。

从少年时代开始,他就养成了自然真诚的行为方式,这也成为他的个人立场,因此,当今的研究者,不需要将诗人的真诚诗歌与迎合统治者或其他人的诗歌进行区分。

只有一次,在列宁格勒法庭受审的过程中,他勉强自己说:"建设共产主义,这不仅是开机床与种地,还包括知识分子的劳动……"此后,写作《谈谈溢出的牛奶》时,——"为法律建造眼睛,/塑造……"他也在讽刺诗中,自嘲试图向法庭献媚的做法。据我所知,此后,他再也没有为眼睛建立任何法律。因此,可以把握地引用他的诗歌和言论,作为诗人的想法,无论是政治正确,或是政治错误。而且,诗人的性格,本来就不具有政治方面的正确性,诗人永远是一位最高纲领主义者,总是直接说出自己的所有想法。

例如,离开苏联移民美国前,他写信给勃列日涅夫,诸如此类的行为,能给他带来什么好处呢?为什么要写信?这是他内心的诉求吗?现在,诗人的很多崇拜者,想要把这封信视为笑话、讽刺,或行前醉酒的产物。不,先生们,玩笑不会有如此真挚感人的话语:"我属于俄罗斯文化,感到自己属于它的一部分,任何空间的转换,都无法改变这一最终结果。语言是比国家更古老、更无法逃避的现象。说起国家,我认为,作家的爱国方式,不是崇高的宣誓,而是用他周围孩童的语言写作……"

这是一封字斟句酌的信件。这是布罗茨基用自己的全部生命与创作证实的写作观念。遗憾的是,在我看来,只有我在《帝国最后的诗人》和《危险地活下去》中,两次公布了信件的全文。

在我们看来,没有人有意识地发掘布罗茨基与俄罗斯文化仇视者在西方刊物上的激烈辩论。我们的自由者,至今仍在严格审查布罗茨基,尽管布罗茨基没有封禁自己的任何出版物或引言(个人档案除外)。

在俄罗斯,有关布罗茨基的众多出版物竟然只有一次,即《布罗茨基文选》的第七卷增补部分,刊登了布罗茨基对捷克作家米兰·昆德拉反苏言论的回应——《为什么米兰·昆德拉厌恶陀思妥耶夫斯》(1985),竟然遗漏了《致瓦茨拉夫·加列夫总统的信》,这封信,同样是为了驳斥捷克总统在《后苏联噩梦》一文中的反共产主义与反苏言论。不久前,在一份印数不多的杂志上,第一次刊登了俄罗斯与中欧问题的辩论。1988年5月16—17日,这场辩论在卢森堡举行,坦白地说,在这场辩论中,侨居作家布罗茨基,比来自苏联的作家阿纳托里·济姆、列夫·安尼斯基、塔季扬娜·托尔斯托娅等其他在西方著名作家面前为苏联辩解的人,更加勇敢地捍卫俄罗斯。我们可以理解苏联与会者的境地,他们生平第一次参加此类会议,顺从地为祖国的过错,亦或"莫须有"的罪名忏悔。

会议刚结束,我就从朋友阿纳托里·济姆那里听说了这场会议的情况。阿纳托里承认,只有布罗茨基激愤地与攻击苏联、俄罗斯历史与文化的人进行辩论。顺便一提,这也是一个重要的研究题目——我们真正的反共产主义者:弗拉基米尔·马克西莫夫、米哈伊尔·舍米亚金、安德烈·西纳夫斯基、亚历山大·索尔仁尼琴、约瑟夫·布罗茨基,如何在国外捍卫俄罗斯的尊严;而其他的持不同政见者,从大卫·马尔基什,到维克多·托波列夫,是如何抹黑俄罗斯的。著名哲学家马依·卡甘斯基在以色列坦白道:"在苏联时,我想,我厌恶苏联的一切;来到这儿,我明白了,我厌恶俄罗斯的一切……"

布罗茨基捍卫俄罗斯与俄罗斯文化的文章或发言,不是受人指令,而是情感的流露。在西方,他维护俄罗斯的斗争,不逊于亚历山大·索尔仁尼琴。而且,他们之间的争吵也是俄罗斯文学中的典型现象。关于两人的争吵,我们下次讨论。我也赞同列夫·洛谢夫的观点,他在《名人传记》系列中写道:"'西方派'的布罗茨基,不亚于'斯拉夫派'的索尔仁尼琴,他时刻准备挺身而出,捍卫俄罗斯,捍卫俄罗斯民族,反击那些偏颇轻率的指责,诸如天生的侵略性、奴隶心态、民族的施虐、受虐淫,等等。"例如,1993 年 10 月 4 日,发生炮轰议会大厦的悲剧后,布罗茨基辛辣讽刺叶利钦政权:

> 我们等到了。我们在目睹/装甲车和电视塔的调情。

（刘文飞　译）

现在谈谈布罗茨基与捷克作家米兰·昆德拉的辩论。目前,俄罗斯媒体和著名出版社都在大肆宣传和出版昆德拉的作品。但是,1985 年 1 月 6 日,《纽约时报书评》刊登了他的一篇文章,题为《一个变奏的导言》,是他为一部作品所写的序言。一个月后,2 月 17 日,布罗茨基在同一刊物上,发表了题为《关于陀思妥耶夫斯基,为什么说昆德拉错了》的反驳（俄罗斯媒体从未发表过米兰·昆德拉的这篇文章）,而我们的出版商,宁愿出版昆德拉的作品,也不愿刊登这两篇文章。

此外,1984 年 4 月,发表反苏文章一年前,昆德拉在全世界自由者的中心机构,发表了名噪一时的公告《中欧的悲剧》。昆德拉像所有往日的共产主义者一样,像所有 1968 年秋天与瓦茨拉夫·加列夫总统争论的叛徒一样,呼吁与苏联军队和解,拒绝抵抗,呼吁"温和与现实主义",后来,昆德拉又拒绝承认自己原有的观点,开始激烈辱骂曾经与自己志同道合的人。他愤怒地说道:

> 捷克人（不顾精英阶层的警告）,喜欢像孩童一样挥舞着"斯拉夫心灵",认为"斯拉夫心灵"是抵御德国侵略的护身符。俄罗斯人也十分乐意用"斯拉夫心灵"为自己的侵略行为辩解。"俄罗斯人称自己为斯拉夫人,是为了今后能够称所有斯拉夫人为俄罗斯人",就像 1844 年一样……卡列尔·加夫利切克,曾警告同胞盲目崇拜俄罗斯的危险性……约瑟夫·康拉德,波兰裔,因为个人身份和作品被贴上"斯拉夫心灵"的标签而十分愤怒……我完全理解他！我个人也时常被贴上这样的

标签。浓雾深处的神秘偶像,有关"斯拉夫心灵"空洞夸张的论断,没有什么比这更愚蠢了。

斯拉夫作家的背叛,拒绝承认与俄罗斯文化、甚至本民族文化联系的行为,令人震惊。他们决定改名为德国人或美国人,好像已经迫不及待了!事实上,离开斯拉夫心灵,离开俄罗斯性,那个约瑟夫·康拉德①又能如何呢?他出生在乌克兰,成长于离切列波维茨不远的沃洛格达,在那里认识了整个世界,直至生命尽头,还说着带有浓重斯拉夫口音的英语。不管是米兰·昆德拉,还是丹尼尔·基什、亚当·扎戈耶夫斯基,他们都无法离开斯拉夫世界。

他们构想的中欧观念,不在传统的东西方对立模式范围之内,因为从中世纪以来,欧洲惯用的模式是——所有斯拉夫国家,包括波兰和捷克,都属于东方,并且与整个西方史相对立。开始时,这不过是纯粹的反共产主义,后来却迅速发展成为前苏联国家的反俄罗斯的国家观念。米兰·昆德拉的文章至今充斥着对俄罗斯的厌恶,确信俄罗斯永远与欧洲的文明精神格格不入。甚至弗朗兹·约瑟夫的奥匈帝国,他也赞扬道,是抵御可恶的俄罗斯的最后屏障。只要能够反对俄罗斯,他准备向奥地利人、德国人、美国人或穆斯林屈服。他赞扬弗朗季先科·巴拉兹基于 1848 年写给德国人的信,在信中,历史学家辩称,哈布斯堡帝国侵占捷克,因为捷克是抵御俄罗斯的最后屏障,"俄罗斯帝国已经获得了恐怖的力量,逐步壮大,很快,任何欧洲国家都无法抵挡这股力量"。

最好把昆德拉的类似言论,给我们渴望成为欧洲人的自由主义者贴在墙上。记得那时,我在列·潘的别墅做客,我问道:"为什么你们对俄罗斯人如此警惕?与其把千千万万的阿拉伯人和黑人放进巴黎,也不愿让俄罗斯人做体力活?或许在你们眼里,我们不是白人?"列·潘回答道:"你们毕竟是另一种人,另一种文明。"虽然他不是恐俄主义者。米兰·昆德拉甚至惧怕俄罗斯文学,惧怕果

---

① 约瑟夫·康拉德(1857—1924),英国作家,原籍波兰。

戈理、陀思妥耶夫斯基、谢德林。听听吧！各位自由主义者：伊戈尔·佐洛杜斯基和伊戈尔·沃尔津！昆德拉说："果戈理散文塑造的世界令我恐惧。置身其中，我们很快就能明白，这个世界与我们多么格格不入。"昆德拉指责西欧对俄罗斯的妥协，指责他们把整个东欧国家交由俄罗斯奴役。

现在，这些国家都加入了北约，形成欧洲共同体，用自己的声音压榨欧洲的利益，服务于他们的主人——美国。凭什么尊重低三下四的奴隶教育？我记得，一位德国大政治家曾与我坦诚交谈："我们还是会与你们俄罗斯达成协议，你们有自己的目标和存在的意义，但是，请允许我们自己解决波兰人的问题。他们不是一个民族，而是倨傲的奴隶。"几乎所有西方政治家的想法都是如此，只不过为了政治的正确性，隐藏了自己的真实想法。

约瑟夫·布罗茨基，从不隐藏自己的俄罗斯心智，尽管他尊重波兰人和捷克人，但一听到他们对俄罗斯文学的侮辱，便决定将以往的友谊一笔勾销。

米兰·昆德拉在书信《变奏序曲》（完整版由列吉娜与格里高利·邦达连科翻译，我把文章发表在《文学日》）中写道：

> 1968年，俄罗斯侵占了我们的小国家，我的所有作品遭禁，我突然失去了所有正当的生活来源。有个导演朋友想要帮助我。于是，在一个明朗的日子里，导演希望我把陀思妥耶夫斯基的小说《白痴》改编成剧本。重读小说后，我明白，即便饿死，我也不会接受这份工作。陀思妥耶夫斯基创造的那个世界，充满夸张的姿态，阴暗的深刻和咄咄逼人的感伤，令我反感……陀思妥耶夫斯基小说的氛围，使我愤怒：那是一个什么都变成情意的世界，或者，换句话说，情感被拔高到绝对价值和真理的高度……

但是，诗人约瑟夫·布罗茨基和费多尔·陀思妥耶夫斯基一样。显然，出身于俄罗斯的俄罗斯犹太人，与接受西方个人主义和理性主义的欧洲犹太人之间的差别，如同俄罗斯人与波兰人、捷克人之间的差别一样巨大。约瑟夫·布罗茨基将伍迪·艾伦的电影等同自己的经历。他喜欢说："俄罗斯人，当然还有犹太人，倾向一见钟情，既而一往情深……"无论钟爱的对象是玛琳娜·巴斯马诺娃，还是巴拉丁斯基的诗歌，都是如此。布罗茨基的诗歌，应当像陀思妥耶夫斯基的散文一样，令西方的理想主义者感到愤怒。此外，布罗茨基被授予诺贝尔文学奖后，最猛烈的批评声浪正是来自西方，首先来自英国。

1968 年的一天，苏联军官在布拉格街上拦下昆德拉检查证件，毫无恶意地表示，总体上，俄罗斯人喜欢捷克人，此后，误会自然而然消散了……可以说，不是搜查本身，而是搜查者的温情、几近浪漫的示爱，令昆德拉惊异。按照昆德拉所言，犯下侵略罪行的，不是苏联坦克和共产主义政权，而是陀思妥耶夫斯和果戈理，是永恒的感伤主义式的帝国性。

布罗茨基似乎在自己的《致 Z 将军的信》中，指责苏联侵略捷克时，还没有开始反击昆德拉，而在苏联军队进入阿富汗后，写下了激进的《1980 年冬季的战争》，开始反击昆德拉和他的宣言。很快，昆德拉以及加威尔等人，就从指责苏联坦克，转向指责俄罗斯性质。自由主义者，娜塔莉亚·伊万诺夫娜，或者谢尔盖·楚普林，可以不用怀疑，对昆德拉这样的作家而言，不是文明人，而是蛮夷。要知道"满怀深情的人，能够为了神圣的爱情，克服兽行"。一方面，波兰人、捷克人正准备加入美国人在南斯拉夫、阿富汗、伊拉克经过深思熟虑和蓄意谋划的兽行……而俄罗斯源于东正教、源于古犹太人的"将感情升华为价值观"的真实思想，却遭到理性的昆德拉的不解和仇视。"爱上帝，并且怀着这种爱去生活"——基督教的律令，对于他及其同胞来说，比理性主义无神论的律令——"爱法律"更加恐怖。在陀思妥耶夫斯基背后，是东正教的感伤主义与非理性思维，东欧居民完全反对。他们接受的，是德国人的命令，给所有的犹太人缝上黄色星符；或是美国人的"大棒政策"，强者即正义。

"面对俄罗斯无尽的黑夜，"——米兰·昆德拉写道，——"我在布拉格经历了西方文化的暴烈终结……它在现代主义之初就被构想出来。在一个西方小国，我经历了西方世界的终结。这就是伟大的告别。"最后几句浮夸的文字表现出，深爱西方文化，丢失了独特的信仰，丢失了自己的宗教和文化，他为此感到痛苦。

米兰·昆德拉的信件，反苏的激烈言辞，无法惊扰布罗茨基，他比昆德拉措辞更加激烈，但是，布罗茨基绝不允许任何人将他深爱的陀思妥耶夫斯基称为西方世界的杀手。可以想象，如果布罗茨基还活着，他会多么愤恨地攻击阿纳托里·丘拜斯①啊。丘拜斯不仅承认憎恨陀思妥耶夫斯基，而且他没有布罗茨基一般的俄罗斯心智，为了永远毁灭他憎恶的陀思妥耶夫斯基的思想，他准备接受大洋对岸的任何有害惩罚。那么，谁将居住在他创建的"自由帝国"呢？瓦良格人，还是高加索人？或是德米特里·贝科夫的幽默小说《铁路》的主人公？

在流放期间，苏联的犹太人布罗茨基，比起纯粹的俄罗斯知识分子，显得更加感情化和非理性化。那些知识分子喜爱蜗居在激情和自由情感小世界的米兰·昆德拉，这种爱，超过对陀思妥耶夫斯基的爱。布罗茨基甚至有些前后不一：他一直拒绝在诗歌和散文中使用代表俄罗斯集体的"我们"，一直将美学凌驾于伦理学之上，突然被恐俄主义者的攻击所触犯，他开始不止一次地重复俄罗斯的"我们"。在自己的政治诗歌中，他不怕对苏联，首先是当权者表现出政治上的错误。他甚至准备透过轰炸机的瞄准镜观察莫斯科。但是，按照普希金的说法，这是对"自己人"的感情。当其他人将脏手伸向俄罗斯，他的反苏情绪会消失得无影无踪。他甚至会与朋友们一起奔向战场。

1968年，不是陀思妥耶夫斯基与他的崇拜者将坦克开进布拉格，恰恰相反，那些驾驶坦克的人，既没有读过陀思妥耶夫斯基的作品，也没有读过果戈理的作品。

---

① 阿纳托里·丘拜斯，俄罗斯政坛人物。

布罗茨基在与亚当·米赫尼克的谈话中重申："俄罗斯发生的一切，不是俄罗斯自己的罪过。"米赫尼克认为，布罗茨基反驳米兰·昆德拉的核心在于：俄罗斯是欧洲的一部分，一个片段，因此，俄罗斯发生的一切，是欧洲共同的问题。布罗茨基补充道：俄罗斯是"基督教世界的一部分"。你知道，切斯拉夫·米沃什如何评价这场辩论吗？他笑着说："捷克人在这些问题上可是新手。"

简单来说，布罗茨基在对米兰·昆德拉的回应中，对俄罗斯人民、俄罗斯文学与时常在某些地区处于上风的政治信条，做出明确划分。如同对待忘记所有答案的留级生一样，布罗茨基向"胡闹"的米兰·昆德拉解释，他不过沦为地缘政治划分的牺牲品，那是理性的西方创造出的（东、西）世界两分的思想，西方无论如何，也不愿让庞大的俄罗斯进入欧洲，而对"波兰人、捷克人和其他罗马尼亚人"一视同仁。现在，欧盟不断严格的移民和吸纳政策，显示旧欧洲与"波兰卫生员"和"罗马尼亚水道工"群体的斗争。这些古老的欧洲城市，已经不再与俄罗斯抗争了，而是与布拉格-华沙蛮族的进攻进行斗争。

布罗茨基轻蔑地指出，米兰·昆德拉与陀思妥耶夫斯基相比，他具有的地位如下："如果文学具有社会功能，文学应当显示人类的心灵极限。按照这一标准，在陀思妥耶夫斯基的小说中，形而上学式的人物（还有布罗茨基或尤里·库兹涅佐夫诗歌的主人公），比昆德拉作品中受辱的理性主义者，具有更大的价值，不论昆德拉的人物多么现代和流行。"米兰·昆德拉背叛了俄罗斯与陀思妥耶夫斯基，人们没有料到，他也背叛了捷克，在西方角落，歌颂毫无个性与民族性的叛徒集团，失去了宗教、文化以及所有的精神基础。阅读米兰·昆德拉的作品，你就会明白，欧洲如何轻易屈服于伊斯兰原教旨主义者。如同他深爱的《生命不能承受之轻》的女主人公萨宾娜，他造就了顺从主义的生活方式。

阅读布罗茨基，你就会明白，俄罗斯非理性主义者还有救赎的机会。如同所有俄罗斯诗人一样，他至死都是理想主义者，尽管他也嘲笑自己的理想主义。我曾看见，犹太人布罗茨基在生活中，在犹太群体欢快的陪伴下，以纯粹的犹太人的方式，嘲笑俄罗斯诗人布罗茨基。作为俄罗斯诗人，他"习惯将自己的存在，看作上天赋予的经验，这意味着，俄罗斯文化的主要任务，就是证明自己的存在。最好是形而上学，非理性主义层面的证明。这意味着，在你的一切经历中，都能看到上帝之手"。你被监禁，被流放，被爱人抛弃，所有这一切，在布罗茨基看来，都是命运的工具。他的诗歌，也是命运的工具："当我写诗时，我只有一个想法——改变读者的意识和思维深度……我想，哪怕成功一点也好。"这是纯粹的文学中心主义和理想主义式的俄罗斯世界模式。不要忘记，当你在俄罗斯地铁听到俄罗斯诗人的诗歌时，这就是布罗茨基和其他诗人理想的实现。一开始，他曾坚持在美国地铁的所有车厢，贴上著名民族诗人的短诗。我们的地铁管理者，照例借鉴了美国人的经验，但是，毫无疑问，这是纯粹的俄罗斯的想法。布罗茨基把自己的诗歌称为"打油诗"，嘲笑对诗歌思想的探寻，嘲笑自己的外省性质以及"无耻的理想主义宣言"，不过，每个玩笑背后，都有一部分真理。

按照常理，为了理解约瑟夫·布罗茨基的本质，不需要研究他获得诺贝尔文学奖以后在美国接受的采访，那时，如同在法庭上与萨拉维耶娃的谈话，他被迫按照政治正确性，将自己的想法表现为某种人类共同的箴言。老实说，我不喜欢这样的布罗茨基。这根本就不是布罗茨基，就像他承认用脑力劳动建设社会主义，那也不是真正的布罗茨基。我十分重视他与沃尔科夫、米赫尼克以及莱茵等人的坦诚对话，诗人与他们自由交谈，就像在自己的诗歌中一样。有一次，他向朋友亚当·米赫尼克表明自己的本质："我想先告诉你，你在和谁打交道，防止你生出幻想。我由三部分组成：古希腊罗马文化、荒诞派文学以及林间村夫。你要知道，我不是知识分子。"谈到古罗马文学以及中国古代文学——不要忘了他令人惊叹的组诗《明朝书信》，他把个人的命运与中国古代诗歌的主题神奇地交织在一起；荒诞派文学，则来自他深爱的英国；第三部分是俄罗斯农夫的乡土特点（或是罗斯和以色列都不存在的犹太村夫）。他有时把这些部分混合起来，有时突然在古希腊罗马文化与农夫的方言之间进行转换：

> 夜。牢房。监视孔/屌一样直对着我的眼睛。/看守慢慢地呷着茶。/我觉得自己是只箱子……
>
> 沼泽在吮吸山坡。/背衬着天空的哨兵，/与福波斯[①]非常相像。/你往哪里去，阿波罗！（刘文飞　译）

在监狱走廊和共同的诗歌空间，林间村夫布罗茨基，不顾一切，努力与古希腊的福柏和阿波罗相遇，他们的共性完全是与生俱来的。这里没有越轨和挑衅的色彩，但是，也没有任何知识分子性质。布罗茨基珍视俄罗斯贵族文化和民间文化，珍视讲究原则、诚实可靠的人，例如，维萨里昂·别林斯基，从列斯科夫到巴拉丁斯基的独立的俄罗斯作家，但是，他极度蔑视知识分子，无论是自由派、激进派、学院派，还是哲学派。他深刻理解了俄罗斯文化，在荒凉的阿尔汉格尔斯克，感到自己与它们融为一体，在那些极其讲究的唯美主义者当中，他有权以俄罗斯人的名义发声："我们根本无法与文明世界对接。这就像你架子上的东西与窗外发生的事件之间的区别。俄罗斯人有种异常强烈的感觉，即事物之间毫无共同之处……在俄罗斯，这种印象更加强烈，因为你会明白，你无法改变任何事情，任何事情都不会改变。"

总结布罗茨基对俄罗斯及俄罗斯文学遭受攻击的态度时，我再次想起，1988 年，在马里·萨阿列什博士与葡萄牙总统的支持下，在里斯本举办了第二届文学大会。柏林墙倒塌一年前，会上提出拆除俄罗斯文学和其他欧洲文学之间的隔墙。但是，方式十分奇怪——强迫所有俄罗斯作家为所有的罪行忏悔。甚至塔季扬娜·托尔斯塔娅也被当做帝国主义侵略者，驾驶坦克进入布达佩斯和布拉格。苏联政权日渐式微，因此，主要的炮火都集中在攻击俄罗

---

① 　阿波罗的别称。

斯、俄罗斯文学以及坚定不移的俄罗斯心智上。

一开始，俄罗斯作家像孩子一样，决定到圣诞树旁向大家鞠躬致意，与移民作家和东欧国家的"兄弟们"联合起来。他们骄傲地谈论着20世纪的独特体验，在他们看来，俄罗斯文学完全值得尊敬。突然，匈牙利人康德拉、波兰人亚当·扎戈耶夫斯基和杨·谢潘尼斯基，还有南斯拉夫人丹尼尔·基什，竟然不再支持他们，反而强烈谴责他们身上的帝国性。参会的，还有一个印度人萨尔曼·卢什基，他以欧洲的名义，指责塔季扬娜·托尔斯塔娅以及其他人的殖民主义论调和缺乏道德的帝国主义立场。

可以想象，从最具民主思想的作家中选拔出来的苏联代表团成员有多么惊讶！从他们的口中，立刻涌出忏悔、道歉、抵制帝国的言辞。只有约瑟夫·布罗茨基，怀疑地看着这一系列闹剧，闹剧的制造者，正是过去的盟友，他们准备与俄罗斯彻底决裂。布罗茨基激烈地宣称："这决不是帝国主义政策。我会说，这是以现实主义眼光看待现有问题的唯一方法。中欧观念没有任何用处。我们——作家，绝不能被政治体系定义……定义我们的，是用来写作的语言，也就是说，我们是俄罗斯作家……"布罗茨基坚信，绝不能将俄罗斯、俄罗斯文化与欧洲分离。从文学角度看，"中欧"的概念荒谬无用："存在波兰文学、捷克文学、斯洛伐克文学……从文学角度，根本无法阐述这一概念。"

作为回应，塞尔维亚作家丹尼尔·基什承认，现在出现的中欧观念，不是反苏概念，而是反俄概念："这是反对俄罗斯的理念，因为我们试图在两种文化的影响之下，寻找自己的位置。"此后，他承认，受俄罗斯或美国影响，他们始终无法在文化上找到自己的位置……可惜，基什，愉快的游荡者和优秀的作家，已经去世了，否则，我会时常与他回忆，我们曾在萨格勒布①写作俱乐部的会议上长谈，我们喝着上好的伏特加，酒还有很多，通常，我们在他的房间一起探讨俄罗斯文学的地位和作用。现在，我的书架上还有他的

① 克罗地亚首都。

作品,他在书中承认,喜爱俄罗斯。难道是我们,俄罗斯人,阻碍了塞尔维亚文学?

我想,北大西洋公约组织的炸弹,帮助塞尔维亚人确定了他们在世界文化中的地位。

但是,问问拒绝承认布罗茨基具有俄罗斯性质的反对者:为什么一个美国获奖者,犹太人,要挤进这场对苏联作家的蓄意"屠杀"并且捍卫他们呢?要知道,谢尔盖·多夫拉托夫和济诺维·济尼克,迅速退却。俄罗斯之刺——形而上学的,或是现实主义的《致玛琳娜·巴斯马诺娃》——永远扎在他的生命里,并要求他与所谓的"俄罗斯帝国主义的牺牲品"作战。"我们——俄罗斯作家……""定义我们的,是用来写作的语言"。是什么让一个完全的个人主义者,转而选择团契立场?是怎样的天意和使命?或许一切都源于那个切列波韦茨的俄罗斯妇女,抱着他去东正教堂受洗的时刻?从阿尔汉格尔斯克森林中的俄罗斯勇士站在他的身后开始?还是源于那个在乡村不只是偶像的上帝?

我想,在这场"骇人的审判"中,捍卫俄罗斯文学的,永远是布罗茨基。

为完美帝国的反叛

　　除了布罗茨基的爱情组诗以外,我还特别关注他的帝国主题诗歌,包括描写古希腊罗马的诗歌,描写美国的《科德角摇篮曲》和《新儒勒·凡尔纳》,还有描写俄罗斯的《致朱可夫之死》《致暴君》《人民颂》与《乌克兰之独立》。这些诗歌的写作时间,在 1964—1989 年间,也就是说,帝国性贯穿诗人的创作。

　　约瑟夫·布罗茨基极其坦诚地写道:"诗人和暴君,有很多共同之处。首先,两者都希望成为统治者:暴君——统治人们的身体,诗人——统治人们的精神。诗人与暴君相互联系。尤其是,以他们为代表的文化中心思想,把他们结合起来。这种思想源于古罗马……"他欣赏古罗马与俄罗斯的帝王和暴君。他非常喜爱彼得大帝,经常在诗歌和文章中回忆他,当然,也没有忘记伊凡雷帝。"记得伊凡雷帝与库尔布斯基的通信吗?为专制主义辩护的伊凡,要比库尔布斯基有趣得多,尤其是伊凡说,'俄罗斯要吞并以色列'"。顺便一提,布罗茨基对斯大林也不是冷漠无情,更没有像自由主义者一样幼稚地反对他。在与沃尔科夫的对话中,他认为:"完全可以十分平静地把斯大林当作父亲,对吧?如果你的父亲一无是处,那么,他也可能成为一位好父亲,对吗?我认为,关于斯大林,写得最好的,是曼德尔施塔姆 1937 年的《颂歌》……这可能是曼德尔施塔姆曾经写过的最宏伟的诗篇。不仅如此,这首诗,可能是 20 世纪整个俄罗斯文学最引人注目的事件之一……要知道,他抓住了俄罗斯文学永恒的杰出主题——'诗人与沙皇'。最后,在这首诗里,这个主题在一定程度上被确定下来。因为这首诗指出了沙皇与诗人的相似之处……"他从帝国角度解释了为什么斯大林对阿赫玛托娃与外国人的会面感到愤怒："理应如此。要知道，1945 年的俄罗斯是什么？是典型的帝国。甚至诗人与沙皇的主题，也具有典型的帝国特色。"

　　与托洛茨基相比，他会选择斯大林，俄罗斯已经很幸运了：在托洛茨基时期，俄罗斯的情况更加糟糕……他重视诗歌与帝国的等级制度。布罗茨基赞扬罗马，赞扬俄罗斯的伟大统帅——苏沃洛夫和朱可夫。此外，第二批移民当中的弗拉索夫士兵，根本就不接受诗人献给朱可夫的诗歌。布罗茨基也在与沃尔科夫的谈话中说道："此外，在这种情况下，我甚至很喜欢'国家'诗歌的定义。总体而言，我认为，这首诗当时应当刊登在《真理报》上。顺便一提，我还因此吃了不少苦头……对于不久前的侨民来说，对于 DP ①来说，朱可夫与那些最令人不快的事情联系在一起。他们要逃离他。他们对朱可夫没有任何好感。还有，那些波罗的海沿岸的人，也受够了朱可夫……但要知道，我们当中很多人，确实应该感谢朱可夫的救命之恩。朱可夫是俄罗斯人当中的最后一个莫希干人②……"

　　　　前方的战士倒在无数墙根前，/虽然他的剑没有敌人的锋利，/伏尔加河平原上调兵遣将的轰鸣声/令人想起汉尼拔。/他悄无声息、备感羞辱地结束了生命，/就像贝里萨里奥斯或庞培。

　　　　……

　　　　元帅！贪婪的忘川将把你吞噬/连同你的话语和靴子。/但仍请接受吧——微不足道的冥币/献给祖国的拯

---

① 英语 displaced people 的缩写形式，指那些因为战争、饥荒、政治等原因，被迫流亡异国的人士。
② "最后一个莫希干人"，原为美国作家库珀的小说名，后用来比喻某衰亡种族最后的残余。

救者,我大声地说。

他的帝国性,还体现在他着迷于海军历史。这的确也是受家庭传统的影响,他的父亲曾是海军军官。从童年起,他就热衷于海军制服和各种海军勋章。"并不是因为海军的种种胜利,而是出于点燃一切行动的高尚精神。你会说——古怪,但是奇巧;然而,彼得大帝,俄罗斯帝王当中唯一的梦想家,他的智慧成为我心目中文学与建筑的混合……渗透着开放而非征服的精神,追求英雄行为、自我牺牲,而不是只想不惜一切代价生存下来,这支舰队,是在世界海洋建立抽象完美秩序的梦想,它只有在俄罗斯的土地上才能实现。"如果没有看见作者的签名——约瑟夫·布罗茨基,我可能会以为,这篇文章出自卡列姆·拉什之手。"直到今天,我仍然认为,国家要取得胜利,不应当使用帝国双头'鸟'[①]或半共济会式的镰刀与锤子作为国家的象征,而应当使用斯拉夫的圣安德烈旗帜:纯白旗面加上斜蓝色十字。"

约瑟夫·布罗茨基的帝国性,是一个广泛深刻的问题,这个问题亟需进行新的研究。在献给乌克兰的诗歌中,诗人的帝国思想产生的号召,不亚于普希金书写的关于波兰的诗歌。这首诗只刊登在《文学日》和《列蒙卡》上……

西方所有的布罗茨基研究者,都对这个主题三缄其口,更别提我们的自由主义者了。在帝国主题的诗歌中,诗人同青年时期一样,坚毅果敢,精力充沛,与其同意他的看法,不如与他争论,这样更加有趣,例如就《五周年纪念日》或《1980年冬季的战争》与他争论。帝国是布罗茨基非常喜爱的主题。他的朋友切斯拉夫·米沃什诚实地写道:

"帝国"——是布罗茨基用词果敢的体现。征服罗马,并不意味着"解放",或"反对殖民主义"。它们不过是创作的力

---

① 俄罗斯帝国的国旗上面绘有双头鹰,此处作者用"双头鸟"有略带嘲讽的意味。

量……他们的国家是帝国，这可能是俄罗斯人骄傲的来源，而美国人有一种自我鞭挞的怪癖，因此，帝国成为一切羞耻的来源，这是不容争辩的事实。对布罗茨基而言，帝国意味着宽广的大陆，意味着他喜爱的雄伟宏大。

此外，我认为，在诗人所有的西方朋友当中，只有斯拉夫人切斯拉夫·米沃什最为准确深刻地认识了布罗茨基的诗歌、性格以及渗透着斯拉夫精神的心灵。他向西方读者浅显易懂地解释了布罗茨基的创作思想：

　　阅读他的诗歌令我着迷，诗歌是他事业的延伸——他尝试在反抗旧世界当中使人类更加强大。与现存的主导思想相反，他相信，诗人首先应当探索人类的终极问题，并且遵循一些行为准则。诗人应当敬畏上帝，热爱祖国和人民，听从良心的声音，拒绝与邪恶势力结盟，不割裂传统。

多么美好的信仰！

约瑟夫·布罗茨基将对帝国的渴望与对自由的追求结合起来——这已然是诗人的特权。例如，他说："如果降生于帝国，/最好生活在海边荒凉的外省……帝国因为边疆而美妙，边疆的美好来源于，那儿是帝国的终结，却是其他世界的开始……在俄罗斯，类似的情况可能发生，不应当排除这种情况……"

因此，在破败的俄罗斯帝国的边疆，可能诞生新的天才……事实上，布罗茨基本人，就出生在战后彼得堡荒凉的海边。[1]

此外，不要忘记，在海的南边，在克拉斯诺雅尔斯克边疆区，诞生了尤里·库茨涅佐夫；尼古拉·鲁布佐夫与弗拉基米尔·利楚

---

[1]　波罗的海沼泽锌灰的碎浪旁/我出生，成长，在那成双前行的碎浪旁。/从此我有了一切韵律，有了倦怠的声音，/如果有微小的震动，则是湿发般/波动在细碎的浪花间。（王希苏译）——布罗茨基著，王希苏、常晖译，《从彼得堡到斯德哥尔摩》，桂林：漓江出版社，1990，第295页。

津出生在阿尔汉格尔斯克区,离白海不远;还有亚历山大·普拉汉诺夫,也出生在帝国的格鲁吉亚南疆,他与弗拉基米尔·马雅可夫斯基是同乡。这就是"帝国边疆的诗人"。我们需要独立思考诗人有关帝国主题的创作。在布罗茨基心中,甚至爱情也是一种"帝国情感",尤其是当爱情将他全部吞噬以后。

为了上帝的反叛

诗人以基督教和基督教文化为主题的创作成果颇丰,尽管他在美国时期的许多采访中,尤其是获得诺贝尔奖后,不止一次试图否认或抹煞其存在……是的,他曾讽刺、反对和攻击基督教,一切还是交由上帝评判吧。无论是谢尔盖·叶赛宁,弗拉基米尔·马雅可夫斯基,还是亚历山大·勃洛克,都曾有过类似的攻击。我们不评判这类攻击。

我们看到,诗人在美国后期的采访中,出于政治和民族原因,拒绝基督教,但在创作中,他却有不少基督教主题的诗歌杰作和东正教主题的诗歌,从《献给约翰·邓恩的大哀歌》,到圣诞组诗,以及著名的献给安娜·阿赫玛托娃的《圣烛节》。即使他只创作一首《圣烛节》,这首诗也能让他作为基督教诗人和东正教诗人与世长存。人们在东正教堂进行布罗茨基安魂祈祷仪式时,朗诵的正是这首诗,这自然绝非偶然:

> 他向前去死,他将殿门打开,/他面对的不是大街的鼎沸。/而是死亡王国既聋又哑的土地。/他轩昂地穿过已非固态的空间。/时间的喧闹在他耳中消退,/西蒙的灵魂捧着圣婴的形体——/毛茸茸的头罩着一圈祥光——/像高举火炬,逼退黑色的阴影,/照亮通向死亡王国的通道,/在此刻此前,从未有人/设法为自己照亮这条通道。/老人的火炬光芒四射,通道变得宽广。(王

希苏 译）[1]

在他的诗歌中,有多少基督教概念和形象！不少于一千个。可以肯定,基督教形象渗透了他的所有诗歌。"我是基督徒,毕竟我不是蛮夷。我喜欢不少基督教的东西。事实上,我喜欢的东西很多……"

我想,约瑟夫·布罗茨基是不是基督徒这个问题,还需要大量解释:他脖子上戴着十字架的照片很多。对是否受洗的问题,他讽刺而又巧妙地避而不答,但也从未否认。还有他的妻子,忠实的天主教徒,安葬了手握十字架的布罗茨基。无论如何,他都属于基督教文化。报纸上的讽刺和随声附和,只不过是为了迷惑世界:无论如何,他都不想牺牲自己相对平静而满足的隐修生活。

艺术作品妨碍你们坚守某种宗教体系的教义,因为创作具有强大的离心力,会使你们超出边界,超出宗教的半径。举个很简单的例子:《神曲》比教堂神父的说教更有趣。但丁有意识地让自己处于宗教教义的控制之下。但是,原则上,写诗时,你们常常感到,可以超越宗教教义的边界。布罗茨基曾经偶然在诗歌中超出边界,但是,他从未将基督教教义的锁链,从自己身上取下。"除了对魔鬼和上帝的恐惧/,还存在某种高于人类的东西……"

比较诗学还有一个有趣的主题:在约瑟夫·布罗茨基与尤里·库茨涅佐夫诗歌中,基督教教义的约束与对教义的超越。

我希望能够另外讨论布罗茨基的圣诞抒情诗。这个主题非常有趣。生存压力产生的失言和逃避,在死后都会消失,留存的只有上天传来的诚挚话语:

---

① 布罗茨基著,王希苏、常晖译,《从彼得堡到斯德哥尔摩》,桂林:漓江出版社,1990,第295页。

圣母对基督说:/"你是我儿子还是上帝? /你被钉在十字架上。/我怎能回到家里? /当我还没有弄清/你是我儿子还是上帝/你是死了还是活着,/我怎能跨进屋子?"

基督答复说:/"妇人啊,这其实没有关系,/无论是死了还是活着,/儿子还是上帝,反正都是属于你。"(吴迪译)

在约瑟夫·布罗茨基诗歌中,另一个洞彻、摆脱物质束缚和腐朽死亡的主题,是给朋友的献词,对师长的回忆以及与创作者的谈话。如《立陶宛套曲:致托马斯·维恩茨洛夫》,流放期间的《诗悼托·斯·艾略特》,早期诗歌《纪念巴拉丁斯基》和《罗伯特·弗罗斯特之死》,还有献给叶甫盖尼·莱茵的诗歌,流放时期的《阿赫玛托娃百年祭》,以及晚期献给爱尔兰诗人谢默斯·希尼的诗歌:

我在都柏林海鸥的鸣叫声中醒来。/晨曦中它们的声音,/仿佛被戕害的心灵一般,/从未体验过忧伤。

当诗人书写朋友和亲人时,他神奇地不再玩弄天赋,摆脱了"心灵的极圈气候"、华丽讽刺的诗歌炫技、无用的挖苦和精英式的厌恶。即使诗人最严苛的反对者,能在诗歌《阿赫玛托娃百年祭》中找到这些缺点吗?

书页和烈焰,麦粒和磨盘,/锐利的斧和斩断的发——上帝/留存一切;更留存他视为其声的/宽恕的言词和爱的话语。

那词语中,脉搏在撕扯骨骼在爆裂,/还有铁锹的敲击;低沉而均匀,/生命仅一次,所以死者的话语更清晰,/胜过普盖的厚絮下这片含混的声音。

伟大的灵魂啊,你找到了那词语,/一个跨越海洋的鞠躬,向你,/也向那熟睡在故土的易腐的部分,/是你让聋哑

的宇宙有了听说的能力。（刘文飞　译）

当诗人向读者倾诉自己的心声和感触、对世界的理解、自己的绝望与死亡时，他的诗歌，也透出同样的真挚。《蝴蝶》一诗，如同他个人的回应。我认为，英勇却多病，极其坦诚，却又秘而不宣的《秋季的鹰鸣》，就是诗人的自画像：

孤独的鹰，随气流展开双翅，/满目尽是，绵延的/群山，与银色的河流。/缭绕着，似栩栩如生的刀刃，/似浅滩缺痕处的齿印。

……

但升起的气流引它向上，/越来越高。腹下的羽毛/被寒冷刺痛。向下望去，/它看见，地平线黯然失色，/他仿佛看见第三十一个州，他看见：/烟囱里升起轻烟。孤烟直上，/就像孤独的鸟儿，/向上飞翔。

……

见鬼。越来越高。飞入电离层。/飞入鸟类宇宙客观的地狱，没有氧气。/取代黍粒的是一粒粒遥远的恒星。/两只脚生物眼中的高处，/对鸟类恰恰相反。/不用小脑，只在肺泡里/它就猜到：已无可救药。/于是它鸣叫着……

他竟有如此的预见。鸣叫对冻僵的雄鹰，毫无用处。只有一小撮羽毛和灵敏的冰絮，飘到了山坡上。这是诗人自己的祭文吗？还是在人生顶峰对死亡的思考？第三次心肌梗塞，在诗人未满五十六岁时，夺走了他的生命……或许，美国找到了自己的诺贝尔文学奖获奖诗人约瑟夫·布罗茨基，但我相信，诗人从未找到自己的美国：

登轮有位无名之辈，/雨衣下藏着瓶格拉帕聊作安慰，/他走进黑暗的舱房，/失去了记忆，家乡和儿子，只有

森林/在远方为他昔日的欢乐悲鸣,/为他的痛苦黯然
神伤。①

　　学识、天分与文化,使布罗茨基脱离空谈和冗长,他的许多杰
作都进入了俄罗斯文学,例如:《圣烛节》《人民颂》《预言》《乡村里
的上帝不只是偶像》《燃烧》《致朱可夫之死》《奥德修斯致忒勒玛科
斯》《安娜·阿赫玛托娃百年祭》,当然,还有《秋季的鹰鸣》。如果
将布罗茨基最优秀的诗歌——爱情诗歌、帝国诗歌、基督教诗歌、
北方诗歌、悼念组诗,以及怀有个人深刻情感的诗歌,编成"精选
集",那么,我想,所有恶毒的反对者,都将无话可说。

---

① 布罗茨基著,王希苏、常晖译,《从彼得堡到斯德哥尔摩》,桂林:漓江出版社,
　　1990,第 265 页。

绵延的北境

在名人传记系列的第一本布罗茨基传记中,他的朋友列夫·洛谢夫,一位优秀的哲学家,总结道:"不到两年的流放,把布罗茨基完全变成了另一种诗人。这种转变并非一蹴而就,但也十分迅速……在诺连斯卡亚,布罗茨基的诗歌体裁开始急剧扩展,这一说法所依据的,或许只是表面现象。诗歌个性的结构发生了急剧变化,因此,这个新的'我',需要一些新的自我表现形式……"

如果我们认同上述观点,那么,任何布罗茨基的研究者,都应当背起行囊,前往诺兰斯卡亚。我就是这么做的。我住在泰西娅·伊万诺夫娜·佩斯捷列娃的农舍,1964 年 4 月,在流放初期,布罗茨基暂住于此。"1964 年 4 月,集体农庄的领导卢萨科夫,把约瑟夫·亚历山大洛维奇带到我这来。"——佩斯捷列娃说道。但是,她看来喜欢添油加醋:"这就是你的房客。不要欺负他,毕竟他是从城里来的,是个写诗的。很可能,他会给你写一本小书。"多亏布罗茨基的流放,诺连斯卡亚在俄罗斯逐渐为人熟知,但是,大概一开始,当地没有人认为他是个诗人。他不仅是社会寄生虫,而且还是个差劲的工人。泰西娅·伊万诺夫娜后来回忆道:"生产队长派他筑围墙,帮他磨好了斧子。但是,他不会用,累得气喘吁吁,满手都磨出了水泡。于是,队长拉扎列夫·鲍里斯·伊格纳季耶夫指派约瑟夫去做轻松的工作。布罗茨基在谷场与老太太们一起扬麦子,赶牛犊,牛群一钻进马林果堆,不吃饱就不出来。牛犊四散跑开,他就追着跑。我冲他喊:'不要跑,马林果都掉了,我现在敲敲铁块,牛犊就会回来了!'"……显然,她的住客不是乡下人,但是，彬彬有礼，和蔼可亲。

布罗茨基回忆的佩斯捷列娃家的场景，完全是另一种模样："那是午饭时间，我登上诺连斯卡亚一所老旧农舍的陡峭台阶。漆黑的屋顶下，好不容易摸到矮小的房门，我敲了敲门。没人应答。决定直接进去。在里屋，女主人坐在桌旁喝茶，桌上摆着冒着蒸汽的茶炊和简陋的乡下食物。她本来背对不速之客坐着，现在转过身，忙乱起来，招呼我吃午饭……"

我坚信，当地的居民从来没有受到媒体的关注，因此十分乐意为我们提供想要的说辞。此后也很乐意改变他们的说法。他们这样做，不是出于恶意或自私，只不过是单纯想要迎合外来的记者。出于礼貌，他们对任何说法都表示同意。所以，不要相信科诺沙人的讲述：只能相信事实、书信、文件、集体农庄的命令、付款收据，还有合理的逻辑。例如，从 1965 年 6 月起，约瑟夫·布罗茨基开始在科诺沙的综合服务部担任外勤摄影师。支付清单可以证明。但是，他无法每天在诺连斯卡亚与科诺沙之间往返。当时，那里几乎没有汽车，只有邮政货车，两地相隔大概 30 千米，约瑟夫大概也无法经常步行，毕竟距离不短。也就是说，布罗茨基可能在科诺沙过夜——但是，按照流放的规定，诗人无权在外过夜，因此，他必须秘密行事。他在科诺沙的朋友弗拉基米尔·切尔诺莫尔津科，还有综合服务部的员工，都反对他在外过夜。现在，他们都已离世了。但是，任何去过流放地的人都坚信，布罗茨基经常在科诺沙过夜。1960 年间，科诺沙检察院的调查人员列昂尼德·阿列克谢维奇·杰尔宾认为，"我想，警察知道，为了不用每天都去诺连斯卡亚，布罗茨基在某个科诺沙人家里过夜。但是，布罗茨基在科诺沙没有房子……"

布罗茨基流放期间，诺连斯卡亚邮局局长玛丽娅·伊万诺娃·日丹诺娃推测，"布罗茨基需要在科诺沙过夜的时候，他就住在村民利季娅·舒米希娜的侄女家里——康斯坦丁·鲍里索维奇·佩斯捷列夫早先和她说好了。"他也经常在弗拉基米尔·切尔诺莫尔津科家过夜，弗拉基米尔是一位命途多舛的敖德萨人，集中营役期结束后，一直住在科诺沙。

布罗茨基最早在诺连斯卡亚居住的农舍，是女主人泰西娅·伊万诺夫娜·佩斯捷列娃的祖父建造的。诗人居住的狭小房间（四五步大小），摆着一张长椅，诗人就在长椅上睡觉，还有一张桌子。地板是用粗糙的枞树原木做的，裂缝很大，很容易卡住。窗外是村里的街道，农舍对面和背后是草地。一切都保持原先的模样。布罗茨基的房间非常小，火炉也坏了，因此，没有整修前，约瑟夫就搬到街的另一边，去了康斯坦丁·鲍里索维奇·佩斯捷列夫家，准确地说，那是添盖的农舍——有火炉的单间屋子。

当地居民回忆说，他只在泰西娅·伊万诺夫娜那里住了三四天，还有人说，住了两三个星期，不管怎样，他在那里住得都不算久。布罗茨基找到更舒适的住处后，也经常去泰西娅·伊万诺夫娜家里做客，临走前，还送给她一个金色的十字架。泰西娅·伊万诺夫娜临死前嘱咐："等我死后，把约瑟夫送我的十字架放在我身上。"关于十字架的来历，当地人有三种说法。一些人认为，玛琳娜·巴斯马诺娃从彼得堡来探望诗人时，带来十字架，送给泰西娅·伊万诺夫娜。另一些人说，诗人在流放结束时，把十字架送给了她。还有一些人坚信，布罗茨基回到列宁格勒后，才把十字架寄给她。以上三种说法都有可能。

布罗茨基在距离不远的康斯坦丁·鲍里索维奇·佩斯捷列夫家里找到了单间屋子，在那里度过了流放时光。改革时期以及改革以后，大批记者涌入诺连斯卡亚，挖掘诺贝尔奖获得者布罗茨基的新闻。但是，康斯坦丁·鲍里斯维奇，还有他的妻子阿法纳西娅·米哈伊洛夫娜，都在 1980 年去世了，房子也倒塌了。当地政府不想在废墟上安置纪念牌，于是不顾事实，将纪念牌安放在泰西娅·伊万诺夫娜的房子上，仅仅是因为这幢房子现在的样貌还算差强人意。

诺连斯卡亚农村消费合作社的售货员，卓娅·波利亚科娃（邮局局长伊万诺娃·日丹诺娃的妹妹），毫不回避"不劳而获者"，她曾与布罗茨基在商店交谈。对记者的虚构，她坦率地表示不满：

"这些年来,我一直在报纸上读到,现在是在电视上听到,布罗茨基住在诺连斯卡亚的泰西娅·佩斯捷列娃家里。他的确在那里住过,他当时被分配到那儿,只不过住了几天,就搬去阿法纳西娅·米哈伊洛夫娜家了。后来,他一直住在阿法纳西娅家。我们只听见人们说:泰西娅啊,泰西娅。那些来诺连斯卡亚的人,都直接去泰西娅家拍照。如果想要了解诗人的生活情况,他们也直接去找泰西娅。"

—— 他们为什么不去找阿法纳西娅呢?

—— 她 1980 年就去世了。

—— 其他的见证者也一直沉默吗?

—— 他们无所谓啊……泰西娅还活着,而阿法纳西娅已经去世了。但是,布罗茨基的确住在阿法纳西娅家……

诗人在阿法纳西娅和康斯坦丁·佩斯捷列夫的家中住得非常舒适,几乎整整十八个月的流放,一直住在这里,现在,农舍几近毁坏,亟待修复。然而,阿尔汉格尔斯克州政府还是买下农舍,希望将其整修成博物馆。"我们没有权利让时间和大自然将这个地方,从阿尔汉格尔斯克,甚至整个俄罗斯的地图上抹去。现在,布罗茨基住过的农舍岌岌可危,马上就要坍塌了。但是,我们买下了这栋房子,收归公用。我们要把农舍修复成真正的博物馆。"阿尔汉格尔斯克的州长伊戈尔·阿尔洛夫说。

我曾进过那栋屋子,尽管屋顶的原木已经摇摇欲坠,墙壁可能随时倒塌,但是,我亲眼看到约瑟夫·布罗茨基流放期间的生活条件。那是一间冬屋,屋内生着炉火,屋子有个独立的入口,也就是说,他拥有一个完整的小屋。而主人,甚至冬天也住在宽敞的夏屋。在佩斯捷列夫家已经坍塌的房屋旁,住着马利采夫一家,现在那里是为旅客开设的宾馆。甚至还有一间不大的澡堂,我和妻子在那里舒服地"洗了一会儿蒸汽浴"。主人列娜和托利亚热情好客。

1976 年,已经移民美国的布罗茨基,依然在献给玛丽娅·巴斯马诺娃的诗中想起他们在佩斯捷列夫家一起度过的幸福时光:

　　　　在林莽丛生的省份,在沼泽地的中央,/有座被你遗忘了的荒寂的村庄,/那儿的菜园终年荒芜,从来用不着稻草人,/连道路也只有沟壑和泥泞的小径。

　　　　……

　　　　那儿冬天靠劈柴御寒,吃的只有芜菁,/浓烟冲上冰冷的天空,熏得寒星禁不住眨巴眼睛,/没有新娘坐在窗前,穿着印花布的衣裙,/只有尘埃的节日,再就是冷落的空房,/那儿当初曾是我们相爱的地方。(叶尔湉　译)

　　怎么能不来这"荒凉之地"看看呢? 尽管有生命危险,我还是走遍了农舍的废墟,想象着,哪里放着打字机,火炕在农舍中央的哪个地方,那个单独的入口,又在哪里……

　　当时,约瑟夫支付的租金并不多——一百卢布(钱币改革之后,变成十卢布,因此,到处写的都是十卢布)。主人把租金都花在伏特加上了。他想喝酒的时候,经常提前索要租金。布罗茨基说:"我给你三卢布。康斯坦丁·佩斯捷列夫,给你,但是,你去哪儿买伏特加呢? 最近的城市,离这也有 30 千米,外边严寒彻骨,风雪交加。"而主人用一句惊人的俄罗斯谚语回答说:"别担心,约瑟夫·亚历山大维奇,猪总能找到脏地方。"他一定是去了商店售货员家。乡村的售货员,通常会在家里偷藏伏特加。

　　诗人甚至十分喜欢他的住处。这是继"一个半房间"的隔间后,诗人平生第一次拥有独立的住所。在这里,他写下了美妙的诗歌,常来探访的朋友们,曾在房间地板上睡觉,他和玛琳娜·巴斯马诺娃曾在这里相爱……

　　约瑟夫在农舍给娜斯佳·托马舍夫卡娅写信说,"我一人住在农舍,农舍旁边,母鸡整天闲遛,公鸡大声啼叫。农舍有六扇小窗,透过窗子,总能看到母牛、绵羊、山羊和马匹。农舍背后,林海茫茫。白天我在田间劳动,晚上点燃蜡烛,坐着读书。"两扇窗户之间,有一张钉在墙上的桌子,上面放着打字机、煤油灯,还有安娜·阿赫玛托娃送给他的墨水瓶以及玛琳娜带来的烛台。再远一点,是一张铺着褥垫的简易木床。斯巴达式的禁欲主义。不过,他却可以大方地抽着切斯特菲尔德香烟,喝着威士忌。

现在的年轻人无法理解,在1964年北方的荒凉村庄,平静地抽着切斯特菲尔德,喝着威士忌,意味着什么。这就相当于坐着私人直升飞机去流放,而朋友们运来了宾馆,宾馆里,都是外国友人。当然,约瑟夫不得不在田间劳动,运送肥料,但是,据我所知,他的工作不太繁重。队长康斯坦丁·鲍里斯维奇负责给他派工;朋友或家人探望时,便放他回去。不到十八个月的流放——从1964年4月到1965年9月,客人来访的次数,至少十八次:父母、玛琳娜·巴斯马诺娃、叶甫盖尼·格列普、维克多·基德里斯(从弗丽达·维格多罗娃那儿带来打字机)、米哈伊尔·梅拉赫、尤利娅·日沃娃、亚历山大·巴别尼舍夫(从丽季娅·楚科夫斯卡娅那儿带来约翰·邓恩的诗集)、加里克·金兹堡、阿纳托里·奈曼和叶甫盖尼·莱茵、伊戈尔·叶菲莫夫和雅科夫·格尔金、康斯坦丁·阿扎多夫斯基……约瑟夫也先后三次获准返回列宁格勒探亲。

客人一个接着一个来到这里。约瑟夫几乎想把其他人都赶走。两周之内,至少有一位客人来访——带来食物、钱、烟酒。从那时起,约瑟夫就成了村中的名胜古迹。甚至警察都对他莫须有的"社会寄生虫"罪名不加关注;村民很了解什么是寄生虫,而布罗茨基,不管从哪一方面看,都与这类人毫不相干,而且,他还经常写作。

想必他因为信仰被流放? 就像泰西娅·伊万诺娃·佩斯捷列夫后来对记者说:"我不管什么时候去看他,他都在祈祷……"那是布罗茨基在念诗或读书,哪里是祈祷!

后来,他这样回忆自己在诺连斯卡亚的工作:"我清晨六点披着朝霞起床,到管理委员会领取派工单,就在那时,我明白了,在整个伟大的俄罗斯,都在做着同一件事情:大家都去上工。我确实感到,自己属于这些人。这是一种宏大的感受!"这种状态,可以称为"诺连斯卡亚的顿悟",这种状态,持续了将近十五年,甚至持续到诗人在美国生活的初期。美国自由式的自我表达,为伟大的俄罗斯文化和人民团结一致的精神锦上添花。后来,他与俄罗斯精神渐行渐远,而且,生活环境也开始充满怀疑式的讽刺,与此前完全不同,诗人的孤独之感变得更加强烈,后期的诗歌,更加明显地染上了伤感抑郁、厌恶人生的色调。但是,这十五年,却给予伟大的俄罗斯诗人、诺贝尔奖获得者所需要的平静。如果没有流放,他还会成为诗人,却是另一种诗人——例如,像维克多·克里乌林,或者阿纳托里·奈曼一样的天才知识分子,绝不会成为世界级的诗人。

如果想要了解约瑟夫·布罗茨基"诺连斯卡亚的顿悟"之外的诗歌,我建议读读他的第一本《长短诗集》,1965 年,本书由第二次世界大战时期的移民菲利普一家出版,出版社被冠以假名"国际语言文学学会"(Inter-Language Literary Associates)。布罗茨基当时还在流放,诗集未经本人同意就出版了。1972 年,诗人评价道:"当我的第一本诗集在纽约用俄语出版时,我清楚记得当时的感受。我感到十分可笑。到底发生了什么,这本书到底是什么,我一无所知。"我记得,1967 年,约瑟夫·布罗茨基在姆鲁济大楼的一间半房间,把这本诗集送给了我,他对这本诗集的态度轻蔑。据说,是用搜查时被没收的诗歌编成的。也就是说,这本诗集在美国出版,处于克格勃的监控之下。现在则相反,大家普遍认为,一切都在中央情报局的监控之下。例如,他的朋友米哈伊尔·梅拉赫写道,"众所周知,为了保障作者的安全,出版商通常会在封页写明,此书的出版,未经作者本人知晓和同意。"

书出版以后,被译成各种欧洲语言,全世界都知道了诗人约瑟夫·布罗茨基。但是,这本书没有收录诗人流放时期创作的优美的北方诗歌,美妙的爱情诗歌,以及他在英国诗学影响下写的诗歌。从本质上说,这本早期诗集使我们明白,如果没有流放,约瑟夫·布罗茨基将会成为怎样的诗人。

让我们回到诺连斯卡亚。在这一年半期间,诗人的内心发生了怎样的变化?

北境绵延。/森林深邃。/如同树皮下的松脂,/隐藏

于世纪的眼泪。/只剩下瞳孔,/好似针叶树丛,/在未来的
日子里。/庇护着国土……

"庇护着国土……"尤其令我惊讶。诗人不仅自己寻求俄罗斯
北境的庇佑,还想到了整个国家?除此之外,1965 年 8 月 14 日,在
诺连斯卡亚停留的最后几天,诗人在当地的报纸《号召》上,刊登了
《黎明的拖拉机》。清晨劳动的场景竟让诗人灵感迸发:

> 太阳出来了,无知地望着,/阳光斜睨着农舍,/拖拉机
> 高竿,像鸟儿,在天空中,/用犁耙把田野筑向太阳。/这是
> 一个工作的早晨。人民的早晨!/劳动的早晨,带着远古
> 的微笑。/就像在伟大的河流中,望着大自然的人民。/映
> 照着,从乡村里的睡梦中升起。

有人说,这首诗不过是为统治者歌功颂德的作品罢了,但是,
我们此前说过,布罗茨基原则上不写任何歌功颂德的诗歌。在美
国接受的采访中,他曾不止一次讲道,清晨人民劳动的场景如何激
发了他的灵感,并且他把栖身俄罗斯北境一角的记忆,保留到了生
命的尽头。

"在诺连斯卡亚,我起先住在善良的女挤奶员家,后来在老农
民那里租了间房子。我用一小部分工钱支付租金,有时,我会借钱
给主人,他经常问我要三卢布去买伏特加",——布罗茨基回忆道。
前去探望他的朋友雅科夫·戈尔丁说:"村子坐落在离铁路大约 30
千米的地方,周围环绕着北方的沼泽和树林。约瑟夫在那里从事
体力劳动。1964 年 10 月,当我和作家伊戈尔·叶菲莫夫探望他
时,他被分配到谷仓,负责用铁锹翻扬粮食,防止粮食过热。村里
的人待他很好,并且完全相信,这个礼貌、平静的不劳而获者,将带
着这个村子,走进世界文学史。"

坦白地说,约瑟夫·布罗茨基并没有特别想家。父母曾三次探
望他,朋友,更重要的是,还有他的爱人,玛琳娜·巴斯马诺娃,也

来过三次，长期逗留。

> 是的，这颗心飞向你——/越来越快，越来越远。/一
> 个越来越虚假的音符潜入我的声音。/我也许将它认作命
> 运，/这命运不索取我的鲜血，/却用一根钝针将我伤害。/
> 如果你希冀一个微笑——/等一等，我笑给你！我的微笑/
> 将如难朽的墓穴屋顶，/漂浮在我的上空，轻比烟岚。①

多年以后，布罗茨基在与迈克·斯卡梅拉的访谈中，针对问题："法庭和拘留，对您的工作产生了怎样的影响？"回答道："您知道，我想，这甚至对我有益，因为在乡村度过的两年，是我一生最美好的时光。我在那里的工作，比任何时候都要多。白天我不得不从事体力劳动，因为我那时在农场劳动，而不在工厂工作，因此，有很多休息时间，无事可做。"

根据 1964 年 4 月 8 日阿尔汉格尔斯克牲畜育肥托拉斯②"达尼洛夫斯基"集体农场第 18 号规定，从 1964 年 4 月 10 日起，约瑟夫·布罗茨基作为工人，进入第三生产队工作。虚弱的诗人一直工作到 1965 年 6 月，此后，在科诺沙综合服务部担任外勤摄影师，在编工作到 9 月。作为外勤摄影师的约瑟夫·布罗茨基，拍摄了普通村民与科诺沙人的照片，其中不少照片保存至今。在科诺沙地方志博物馆，这一系列被称为"普通人的脸庞"。该在莫斯科为这个普通乡村摄影师举行一次展览了吧？布罗茨基拍摄了很多有质量的照片，毕竟他的父亲就是摄影记者。

1965 年 1 月，诗人从诺连斯卡亚给托马舍夫卡娅写信说："伊琳娜·尼古拉耶夫娜，最后，我要对你说：主要的东西，不会发生变化，我想明白了。我跑得太快，至死也不会停止。虽然有时我会闪

---

① 布罗茨基著，王希苏、常晖译，《从彼得堡到斯德哥尔摩》，桂林：漓江出版社，1990，第 43 页。

② 苏联时期的一种联营公司。

躲，但那不重要。我内心有一种前所未有的无穷绝望的感觉，于是，我跑得越来越快。唯一值得同情的是，我无法将这些内容告诉其他人，我还没有机会写下这些最重要的诗歌。即使惋惜，我也知道，我在上帝（大地）面前是纯洁的，因为我按照上天的旨意行事。总而言之，在这世上，我没有任何罪过——无论是精神上，还是道德上。我毫不怀疑，我在精神上是无罪的，而道德上的罪恶，我敢于救赎。这不是我的骄傲，而是我的顺从，对上天的顺从。好了，别再说我了。痛苦不应当引起忧郁，而应当引起愤怒，而我正充满愤怒。"

在诺连斯卡亚，对诗人而言，一切都汇集起来：他认识了人民的心灵，认识了爱情——生命中最幸福的时光，而且认识了世界文化。在荒凉的阿尔汉格尔斯克，诗人打开了英语诗歌的世界——约翰·邓恩、温斯坦·奥登、托马斯·斯特尔、那斯·艾略特的作品，等等。约瑟夫·布罗茨基回忆，他如何发现了约翰·邓恩的世界："我得到这本书的过程非常有趣。我四处寻找诗集。1964 年，我被逮捕、流放到阿尔汉格尔斯克，丽季娅·科尔涅耶夫娜·楚科夫斯卡娅，将这本书作为生日礼物寄给我——看来，她是从父亲的藏书中拿来的——就是《现代文学》系列的邓恩诗集。"

1964 年，诺连斯卡亚有十四户人家。现在，只剩几户在别墅避暑。例如，玛丽娅·日丹诺娃农舍对面的一户人家，此前，还住着一对夫妻——瓦莲金娜和阿法纳西·佩斯捷列夫。阿法纳西去世了，瓦莲金娜告诉我，冬天她已经不会一个人住在乡下了，要搬到亲戚那儿。就像许多村庄一样，这个村子就要完全荒废了。村民只能希望，布罗茨基的名字能吸引大批游客。如上所述，当地居民列娜和托利亚·马利采夫一家，将自己在佩斯捷列娃对面的房屋收拾好，改造成家庭旅馆，还买下了泰西娅·伊万诺娃的房子，也同样把房屋翻新了。多亏了他们的小家族生意，诺连斯卡亚至今还保存着生活气息。还有一栋建筑，在泰西娅·伊万诺娃农舍的正面，就是帕什科夫的房子，现在，它成了农庄的民俗博物馆。

科诺沙村同样也希望引起游客的注意。科诺沙是大型的铁路枢纽,有一万二千名居民。认识布罗茨基的人几乎都已逝世,但是,区图书馆却以他的名字命名。图书馆的工作人员娜杰日达·伊里尼奇娜·格涅娃谢娃是一位优秀向导,她热爱布罗茨基的诗歌和家乡的历史。我和妻子乘夜车从莫斯科到达科诺沙时,她迎接了我们。我们在旅馆过夜,第二天清早,和娜杰日达·伊里尼奇娜一同追寻诗人的足迹。她知道诗人在科诺沙停留和到访的所有地方:警察局、法庭、拘留所、图书馆、药店、文化宫、布罗茨基担任外勤摄影师的综合服务办公室、报社编辑部——这里刊登过他的两首诗歌:一首刊登于 1965 年 8 月 14 日,第二首刊登于 9 月 5 日。报社决定不刊登第三首诗——布罗茨基的《乡村里的上帝不只是偶像……》,这当然容易理解,那时还不能写献给上帝的诗歌。

娜杰日达·伊里尼奇娜,几乎能背诵布罗茨基在北方写的所有诗歌,她一边为我们朗读诗歌,一边从图书馆的布罗茨基纪念厅走到不远处的地方志博物馆。我们还去了《科诺沙通信》报社编辑部,这里曾刊登布罗茨基的诗歌。这个科诺沙城区,在我看来,就是布罗茨基的北方露天博物馆。著名的修复专家、俄罗斯北方的行家米哈伊尔·伊萨耶维奇·米里奇克,首先提出以诺连斯卡亚村庄为基础建立博物馆,他现在是约瑟夫·布罗茨基博物馆建设基金管理会的主席。他还尽力修复佩斯捷列娃的房屋,完成了所有建筑测量,一点一滴收集与诗人有关的物品、文件、照片,出版了《流放中的约瑟夫·布罗茨基》。米哈伊尔·米里奇克,希望能够将俄罗斯北方民俗建筑博物馆与俄罗斯诗人布罗茨基的博物馆合二为一。

我还在科诺沙买到了当地出版社的布罗茨基传记:2009 年的国际会议报告集、《约瑟夫·布罗茨基生活与创作中的诺连斯卡亚流放》,还有引人入胜的《科诺沙人与布罗茨基》——作者是科诺沙当地地方志学家谢尔盖·科宁,以及大胆的省城自由主义者尼娜·巴赫金娜的书,她坚决否认北方流放对布罗茨基产生过影响。巴赫金娜试图在书中与我争辩。一开始,她愤怒攻击索尔仁尼琴的评论,此后将矛头转向我:"莫斯科人弗拉基米尔·邦达连科,在

自己的评论中,居然从语调以及文字上篡改索尔仁尼琴的论述:
'不,索尔仁尼琴是对的,如果诗人在乡村住得更长一些……'另个
一问题是:这段经历,对他来说,更加美好,而且,他更需要这段经
历,因此,在他此后的生命中,很有必要长期接触乡村生活。城里
的豪华套房,可能完全可以没有凤仙花,而这些凤仙花,在农舍里
看来,十分体面。"

难道诗人在北方生活的意义,仅在于那些凤仙花,或是其他乡
村生活的细节吗?我想用布罗茨基的话回答巴赫金娜:"我当时是
城市青年,如果没有这个小村子,我将仍然是城市青年。我可能会
变成知识分子,读卡夫卡、尼采的作品,等等。这个乡村给了我某
种东西,为此,我要感谢克格勃……对我来说,这是极其丰富的经
验,在某种意义上,让我摆脱了城市青年的命运……"

愤怒的省城知识分子,决定向首都的怀疑论者大喊大叫,抨击
布罗茨基的诗歌《人民颂》。巴赫金娜写道:

> 需要另一种不贬低诗人的解释……不要用虚假的伟大施
> 舍布罗茨基。是的,布罗茨基创作了诗歌《人民颂》,尽管哪个
> 国家都没有这样的人民。那又如何?诗人只需要面对自己和
> 上帝即可。无论是责难者,还是赞扬者,在目前的情况下,他
> 们的意义都是一样的,他们还是和从前一样,把刀架在身影光
> 辉的诗人的脖子上。在弗拉基米尔·邦达连科口中,就是这样
> 的赞美之辞。我根本不愿想象,布罗茨基不过是悲观地开个玩
> 笑罢了。然而,这在世界诗歌中,自然寻常。让我们想想普希
> 金与莫扎特和萨利里的玩笑吧。

似乎一开始,这位幼稚的女士就坚信,布罗茨基的诗歌《人民
颂》,不过是个失败的玩笑,认为诗人犯下了"狡猾的罪恶"。但她
觉得,没有人会相信她。于是,她进一步认为,诗人不过是打算狡
猾地讨好权贵。

虽然邦达连科坚决否认,《人民颂》不过是歌功颂德之作,其目的是为了获得当权者的宽容,但这种推测完全可能。我们不过是柔弱之躯罢了,谁能在当时的情况下拒绝这类"歌功颂德的作品"?"歌功颂德的作品"在俄罗斯不会消失。它们过去、现在、将来,都会在我们改头换面的生活中,继续发扬光大。

这样奴颜卑膝的歌功颂德之作可能会依然存在,但绝不会存在于布罗茨基一类诗人的思想中,因为诗歌对他们极其重要。康斯坦丁·阿扎多夫斯基曾回忆自己去诺连斯卡亚探望布罗茨基时的场景:

> 终于,他怀着某种特殊的情感,朗读了关于俄罗斯人民的诗歌("我的人民,从不低头……")。我为这首诗歌的表现力而震惊,在这首热情的诗歌中,有不少美妙的诗句("走进人民,贴近伟大的河流"),但是,整体上,我认为,这首诗与布罗茨基本人的诗学观点不符,我也立刻把自己的想法告诉了他。但是,他打断了我,宣称这些诗歌对他非常重要,我也没有与他争辩……身处乡村,贴近乡村的日常生活,布罗茨基看见了俄罗斯生活自然原始的一面。布罗茨基认为,他在这里接触到了最永恒的东西:国家,国家的人民及其语言。布罗茨基对一切"最原始的东西",就像我们常说的,依照上帝旨意创造的东西,十分敏感。而俄罗斯人民和俄语,就是构成生活本质的重要现象。他受到了感召,就像受到造物主在其他方面的感召一样。在他的抒情诗中,跳跃着一望无际的蓝天,海洋轰鸣的波涛……

类似尼娜·巴赫金娜这样的自由主义者,把这些诗歌等同于无耻的"玩笑",或"歌功颂德的作品",他们甚至不明白,这样的言论,会侮辱诗人和他的记忆。不要忘记,就连自由派也承认的权威,安娜·阿赫玛托娃，十分喜爱并高度赞扬这首诗，称之为"人民的颂歌"。而且，除了这首诗以外，在移民时期不同年代的采访中——1982年斯维努·毕尔凯特苏的采访、1987年乔瓦尼·布塔法维的采访，1988年拉尔苏·克列别尔古和斯沃特·维依列鲁的采访，等等——诗人一直谈论对人民生活意义的领悟，与人民团结一致，以及"对俄罗斯人民的归属感"，这些报道，从未出现类似"歌功颂德"的字眼。

科诺沙地方志学家谢尔盖·科宁则与尼娜·巴赫金娜不同，他曾经住在科诺沙，现在去了沃洛格达，与尼古拉·鲁布佐夫的影子进行"斗争"。谢尔盖·科宁仔细、诚实地收集了当地近五十名居民的回忆，这些居民当时都认识布罗茨基，此后，科宁写下了自己的省城日记《科诺沙人与布罗茨基》。他展示了当地居民对诗人的态度，细化了不少诗人在流放期间的生活细节。例如，他说，布罗茨基的两首诗能在当地报纸《号召》发表，多亏区委员会第一书记扎鲁比娜的默许。况且，区委员会当时已经得知，诗人很快就要结束流放了。

这本书，还有一个优点，它列举了所有与布罗茨基交往过的当地居民。在前来探望诗人的彼得堡朋友的回忆录中，只能看到他们与布罗茨基的交谈，却几乎没有对科诺沙人的描写。谢尔盖·科宁写道："如果有的话，那么，带着一些高傲……切尔诺莫洛尔津卡是对的：感觉好像来到一群野蛮人当中。"这本书的价值，首先在于它的真实性和可靠性——要知道，当地居民不会编造什么科诺沙人的神话。谁还能去问那些手握方向盘的司机，像格里高利·杰尼索夫一样，在乡村商店之间奔走的司机，或者是接送地区长官的司机呢？前两类司机，都曾捎带布罗茨基在科诺沙和诺连斯卡亚之间往返。我还记得他的诗句："糟糕的道路，然而，却如此美丽……"区警察局的领导瓦西里·库茨涅佐夫，甚至讲述了布罗茨基如何坐在预押室，满怀热情地为科诺沙警察写诗（集体农庄的领导告密说布罗茨基休假期间曾在列宁格勒停留）。警察将这首诗与布罗茨基的个人流放档案保存在一起，后来诗歌却不知所踪。

这首诗或许会出现在阿尔汉格尔斯克警察局的档案里？尼娜·谢苗诺娃当时在阿尔汉格尔斯照相馆工作,解释了布罗茨基在科诺沙的居住情况:"布罗茨基没有得到搬来科诺沙居住的允许,后来,他也没有每天前往管理处。但是,他经常未经许可就在熟人家过夜。"

谢尔盖·科宁与认识布罗茨基的居民交谈以后,自己都感到惊讶,诗人如何在短暂的时间内熟悉了科诺沙与诺连斯卡亚,而且广泛结交了不少同事和熟人。地方志学家写道:"诗人布罗茨基对我们地区的历史非常感兴趣,在某种意义上,他可以被看作科诺沙区第一批地方志学家之一……外来的布罗茨基,甚至比我更了解我的老乡。"尼古拉·马丘申——农村消费合作社社长,回忆起第一次与布罗茨基见面的场景,那时布罗茨基还住在泰西娅·佩斯捷列娃家中:"我当时正在为施工队长挑选住处,我们需要建个新商店。布罗茨基对泰西娅·伊万诺娃的住处不太满意,她那里总是人声嘈杂,于是,他同意搬到佩斯捷列夫一家的单间小屋居住……而生产队长,就住在泰西娅·伊万诺娃家中。"布罗茨基在流放期间就一直这样生活。还有一个细节——马丘申告诉谢尔盖·科宁,他曾不止一次开车搭送诗人去勒奇诺耶,马丘申在那里的村庄守夜。

当地居民饶有兴趣地读着著名诗人移民以后对他们村庄的描写。很多人还提出了异议。商店售货员卓娅·波利亚科娃读道,商店除了伏特加与肥皂,再无其他物品,她毫不掩饰自己的委屈。这不是偏远的蹩脚小店,商店坐落在主干道上,货物充足,大桶里总有新鲜的鳕鱼。约瑟夫倒是经常去商店,不过都是买一些小物品:食盐、火柴,或者面包。有人从列宁格勒给他带来食物。波利亚科娃还描述了一个非常有趣的场景:"布罗茨基被派去给菜园围栅栏,于是,他问派工员:'一天的工钱是多少?'派工员回答:'三卢布。'布罗茨基接着说:'我给您三卢布,您雇其他人吧,我不会围栅栏。'"于是,就这样谈好了。我想,这本书最好能在莫斯科重印,哪怕缩印也好,书中有许多真实的生活细节。

科诺沙地方志学家还见到了拖拉机手亚历山大·布罗夫，也就是布罗茨基诗歌的主人公：

> 拖拉机手 A. 布罗夫，和我，/集体农庄工人布罗茨基，/我们在播种越冬作物，六公顷。/我看着长满树木的原野/和被飞机拉出白线的天空，/我的一只靴子踏着闸杆。（刘文飞 译）

我想，诗人故意改变了布罗夫姓氏的一个字母，以防领导不喜欢这首诗。谢尔盖·科宁则认为，可以请机关检查员定期探访诗人，阅读他用打字机打印的诗歌，想一想这个寄生虫诗人将当地居民写入自己的诗歌又有什么影响。总之，勒奇诺耶村庄的拖拉机手布罗夫，就这样进入了俄罗斯诗歌史。布罗夫当然对这个笨拙的帮手并不满意，从诗歌中也能看出，布罗茨基不是在播种，而是"看着长满树木的原野"，但是，这位助手能提供的帮助很少，并不是出于懒惰或恶意，而是由于他根本不具备此类工作能力。此外，他们整天在原野工作，布罗茨基甚至带了一些坚硬如石的蜜糖饼。看到这些蜜糖饼，萨沙·布罗夫决定叫流放的诗人到自己家吃午饭。

我去过这片面积达到 6 公顷的土地，这片原野很有名气，现在被称为集市广场，位于科诺沙到塔夫列尼途中。我沿着诗人曾经赶过牛犊的牧场散步。在布罗茨基打水的诺兰斯基泉驻足喝水。在当地博物馆，还保留着布罗茨基拍摄的两张照片：站在拖拉机旁的亚历山大·布罗夫，一张在冬天，一张在夏天。尽管拖拉机手对自己笨拙的帮手多有抱怨，还是和他一起工作了一整天。

谢尔盖·科宁一共找到五十多名认识和记得布罗茨基的当地居民。邮局局长玛丽娅·日丹诺娃的女儿还想起，不知是诗人，还是玛琳娜·巴斯马诺娃，从列宁格勒给她捎来了发带。有些人回忆说是缎子发带，有些人说是尼龙发带。我想，应该是尼龙发带。20 世纪 60 年代，一切尼龙制品——男士衬衫、女士衬衫和短裤，还有小姑娘的发带——都备受推崇。现在,即使在偏远的村庄也没有人再穿戴这种黏性的化学制品了,而在当时,尼龙则象征着现代、西方或另一个世界的盛况。科宁十分优秀,他发现了这些细节,收集了见证者的生活回忆。这位科诺沙地方志学家,应当享受荣耀,受到赞扬!

感谢他的著作以及娜杰日达·伊里尼奇娜在当地的陪同。我短短几天就了解了布罗茨基在流放期间逗留的主要地点,并且拍照留念。可以看出,有些人对诗人充满喜爱,有些人则怀有嘲讽。当地的党务人员、警察局局长,以及克格勃的检查人员,总体上,对诗人的态度都很友善,所有当地的农民,都是自己人,大自然的人。约瑟夫·布罗茨基回忆说:"比起城里的朋友和熟人,与乡村居民的交往,更加轻松……村里人非常善良,非常聪明。"

当地的居民这样评价布罗茨基。"当时,布罗茨基距离诺贝尔奖,就像与天堂的距离那么遥远,但我确定,布罗茨基不同寻常。布罗茨基这样的诗人,是上帝创造的。"(弗拉基米尔·切尔诺莫洛尔津卡,诗人在科诺沙的朋友)"我记得很清楚。在邮局,他当时站在我旁边,倚在柜台上,望着窗外,讲起话来,就像后人还会提起他一样。我当时却怀着一种罪恶的想法:谁会提起你呢,寄生虫?我当时怀疑——你这样虚弱,什么都不会干,后人怎会提起你呢?"(玛丽娅·日丹诺娃)

离开前一天,我在科诺沙见到了塔玛拉和亚历山大·拉斯波波夫一家,他们曾是小企业主,着迷于布罗茨基的诗歌以及他在这所小城的居住历史。他们自发建立了布罗茨基私人博物馆,收集诗人写作和出版的所有诗集、有关诗人创作的所有书籍,还拍摄了和泰西娅·佩斯捷列娃的视频访谈。亚历山大·鲍里斯维奇的父亲是区党委的司机,曾经不止一次把布罗茨基从科诺沙送回乡下。因此,亚历山大从小就知道这个流放诗人。科诺沙有两条纪念布罗茨基的长椅。一条在布罗茨基图书馆门前,上面刻着北方诗歌的引文,旁边则是诗人的铜像。另一条在拉斯波波夫的布罗茨基博物馆门前,长椅用生铁浇筑而成,上面是布罗茨基诗集的封面,而椅背则做成了纽约摩天大楼的形状，也是生铁浇筑的。

在科诺沙和诺连斯卡亚，约瑟夫·布罗茨基发现，比知识分子的所有苦难更重要的，是无声没落的俄罗斯农民，他们没有来自西方和人权捍卫者的任何支持。知识分子在为自己的悲剧呻吟，而布罗茨基则写道："有一大批人，他们正处在十分戏剧化的情景中。我指的是农民。"他的房东康斯坦丁·佩斯捷列夫，也曾朴实地表达过这一想法。叶甫盖尼·莱茵回想起他们的谈话："朋友们，你们将属于哪个民族呢？——佩斯捷列夫问道。——我们将成为欧洲人，——切尔诺莫洛尔津卡回答他。佩斯捷列夫沉默许久，思索这令人难以相信的处境。他沉吟许久……——朋友们，他绝望地，甚至带着某种悲剧式的沮丧说，——我将是俄罗斯的欧洲人……"这就是俄罗斯农民命运最深刻的悲剧。

直到 1973 年，诺连斯卡亚也没有通电，至今也没有自来水管和下水道。此外，尽管我们向世界出售天然气，俄罗斯三分之一的地方仍然根本没有天然气供应。我们是否应该通过乌克兰天然气管道，把天然气输回俄罗斯乡村？现在，只剩下美妙的俄罗斯民间故事，俄罗斯人民诗人布罗茨基令人心醉的歌曲。[①]

在 1964 年 4 月至 1965 年 9 月的流放中，约瑟夫·布罗茨基创作了近一百五十首诗，然而，其中将近一半的诗歌至今仍未出版。诗人一生大量未出版的诗作构成了他生活和创作的又一谜团。他的近三分之一的诗歌都是佳作——《人民颂》《乡村里的上帝不只是偶像》《献给奥古斯都的新章》《预言》《诗悼托·斯·艾略特》，等等。我们不需要任何幻想，只要仔细阅读诗人的作品："我回想起那些诗行，它们好似诗意的迸发……"这就是诺连斯卡亚的顿悟。在这里，他真实接触了自然、生命的意义、人类的心灵以及真诚的爱情。"如果我曾经感受过大自然，那么，一定是在那时感受的。"

---

① 从七个小镇飘来了梦幻。/从七个村庄袭来了睡意。/人们准备就寝，炉灶已经冷却。/一扇扇窗户朝着北方眺望。/无主的草垛守护在小溪身边，/即使费尽心机，路上也泥泞难行。/向日葵无力地垂下了脑袋。（吴迪译）

北方的清淡质朴与他的心灵天生契合，直至生命尽头，他也一直向往北方的自然。阿纳托里·奈曼是对的，他写道："我们现在所说的布罗茨基诗歌，最终是在诺连斯卡亚以及流放结束后的一段时间内成型的……"

在流放期间，布罗茨基不但写诗，而且作画。诺连斯卡亚时期的绘画，体现出他对自由的渴望，同时也具有极强的幽默感。他把自己描绘成半人马的形象，站在翻耕的土地上，背景则是塔楼和带刺的铁丝网。布罗茨基很清楚自己的处境，同时也尽量用玩笑来安慰父母。

北方的自然景色在布罗茨基的诗中达到了形而上学的高度。后来，他满意地回忆道："雇农的特点！但是，这一点没吓倒我。相反，我非常喜欢。因为这是纯粹的罗伯特·弗罗斯特的特点，或是我们的克留耶夫所说的：北方、严寒、乡村、大地……"

在北境的恭顺

　　我对约瑟夫·布罗茨基晚期的诗歌向来毫无兴趣。紧张、冷漠、空虚的诗歌，塑造了诗人阴郁孤僻、愤世嫉俗的形象。但是，在研究其他作家的文学批评时，我总是保留着自己心目中的布罗茨基形象，在成百上千有关布罗茨基创作的文章或论文中，我一直期待着能看到记叙他的北方民俗生活的文章或书籍。

　　然而，我却一次都没见过。土壤派的批评家甚至害怕布罗茨基的名字，北方的地方志学家总是在布罗茨基周围打转，西方派的批评家则认为阿尔汉格尔斯克的流放毫无意义，并且庆幸这段磨难的时间不长，他们不相信诗人自己的坦白、朋友的回忆以及安娜·阿赫玛托娃的评论。

　　我曾在瑞典待过一个月，那是诗人最喜欢的国度之一。在生命的最后十年，诗人几乎每年夏天都要去瑞典，以便逃离炎热的纽约，沉浸于他习以为常的波罗的海的气息。在这里，他仿佛回到了家乡，瑞典缓解了他对北方的思念之情，1990年，也是在瑞典，他与玛丽娅·索扎尼举行了婚礼。我在弗拉岛的林间和礁石间散步，不远处是著名电影导演英格玛·伯格曼的住处。在我的脑海中，立刻浮现了布罗茨基在弗拉岛上所作的诗句，弗拉岛离哥得兰岛不远，诗人正好住在斯堪的纳维亚朋友的别墅，想要逃离那个令他不堪忍受的世界荣誉，在那里，他写下了献给俄罗斯和瑞典的美妙诗歌：

　　我又一次在这无色的天空下/空中盖满了羽毛似的疏

松的面包。……

    我也以灰色的瞳孔贴近故乡的,/生锈的大理石,回到了家乡。

事实上,我的家乡卡累利阿,还有阿尔汉格尔斯克的森林和湖泊,那里有各种各样的蘑菇、游鱼、毛皮珍贵的野兽和洁净的泉水,所有的一切,都与瑞典极其相似,当然,还有相似的波罗的海的气候。

    哦,波罗的海,/夏季的云,/在这世上我最好/从未见过你们。(刘文飞　译)

斯德哥尔摩的石桥、花岗岩河岸、瑞典国王的雕像,都与彼得堡十分相似。布罗茨基的瑞典朋友本特·扬格费尔特曾回忆,诗人更喜欢寄居在狭小的旅馆,但是,从旅馆一定要能看到波罗的海的景致。波罗的海的水声可以弥补住所的任何不足。事实上,他还因住宅墙上的现代绘画而愤怒:"寡淡的白色墙壁上,挂着某种'现代'艺术作品,布罗茨基对此无法忍受……在这个精神病院与现代艺术博物馆的混合中,他看见了斯堪的纳维亚式的寂静的癫狂,就像英格玛·伯格曼在他的电影中表现的那样……"此外,伯格曼本人也逃到了弗拉岛,远离艺术全球化的丑恶现象,布罗茨基认为,这不过是证明人类"变成了多么自负、渺小、卑鄙、无聊的生物"。诗人喜欢在斯德哥尔摩的岩岛之间散步。"一样的大自然,一样的波涛和云朵,在家乡与斯德哥尔摩来回漂游;尽管这里的鲱鱼更甜,酒精更苦,但同样让人血脉舒张。"扬格费尔特说的,是布罗茨基最喜爱的瑞典伏特加——"苦酒",我也按照诗人的方式,尝了尝这种酒。在弗拉岛上,和我一样,诗人选中了能够看到中世纪废墟和海浪的景致,在这里写下了北方诗歌,并且承认,他思乡的双眼更喜欢"逗留在瑞典的某个角落"。

    后来,我在哥得兰逗留了一个月,去了波罗的海作家中心舒适的小屋，房子坐落在山上，对面就是 18 世纪的建筑杰作——宏大的圣玛利亚教堂，往下看去，便是瑞典小屋的红色屋顶与无垠的大海，而我的主人公，约瑟夫·布罗茨基，也是在离这儿不远的地方获得了诺贝尔文学奖。在文艺复兴前中世纪般的宁静中，在寂静徘徊的羊群中，在维京人城堡的废墟中，俄罗斯的战士和海军，曾两次踏上这片土地，他们悬挂着圣安德烈海军旗的舰船曾不止一次在港口扬帆出海，现在，"哥得兰"蒸汽船，每天两次从斯德哥尔摩出发，在岛上停留，在这样亲切的环境中，我还能写些什么呢？

我在莫斯科的时候，就为自己的作品选择了几个可能的主人公。的确，在波罗的海秋季辽阔的灰色空间，能书写辞藻华丽，带有东方特色的诗人季穆尔·祖里菲卡耶夫吗？需要在另一个空间来写他，窗外要有东方景致。吵闹的好事者，诗作尖锐而坦诚的列昂尼德·古邦诺夫也不适合，我将在生活节奏令人神经紧张、压力起伏的莫斯科写他。在书写 20 世纪诗歌的著作中，我选择了两个适合北方波罗的海哥得兰环境的主人公：尼古拉·克留耶夫与约瑟夫·布罗茨基。但是，在岛国瑞典，我的奥洛涅兹同乡克留耶夫，不具备足够的民族特点和被遗弃的悲剧特点，也缺乏俄罗斯民族文化的纯净。布罗茨基认为，"克留耶夫身上有强烈的公民因素：'他的身上有科尔热涅茨精神。'如同所有俄罗斯人一样，一直怀有批判世界的渴望。克留耶夫诗歌的抒情风格和音乐……是教派的抒情风格……俄罗斯诗人用诗歌表达自我、吐露心声。"哥得兰岛的寒冷，还有中世纪的灰色，不适合科尔热涅茨诗人。书写克留耶夫，需要一间奥洛涅兹春季的农舍。在俄罗斯 20 世纪的天才诗作中，尼古拉·克留耶夫最贴近民族文化，布罗茨基着迷于克留耶夫的创作，这再次证明，精英诗人具有亲近人民、亲近北方的传统。

约瑟夫·布罗茨基是波罗的海的隐居者，无论何时何地，对波罗的海的热爱都占据着他的身心。毫无疑问，他对哥得兰岛多石的海岸备感亲切，对瑞典古典主义优秀诗人的诗歌备感亲切，例如卡尔·米迦勒·贝尔曼的作品：

你呢,不要生气,过往的岁月,/赞美这月光下的世界吧,/看来,我们的命运是一样的,/这样,我们共同终结这场盛宴吧……

还有埃里克·古斯塔夫·盖谢尔和他著名的诗歌《维京人》。离开波罗的海,维京人无法生存:

我不为生命短暂而惋惜,/也不为快速飞行太短而遗憾。/通往神圣伟大教堂的道路,/不止一条。/灰色的巨浪在行进中咏唱着/临葬的歌曲——我在大海中/找到了坟墓。/维京人在覆灭前正是这样歌唱,/他与大海搏斗,坚强而英勇,/而大海则玩弄着自己的战利品……

我十分高兴,可以利用这次出差研究布罗茨基。他选择了斯堪的纳维亚海岸来感受故乡波罗的海空间的生命力,而我选择了哥得兰岛上的小屋,来从心灵上理解、铭记布罗茨基的诗歌。房子的主人列娜和格尔德非常细心。从我的房间可以看见要塞的城墙,气氛安静,益于创作。或许,布罗茨基的许多朋友也不止一次住在这儿,回忆布罗茨基?白俄罗斯人瓦西里·贝科夫,去世前不久曾住这里,在房间的评论簿上写下了感谢的话语:"感谢这痛苦、多风、寒冷而又美妙的无尽四月……"同样,热尼亚·波波夫(我是第一位对他在《新世界》刊登的短篇小说给予善意评论的批评家),也在这本评论簿中祝愿后来的住客取得成功。希望我也能成功书写约瑟夫·布罗茨基,他痛苦、多难、冷漠,但是杰出,如同瑞典哥得兰岛的4月一样。

现在,我准备讨论以下问题。这是对诗人非比寻常、对其创作主题影响重大的事件——诗人在阿尔汉格尔斯克的流放中,在诺连斯卡亚村庄,对北境表现出来的恭顺。其实,诗人是被流放到了人民之中。在流放前,布罗茨基就写有关于乡村的诗歌,例如1961年的一首:

乡村无人疯狂，/在幽暗的田野劳作。/房屋环绕村
庄，/在这里生活、生育、死亡。

……

上帝，上帝，村庄一片明亮/一切都令人发狂。/现在
都用"你"来称呼，/看，乡村花儿盛放。

结构简单合理，富有音调，可能还是古典主义诗歌的典范。

在流放前，诗人就已经熟悉了俄罗斯北境。我无意中找到一张
1958 年拍摄的照片——年轻的诗人在阿尔汉格尔斯克马拉舒伊卡
村庄。正是在马拉舒伊卡，我的父亲，铁路建筑师格里高利·邦达
连科，第一次出现在十七岁的小学教师瓦莲金娜·加鲁西娜（我未
来的母亲）面前。

同年，地质勘查队从奥博泽尔卡一路向北，布罗茨基在参与绘
制苏联地图的同时，还要对付蚊子。他拖着勘探仪器，每天走 30
千米，还要打探井，他用生命认识了北方。北方几乎没有给他留下
任何诗意的印象，一切的美好，都被蚊子吸食殆尽……"认真地说，
这是我的大学。而且，还是一段非常美妙的时光……那是一个想
要贪婪吸收一切事物的年纪。你怀着难以置信的兴趣观察眼前的
一切。"但是，地质勘探这段工作经历，并没有给诗人带来任何诗歌
上的成果。年岁稍长的布罗茨基，不得不在流放时期再次打开俄
罗斯北方的世界。

我至今也不明白，为什么列宁格勒的当权者需要这次审判和流
放。大概他们是为了得到莫斯科当权者的赏识，感受政治运动的
氛围。当时，正值赫鲁晓夫时代落幕，对所有投机倒把、不劳而获，
以及其他"寄生因素"的排挤如火如荼，好像这些人影响了正在加
速的社会主义建设。而且，彼得堡的"机关"，因为失去了首都身份
而感到怨恨，因此，一直比莫斯科当权者表现得更加严厉。"布罗
茨基诉讼案"并没有达到预期结果，然而，它的组织者——苏共列
宁格勒区委员会第一书记瓦西里·托尔斯季科，列宁格勒检察官
谢尔盖·索洛维耶夫，捷尔任斯基区法官叶卡捷琳娜·萨维里耶

娃,苏联作协列宁格勒分会书记、作家亚历山大·普罗科菲耶夫,一直受到良心的折磨。公诉人雅科夫·列尔涅尔,正是他的告密挑起了事端,他生前一直诽谤布罗茨基,最后,比布罗茨基提早半年去世。

布罗茨基起先在列宁格勒的看守所,后来被押过伏尔加河,转至阿尔汉格尔斯克的监狱。在押送车厢,他遇见一位老农。在移民时期,提起维权运动时,他总是不止一次回想这件事。"车厢里,坐在我对面的,是一位俄罗斯老人,就像克拉姆斯科依笔下的人物——双手长满老茧,蓄着大胡子……他从集体农庄偷了一袋粮食,被判六年。他已经上了年纪,大概会死在押运途中或是监狱,根本活不到释放的那一天。无论在俄罗斯,还是西方,没有一个知识分子站出来为他辩护。从来没有!……无论是 BBC,还是美国之音,都没有!没有人!当你看到这一切的时候,为时已晚……当你看见这一切,整首捍卫人权的抒情诗,就获得了另一种色彩。"

这就是他与俄罗斯人民真正意义上的相遇。流放期间,他第一次接触到这样的俄罗斯——不是他又爱又恨的俄罗斯帝国,而是几乎一成不变的,掺杂着基督教和古罗斯多神教痕迹的俄罗斯农民和乡村。围绕着诗人的,完全是另一种语言和另一种人民:男人、妇女、孩子、警察——在流放地科诺沙,在沃洛格达与尼场多马之间,在阿尔汉格尔斯克南部,都是如此。诗人为他不得不住的村庄——诺连斯卡亚,取了一个名字,一直称它为"诺林斯克村"。"村庄很好。我喜欢这里的另一个原因是,村庄的名字很像当时叶甫盖尼·莱茵妻子的姓氏。"叶甫盖尼·莱茵的妻子叫做加林娜·纳林斯卡娅——诗人的笔误,来源于此。

诗人前期的流放诗歌带有痛苦的色彩。1964 年 3 月,在阿尔汉格尔斯克的转押监狱,他写下了几乎绝望,接近死亡的诗歌:

抱紧流亡的牢饭,/搂着轰鸣的挂锁,/来到这死亡之地,/舌头又一次微微颤抖。/俄罗斯抑扬格的光辉,/比火焰更坚毅炙热,/就像最明亮的灯火,/在黑夜里照亮我。/

勉强提起笔尖,/心却胆怯地跳动。/但是背后的阴影对着
俄罗斯,/就像鸟儿对着树林一样,鸣叫⋯⋯

当时,他没有看到任何光明的一面。他只知道,他在流放中唯
一的支撑,就是诗歌。的确如此。在诺连斯卡亚的生活,诗人的主
要支撑,就是书籍、翻译与诗歌。他从莫斯科、列宁格勒收到几十
本书,集成一个小图书馆。他体会诗人的痛苦,将痛苦与诗歌的音
调结合起来,从奥登和艾略特身上寻找主题。得知艾略特逝世后,
约瑟夫写下了《诗悼托·斯·艾略特》。

> 他谢世于一年之始,一月。/街灯下他的正门畏缩在
> 寒霜中。/自然来不及施展/她造天设地的奇观。/黑魆魆
> 的窗玻璃无声地蜷曲于漫天大雪,/严寒的传令官直立在
> 月光下。/街心的水洼凝固成冰面。/他向细链似的岁月
> 扣起房门。①（王希苏　译）

他从彼得堡时期就打开英国诗歌的世界,爱上了这个世界,现
在,他渴望沉浸于此,远离现实世界,远离人群,远离自然,远离漫
长的时光。正是在流放期间,他将语言在生活和诗歌中的意义上
升到了极致。正是在这里,他最终形成了自己的诗学思想,坚定地
脱离了"拜伦主义"和浪漫主义因素,将巴洛克经验与形而上学的
抒情诗相结合。正是在流放期间,他写下了《致一位女诗人》,确定
了自己的诗歌信仰:

> 我有正常的古典主义风格,/你,亲爱的,有讽刺的恶
> 症。/女人的生涯若和营业税率牵连,/就可能让无常主宰她
> 的生活。/你在我们的纪元里看见了/"钢铁时代"。我却

---

① 布罗茨基著,王希苏、常晖译,《从彼得堡到斯德哥尔摩》,桂林:漓江出版社,
1990,第87页。

不曾（换个话题）/梦想，古典既是我清醒的风格，/我能维持平衡于薄薄的刀刃……①（王希苏　译）

这不仅仅是他的诗歌信仰，也是他不成功的预言之一。他在诗歌中贬低讽刺，不久自己却感染了讽刺的恶症！

他所谓的"正常"新古典主义，就像冰山的顶峰，水下蕴含着整个世界文化。他欣赏弗罗斯特、约翰·邓恩、奥登、艾略特以及俄罗斯诗人杰尔查文、赫列布尼科夫、巴拉丁斯基、茨维塔耶娃的隐晦诗句。在流放期间，他完全掌握了英语，深入研究了托·斯·艾略特和叶芝以及其他难以阅读，在俄罗斯鲜为人知的英国诗人。"当时，我已经住在村里了，丽季娅·科尔涅耶夫娜·楚科夫斯卡娅给我寄来了《现代文学》系列的邓恩诗集，应该是从他父亲的藏书里拿来的。于是，在村里，我渐渐开始翻译邓恩的诗歌，而且饶有兴趣地持续了一年半到两年的时间。"同样，在流放中，他开始被古希腊罗马文化所吸引，他的思绪离开了一开始令他感到陌生的现实环境，飘去了想象中的罗马帝国，写下了《致一位罗马朋友的信》，对那个早已消逝的时代进行了非常细致的描写。亚历山大·索尔仁尼琴完全正确，他说，"布罗茨基流放时期的诗歌，就已经从奥古斯特、波吕丢刻斯、欧忒耳佩、卡利俄珀开始了，可能这是他失落与绝望时的心灵支撑。"对诗人而言，翻译英语诗歌，给安娜·阿赫玛托娃以及很多朋友写信，也是心灵支撑。俄语同样也是诗人的心灵支撑，从流放开始，直到生命结束，诗人一直沉浸在美妙的母语之中。

布罗茨基认为，是奥登为他开启了这条道路，尽管奥登并不是最著名的英语诗人。移民以后，布罗茨基成为奥登最有力的普及者，远远超过奥登的同胞。在献给奥登的文章中，他写道：

---

① 布罗茨基著，王希苏、常晖译，《从彼得堡到斯德哥尔摩》，桂林：漓江出版社，1990，第92页。

　　我第二次有机会认真阅读奥登,是在北方服刑期间,在一个迷失于沼泽和丛林的小村里,接近北极圈的地方。我这次读的诗选是英文的,是朋友从莫斯科寄给我的。其中有很多叶芝和艾略特的诗……纯属偶然,我打开诗选,正好翻到奥登的《纪念威·巴·叶芝》。那时,我还年轻,因此,特别喜欢挽歌这类体裁,而周围没有亲人逝世,所以,也没有机会写一首……而且,我发现这类诗最有趣的特色,是作者无意中把它弄成了自画像,结果几乎每一首悼诗,都充满这种自画像的成分……而在奥登这首诗中,却没有这类东西……正是因为第三部分的八行诗,我才理解了,我正在阅读的,是怎样的诗人。

　　时间无法容忍/勇敢与天真的人/转眼就淡漠于/肉体的美丽,/却崇拜语言,/原谅每个使语言长存的人;/宽恕懦弱、虚荣,/献给他们荣耀的桂冠。

　　我记得,当时我坐在小木屋,透过舷窗大小的方窗,凝视潮湿泥泞的路面,路上有几只鸡来回走动,我对刚读过的内容半信半疑……我只是拒绝相信,早在 1939 年,一个英国人说,“时间……把语言敬若神明”——那么,语言不是时间的守护者吗?……一首歌,或者一首诗,甚至一句话本身……不是一种重组时间的语言游戏吗?而那些使语言“长存”的人,不也是使时间长存的人吗?

　　我追随布罗茨基的步伐,当今那些破坏俄语、俄语诗歌的凶手,迫害那些本应使语言长存的人,难道不是打破俄罗斯时间的凶手吗?

　　脱离了受苦受难者的姿态,诗人开始专注倾听北方乡村的语言。正是通过语言,精英诗人约瑟夫·布罗茨基亲近俄罗斯农民,与他们产生了友谊。他明白了俄罗斯农舍蕴含的神圣本质。难怪他不无讽刺地写道,任何领袖肖像,以及其他节日盛大的绘画,可以装饰任何办公室、大厅、医院,甚至城市的住宅。"我唯一不曾见过这些绘画的地方,就是农民的木房"。他珍视民族语言,珍视俗语的美丽和俄罗斯民俗故事的深邃,通过民族语言,他开始理解俄罗斯精神,把自己与人民视为一体,并不为此感到羞耻。

我要重申:索尔仁尼琴说得对,如果布罗茨基在乡村生活得更久一些,那么,他将通过俄语,走向俄罗斯民族意识,就像他从诗歌语言走向民族语言一样。"我想,在俄罗斯……我会这样说(尽管有风险):俄罗斯以及俄罗斯人民拥有的最宝贵的东西,就是语言。而任何认真严谨,颇有天赋使用俄罗斯语言的人,都应受到人民的尊重、敬仰与爱戴。我们拥有的最神圣的东西,可能不是我们的圣像,甚至也不是我们的历史,而是我们的语言。"如果没有流放北方,诗人大概不会得出这样的结论。英国诗人温斯坦·奥登用相反的方法,帮助年轻诗人审视四周,倾听俄罗斯人民的语言。只是在流放初期的绝望时刻,他无心阅读寄来的英国文集,写下一些充满个人痛苦、绝望与忧伤的诗歌。

> 活活地埋在此处,/我在黎明的残梗中跋涉。
> ……
> 我用冻僵的手压住双臂,/从土丘游荡上小山——/没有记忆,只有内在的声音,/脚板踢在岩石上。/我对一条黝黯的小溪弯下身,/又惊慌地跳躲开去。[①]

起先,他复制罗伯特·弗罗斯特农民诗歌中的主人公,后来则找到了属于自己的与自然和人民血脉相连的主人公。

如果按照时间先后顺序,仔细阅读他的北方诗歌,剔除古希腊罗马主题、给朋友的书信以及翻译的诗歌,可以看到,诗人渐渐远离绝望和孤独的主题,慢慢地,不断向俄罗斯北方靠近,从俄罗斯

---

① 布罗茨基著,王希苏、常晖译,《从彼得堡到斯德哥尔摩》,桂林:漓江出版社,1990,第37—38页。

北方广阔的田野与森林，以及在那里生活的各种家禽，一直写到农舍诗人身旁没有生命的物体。

> 栅栏刺透冰冻的雪壳，/把肩膀抵在/雪浪上，就像阿尔戈船英雄①/在金色的阳光背后。

约瑟夫·布罗茨基是第一位在俄语诗歌中替"灰色"正名的诗人，他认为灰色是一种颜色和自然概念。他自称为"灰色的狂热者"。他对灰色的着迷，产生于列宁格勒——亲切的波罗的海沿岸。

> 看，看，正午降临，/谁的颜色更温暖，谁的颜色更灰暗，/在喧闹的故乡，/你再次一无所知。

北方对诗人的吸引力，与诗人对那里的大自然、岩石、水域与湖泊灰色基调的神往，密不可分。甚至我们北方的天空，通常也是灰色的，还有古老要塞废弃的城墙，也是灰色的。只有诗人，敢于为北方的灰色正名，并且捍卫它。"潮湿""灰色"，成为整个北境的标志。俄罗斯北方的第二个标志，就是"乡村"。诗人为了捍卫这个词免受激进语言改革者的威胁，几乎写下整章的调查报告（顺便一提，如果弗拉基米尔·克鲁平能运用约瑟夫·布罗茨基的"保守"语言观抵御激进改革者的威胁该多好，或许教育部的官员不想听取俄罗斯土壤派作家拉斯普京或克鲁平的建议，他们可能会听取诺贝尔奖获得者的保守意见）。

习惯了流放生活以后，诗人确信："我不需要南方。"诗人已经开始歌唱泥泞的道路与沙沙作响的灌木丛林。"看这里，噢，我的朋友和子孙：/全副武装的车轭，/套绳，二十五年/从出生以来，/在路上歌唱自然"。诗人愈加主动、仔细，并且怀着"忧郁与温柔"，观

---

① 希腊神话中勇敢的航海家。

察着生活周围的事物,从屋顶嘎嘎鸣叫的乌鸦,到黑压压的乌云(顺便一提,也是灰色的),因此,"村子里没有人说起坏天气"。他的其他诗行,则与北方乡村诗人尼古拉·鲁布佐夫的诗歌十分相似:

> 夜幕降临,/学校的窗外,/从角落里响起/尼古拉的钟声……

这份伟大经验的传授者,不是法官萨维里耶娃,不是惩罚诗人的当权者,也不是把诗人歌颂为受难者的知识分子,而是乡村生活。诗人对世界产生了新的理解。大概"极其单调,最终使我获得了对世界以及生活的另一种理解……这儿有与环境适应的建筑……房子都是木质的,木头都好像褪了色……那里的人们,长着淡褐色头发。他们穿的,也都一样。最后,形成了完全统一的色阶。我总是说,倘若时间有颜色,那么,它多半是灰色的。这就是北方给我留下的总体视觉印象和心灵感受。"

后来,每当回想起北方,他一定要传达北方平静的灰色:

> 北方充满清醒的色调,/(或者说,是灰色),严厉的摘要,/严酷的铅弹,裸露的刀锋/就像自己的亲人,目光从此不再害怕……

在北方的广阔空间,诗人得到了心灵的救赎,过往的一切恐惧也都获得了安慰。他变得恭顺起来,甚至他自己都不习惯这种恭顺,不是对政权、法官和文学竞争者的恭顺,而是对世界与生活的恭顺,最终是对上帝的恭顺:

> 在自己命运的法庭上,/大声吵闹,/在我的头顶上,/宣读判决,/但请允许我用手,/舀起一捧清水,/让我明白,/只有生命——不属于任何人。

在他的北方诗歌中，还交织着对爱情的歌唱。有时，他无法将北方的风景、贫困繁重的人民生活带来的疼痛，与个人的伤痛和对爱人的思念区分开来。要知道，正是北方乡村主题的诗歌，令对布罗茨基一向严苛的纳乌姆·科勒扎维恩感到惊讶。他写道：

布罗茨基的诗歌，与日益增长的疼痛密不可分。就像乡村生活的贫困与诗人密不可分一样，诗人感受这种贫困，但并没有成为它的一部分……诗人没有解决乡村生活的问题，他只不过是感受生活的人，也渐渐更加理解与亲近这些人以及他们的生活琐事……很少有他不喜欢的人。暂时与友善的崇拜者的集体分离，对诗人产生了积极的影响，他开始倾听自己与整个世界。

他记得所有亲密的同乡，从科诺沙的警察局局长少校奥金佐夫——“一位十分优秀的人”——到诗人曾向其借宿的科诺沙农民：

农妇娜斯佳如今想已死去，/佩斯捷列夫恐怕也已不在人世，/假如他还活着，准是醉倒在地窖内，/或者正在拆下我俩那张床的靠背，/用来修补篱笆门或者大门。（叶尔湉　译）

此外，在流放结束后的很多年间，乡村主题还不断出现在布罗茨基的诗歌中，从细节可以看出，诗歌中的乡村形象就是北方的诺连斯卡亚。“乡村”这个词，从流放开始，就成为诗人最喜爱的词语之一。从阿尔汉格尔斯克流放时期开始，约瑟夫·布罗茨基的词库演变，也是非常有趣的课题，亟待研究。

回到诗人本身，回到他从农妇泰西娅·佩斯捷列娃和康斯坦丁·鲍里斯维奇·佩斯捷列夫以及他的妻子阿法纳西娅·米哈伊洛夫娜那里租用的安静农舍。我们可以试着理解，为什么诗人不止一次地在采访中承认：“现在回想起来，这是我一生最美好的时光,没有比它更糟的时候,但比它更好的时候,似乎也没有。"

第一,诗人沉浸在诗歌中,远离那些纠缠不休的同事,自由派艺术家,这很不错。他不用再出席集会,于是有足够的时间沉思。他真正认识了许多诗人,从罗伯特·弗罗斯特到尼古拉·克留耶夫。"简直是雇农的作品! 但是,我没有受到惊吓,反而非常喜欢。因为这是纯粹的罗伯特·弗罗斯特和我们的尼古拉·克留耶夫:北方、寒冷、乡村、土地。多么抽象的北方风景……"他可以想象弗罗斯特从土中挖出石头的场景。诗人理解了奥登和艾略特,发现了诗歌语言和人类的生活语言的重大意义。

第二,这是他情感生活最明朗、最幸福的时光,尤其是玛琳娜来乡下看望他的时候,他们的生活和谐美满,泰西娅·伊万诺夫娜回忆道:"他们来了,父亲亚历山大·伊万诺维奇……玛琳娜,大概是他的妻子。当时,他们去了另一个房间。约瑟夫说:'泰西娅·伊万诺夫娜的活儿很多,她要照看奶牛和牛犊。她需要休息。他们静静地谈话。而他经常在夜里写东西……'"完全是田园牧歌式的生活。

> 愿我们分享的/这生活的碎片/像鲜活的鱼/疯狂地撞击你的心。[1](王希苏 译)

在流放中,他还写下了《预言》《致奥古斯都的新章》《北方的邮局》等许多非常优秀的诗歌。

---

[1] 布罗茨基著,王希苏、常晖译,《从彼得堡到斯德哥尔摩》,桂林:漓江出版社,1990,第30页。

归　来

　　勃列日涅夫担任总书记以后，1965 年 10 月 4 日，苏联联邦委员会开始审理"社会寄生虫"布罗茨基案，其刑期由五年缩短至十八个月。这既多亏了国内外文学界的请求呼吁，又得益于新任领导人同赫鲁晓夫"极端主义"的斗争。事实上，不知是谁的恶意，还是政府习惯性的玩忽职守，本应送至阿尔汉格尔斯克州的释放决议被误送到沃洛格达州，所以，布罗茨基 9 月 23 日才被释放。不知为什么，尽管亲人翘首以盼，他却没有立刻回家，而是去了莫斯科。他在那里住了近一个月，参加知识分子沙龙，甚至为莫斯科大学的学生朗读诗歌。

　　流放归来，回到列宁格勒以后，布罗茨基经科尔涅·楚科夫斯基推荐，加入了市作家协会工会小组，以防再次背上"社会寄生虫"的罪名。然而，他的前途并不明朗：在杂志发表文章，还有出版书籍的谈判，都无果而终；1968 年，捷克斯洛伐克事件以后，情势明朗起来，布罗茨基在苏联文学中彻底无路可走了。写于 1967 年圣诞的《谈谈溢出的牛奶》，是这一时期的里程碑式的作品，诗歌充满了对生活的尖刻控诉：

　　　　圣诞之际我身无分文。/出版商拖延着我的小说。/莫斯科的日历被古兰经感染。/我不能去友人那里做客，他的孩子正在哭泣，/也不能回家，也不能去认识的姑娘那里。/所有都需要钱。/我呆坐在椅子上，愤恨得发抖……

　　这首诗提到所有的人：不忠的爱人（"知道了我的状况，我的未婚妻/第五年仍支持着我"），期待他们唯一的儿子能生活安定的父母（"他们认为我是强盗，/讥讽着我的品位。/我没有向他们借贷。'粥给他倒稀点！'"）。在列宁格勒不断的喧嚣中，诗人追求着上帝，追求着俄罗斯的大自然（"我热爱祖国的土地，低洼……"），像重复咒语一样重复着："绿草将于夏天归来"。他的心灵在流放期间焕然一新，但故乡舒适的居住环境，他的身体有时却感到不适；陪伴他左右的，都是些放纵不羁的伙伴，他的身边充斥着虚伪的夸奖和暗藏的嫉恨，这样的生活极其无聊。年复一年，他的生活状况并没有改变：他没有工作，偶尔能够出版的译作和儿童诗歌对他来说也不过杯水车薪。玛琳娜为他生下孩子后，永远离开了他，他的私人生活也如他的事业一样没有着落。他越来越感到，他唯一的出路就是移民。

　　布罗茨基在苏联的仕途"无足轻重"，但诗人却在两个首都的文化界享有盛名。他的评价，对于任何年轻诗人来说，都意味良多。他碰巧也推动了我的命运的发展。那时，我还是刚开始从事文学创作的青年，也住在列宁格勒——就是布罗茨基流放归来的地方——我曾不止一次参加过诗歌晚会，晚会上，布罗茨基和他的朋友也作了发言。当时，在我看来，布罗茨基的诗非常传统，循规守矩，极具古典主义色彩，然而，他当时已经名声大噪。老实说，能与他相识，我感到十分荣幸，而且我还给他朗读了自己的诗歌。一次诗会之后，他从我这里拿走了一摞诗作，把他1965年在美国出版的第一本诗集赠我，并附上亲笔签名，马马虎虎地指出书的不足，还邀请我去他的"一间半房间"做客。我那时是激进的左倾分子，崇拜所有的俄罗斯先锋派；在俄罗斯博物馆工作的老友热尼亚·科夫顿带我见识了马列维奇和坎金斯基的真迹；我不分昼夜，待在巴维尔·斐洛诺夫的妹妹叶夫多基娅·尼卡拉耶夫娜·格列波娃那里，在斯捷尔列戈夫的圈子里随意走动；我自封极左现实艺术、"无所谓"流派和其他生物宇宙论者的一员，同诗歌界与绘画界的左倾分子结交。

1967 年,在十月革命盛大纪念活动的组织者当中,有人想出一个主意:邀请以列夫·努斯别尔格和弗朗西斯科·尹凡特为首的艺术活动家,参加莫斯科沿岸举行的庆祝活动,如今,他们已是公认的先锋派画家。我至今还用他们的画作装饰房间。他们住在彼得罗巴甫洛夫斯克要塞,我从学生宿舍搬到他们那里,在防空洞住了将近一月,应努斯别尔格要求,写些宣言、口号……那时,我生平第一次觉得,列夫是个作家。不知道叶甫盖尼·莱茵是否记得,他也去过这些防空洞,正是经他推荐,我才带着自己的一摞诗稿去了约瑟夫·布罗茨基的住处。他表扬了我的一些诗句,建议我删掉了一些,最后却勃然大怒,像中学老师一样,把我所有的诗——不光我所有的——还有先锋派的垃圾,扔到架子上。他无法忍受"为了形式而形式"的做法:如果没有伟大的构思,就不要创作。所有这些文字实验,都令他生气。他是坚定的古典主义者和反先锋派者,即使他不是保守主义者,也不止一次极其明确地表达了自己对文学的保守态度:

> 人类在世上的生活道路,通过自我完善来实现。你不是为了写诗而写诗,而是为了写得越来越好而写诗;不是为了成为好的诗人而写诗,而是为了……算了,无论怎样,都不得不说这个词——心灵。但在这个方向上,最好在风格上,取得成就……因为杰出的作品,总是编造着反心灵的咒语。

布罗茨基还跟我说了件事儿:他在 20 世纪 60 年代的先锋派身上看见了霉点,有些东西甚至已经生出蛾子,写作这些毫无意义的东西完全没有必要:"在这种意义上,我不是先锋派,而是后卫派,就像安娜·安德烈耶夫娜·阿赫玛托娃一样。"另外,在我们的谈话中,他经常引用安娜·安德烈耶夫娜的言论,甚至创造的基础——诗歌的简洁性、思想的可理解性,好像都源于她。我即刻记下他的所有言论,在我们当时的手编小杂志上出版。这份杂志,由我和朋友共同出版,至今保存在我的档案室。那些年,他还经常重复着对文字实验的看法——"垃圾,垃圾,垃圾"。

　　没想到,我的极端性格,还有布罗茨基,深深影响了我想要彻底改变艺术世界的尝试,但不得不承认,我确实已经厌恶这些文字游戏的难题和字谜,我饱读白银时代著名诗人的诗歌。这些诗歌,在所有的旧书店,用对学生而言相当便宜的价格贩卖着。我从"无所谓"流派,转向尼古拉·古米廖夫和维里米尔·赫列勃尼科夫,此后饶有兴趣地倾听布罗茨基对"蒙昧主义"的研究。他不久前刚从我故乡的海滨归来,已在彼得堡名噪一时。我询问他对北方的印象,因为他的流放,跟我有些机缘巧合的关联:好像我的祖先,世世代代也住在他受苦整整十八个月的地方,并且 20 世纪 60 年代,我的一些前人——数十位加卢申族和拉图欣族,也被流放阿尔汉格尔斯克村。我还是学生的时候,从八年级开始,几乎每年 9 月,都要在北方农村的泥泞中收割土豆。我感到有趣的不是臆造的苦难,而是诗人第一次深入俄罗斯土地收获的印象。我乐听这些热情洋溢的话语,有关北方的自然,我的同胞,还有俄罗斯民族文化的故事。"喏,从他们那儿学习诗歌",这位远非正宗的民族诗人跟我凌乱地这样分析。

　　事实上,就是从那时起,我毅然开始从事诗歌创作。顺便说一句,大概在我之后,当时《当代人》杂志的批评家亚历山大·卡津采夫也开始了现代主义创作。此前,他在谢尔盖·甘德列夫斯基圈子中作诗。谁年轻的时候不是激进分子呢?至于约瑟夫·布罗茨基的北方诗歌——其中有些是他在会面时读给我的——我至今都认为这是他创作的最好的诗歌。朋友和我争吵,称这些诗是被迫的、忏悔的、顺从的作品。另一些朋友,则噗噗地讥讽和嘲笑布罗茨基。后来,诗人去美国开创世界文学之路,不止一次改变文风,脱离浪漫主义,用俗语冲淡古典主义色彩,时而转向帝国主题(应该说,这是成功的),时而把自己的诗,揉碎在英文标准下,这不可避免地导致他的诗歌冷淡起来,也导致他的诗歌结构一反常态。他的美国诗歌的许多东西,我都不理解。我完全同意评论家亚历山大·索尔任尼琴和纳乌姆·科勒扎维恩对他的大部分批评。

> 布罗茨基诗歌这种刺骨的冷漠,让他的作品无法抓住大众
> 的心。在他的作品集中,看不到人类的简洁和心灵的通透……
> 西方啊! 布罗茨基喜爱西方,不仅是因为绝对主义在西方精神
> 中占据主导地位,也不仅因为它建立在个性和个体优先的基础
> 上;尽管布罗茨基对民主的支持没有遭到批评:这份支持,还
> 没有表现出什么……他一直非常杰出,所以,说话也毫无顾
> 忌。他精神孤独……

但是,我认为,所有这些尖锐的批评,主要是针对诗人的末期
创作。顺便说一句,索尔仁尼琴选取的,是诗人晚期创作中最糟糕
的诗歌。我这样看待布罗茨基:诗人在俄罗斯文化中出生和成长,
他是俄罗斯诗人,后来,他试图走出俄罗斯文化,转向新帝国的胜
利者的英语文化,但在这个过程中,他几乎没取得任何成果。他晚
期的败笔,就像别人的衣服,哪怕鲜艳、时髦、漂亮,并不适合他脆
弱的肉体。俄罗斯性质,也妨碍他的转型。如果不是六翼天使,就
是评论家,或是这里或那里的标准,不得不撕下他罪恶凌乱的语言
外衣,"让他颤抖着,等待着异教徒,/就像帕帕宁留在冰上的旗
子"。将英语文化,古罗马文化,嫁接到俄罗斯文化,总是好的,但
是,不能没有分寸。也许,诗人认为凭借自己的犹太人的聪慧,就
能轻易脱去俄语的外衣,以英语盛装出席? 但他没有成功。俄罗
斯的民族特性带给他的影响,远比他想象得更深。因此,在创作晚
期,在这些冷漠、懒散,甚至常常毫无意义的诗作中,会突然不经意
地涌现诗歌鲜活的血液。有些东西牢牢地抓住了人心,再次令人
着迷:

> 创造奇迹需要什么? 牧羊人的羊皮袄,/一撮儿今天,
> 一点儿明天,/给明天加上小孔/用剩的空间和一片天空。
> ……

如果你离开家门——/打开星光,告别四只蜡烛,/让星星的目光一直追随着你,/照亮空无一物的世界。

这是诗人去世前一年的作品。

"我划清了界限……"

1972 年,列宁格勒的所有监察机关都对约瑟夫·布罗茨基独立自由的行为作风深恶痛绝。想要不露风声地逮捕他又绝无可能,因为诗人从未卷入政治纷争。然而,当权者并不想如此轻易放过布罗茨基,任由他时常去国外演讲或参加公众活动。或许,某些列宁格勒区委的官员,在莫斯科的压力下,被迫撤销对布罗茨基的流放判决后,依然怀恨在心。布罗茨基流放归来,并没有特别想要移居国外,他深深爱着故乡、父母和玛琳娜。他完全可以像叶甫图申科、沃兹涅先斯基,以及自己的彼得堡同乡索斯诺拉,时常受邀前往国外。因此,无论 70 年代的移民是出于自愿还是被迫,这都意味着诗人将与故乡和亲人永别。

布罗茨基曾想乘机去往波斯,但意识到自己是俄罗斯诗人后,便放弃了移民的想法。然而,惩罚机构却盼望布罗茨基移民。美国总统理查德·尼克松访问莫斯科前,重启犹太移民通道,1967 年,苏联与以色列断交以后,该移民通道一直处于关闭状态。为什么不趁机摆脱这位独立的公民呢?众所周知,事实上,布罗茨基也收到了以色列政府希望他回归故乡的邀请。

1972 年 5 月,诗人突然收到列宁格勒警察局签证登记处的传唤。布罗茨基曾在 1995 年亚当·米赫尼克的采访中忆起这段往事:

> 我知道,签证登记处是不会平白无故给人打电话的,我甚至想到,是否外国的亲戚给我留下了一笔遗产,我说,我很

晚才有空,要到7点多钟,他们说:好的,7点,我们等您。签证登记处的一位上校接待了我,客气地询问我的近况。我说,一切正常。他说:您收到了去以色列的邀请。我说,是的,不仅有去以色列的邀请,还有去意大利、英国和捷克斯洛伐克的邀请。

上校问道,那您为什么不接受去以色列的邀请呢?难道您认为我们不会放您走?我回答,是的,不过这不重要。为什么?上校问道。我不知道能在那里做什么,我回答道。于是他话锋一转,对我的称呼,也从客气的"您",变成了"你"。我告诉你,布罗茨基,你现在把这个表填了,再写一份声明,我们会作出决定的。

——如果我拒绝呢?——我问。上校说:那么,你的日子恐怕就不好过了。

我坐过三次牢,两次被送入疯人院……在这些"大学"能学到的一切,我都已经完全掌握了。好,我说。表格在哪里?……那是周五晚上。周一又来了电话,请我去一趟,上交护照。后来,他们便开始与我讨价还价,讨论什么时候离境。我不想立刻就走。但是,他们说,要知道,你现在已经没有护照了。

接到签证登记处电话三个月后,1972年6月4日,约瑟夫·布罗茨基从普尔科沃机场出发,飞往维也纳。临走那天,他还寄出了给列昂尼德·勃列日涅夫的信,在信中,他写道,自己属于俄罗斯文化,不可能被驱逐。他极其失落,更不知道境外等待他的是怎样的命运,他的诗歌又会变成什么样子。

在维也纳机场,等待他的是"阿尔迪斯"出版社社长卡尔·普罗菲尔,一天后,他就同普罗菲尔一起,与英美大诗人温斯坦·休·奥登会面。他们并没有结下深厚的友谊,奥登也不是从前的样子了,这更像两代人,两位诗人,两种伟大文化的会面。与诗歌偶像的交流,缓和了诗人在另一个世界、另一种文明中感到的反差。此外，当时他的英文掌握得还不够好，因此，他总在听奥登谈话，而不是与他交谈。他倾听，观察，提一些简短的问题。他与奥登一起从维也纳飞往伦敦，参加 1972 年 7 月的世界诗歌节。在给朋友，未来的传记作家列夫·洛谢夫的信中，诗人满怀钦佩，描述了与奥登会面的印象：

W. H. Auden（温·休·奥登）早晨 7 点 30 分喝第一杯 Martini dry（马提尼干邑，一种由杜松子酒和苦艾酒调成的鸡尾酒），然后处理邮件、读报，做这些事情的同时，也挽进一些 sherry（雪利酒，一种产于西班牙南部的烈性白葡萄酒）和 scotch（苏格兰威士忌）。然后吃 breakfast（早餐），早餐吃什么不重要，但是，要有本地的 pink and white（粉色和白色的）干邑（我不记得喝这两种酒的先后次序了）。此后，他开始工作，或许因为他用的是圆珠笔，所以，书桌上并没有墨水瓶，而是醒目地摆着随着创作进程的持续而不断减少的 Guinnes（吉尼斯黑啤酒）bottle（瓶）或 can（罐），亦即 Irish（爱尔兰）黑啤酒。然后是午餐，大约在中午一点。根据菜谱，他会点缀上各种各样的鸡尾（我指的是鸡尾酒）。午餐之后，是创作之梦，在我看来，这是他一昼夜唯一不沾酒的时刻。醒来之后，他借助第二杯 martini dry 来换换口中的滋味，然后开始工作（作序、写作散文、作诗、写信，等等），不停从结着冰凝水的大啤酒杯里呷上几口加冰的 scotch。或者，呷下的是幻想。这里的晚餐时间通常在晚上 7～8 点，这时，我的状态已经非常好了，转眼之间，照例会出现一瓶有些年头的 chateau d'（高档的法国葡萄酒）……他雷打不动地在晚上 9 点上床睡觉。

我们共处的四周时间，他从未变更这样的日程；甚至在维也纳飞往伦敦的飞机上，一个半小时，他一边吸吮着挽了奎宁水的伏特加酒，一边做着奥地利报纸 Die Presse（德文《新闻报》）上的德语填字游戏，我这张 Jewish mug（犹太人的脸）也成了那些报纸的装饰。①

命运的面孔转向他，小心翼翼地帮他翻过生活的一页。卡尔·普罗菲尔很快便推荐布罗茨基去美国工作，身份为住校诗人，在密歇根大学为诗歌爱好者上写作创意课。这份有趣的工作让诗人有机会在美国各个城市演讲。当时，诗人住在艾尼-阿尔博雷，离底特律不远，从那里每天去密歇根大学给学生上课。他给学生们朗读阿赫玛托娃、茨维塔耶娃、曼德尔施塔姆的诗歌，逐行分析。那些喜爱诗歌的学生，认真听讲，其他的学生，则躲在教室后面做自己的事情。他独自游遍北美大陆，还去了墨西哥。他也乐意去欧洲做讲座，在巴黎、伦敦、都柏林、罗马、阿姆斯特丹和威尼斯，逗留很久。他像新教徒一般贪婪，为自己打开新的世界。

是的，在西方，从移民时期开始，前所未有的好运，一直伴随着他。这不是因为他的犹太身份（那时很少有犹太人，尤其是有天分的犹太人移民美国），甚至也不是因为他的天分（不少天才都在死后才得到承认）。在俄罗斯文学界移民的"第三次浪潮"中，他很快就成为最有声望的人。老一辈当中，也只有亚历山大·索尔仁尼琴与弗拉基米尔·纳博科夫能取得这种声望。众多的嫉妒者更是不断编造"布罗茨基黑手党"觊觎诺贝尔奖的谣言，讲述诗人精心策划的流放和驱逐，以及世界犹太人对他的支持。在我看来，这些嫉妒者是第一批预言布罗茨基获得诺贝尔奖的人。谣言的主人公为什么不是同样杰出的诗人纳乌玛·科尔扎维恩呢？为什么不是瓦西里·阿克谢诺夫？为什么不是谢尔盖·多夫拉托夫，或者尤扎·阿列什科夫斯基呢？

他出版了新书，生活也安顿妥当。1981 年，他从安静的艾尼-阿尔博雷搬到纽约，住在布罗茨基研究者熟知的蒙顿街——格林威治村西部的安静一角。在美国期间，他共在六所大学教过书，包括纽约大学和哥伦比亚大学。他可以依靠奖金生活，尤其是 1981 年

---

① 列夫·洛谢夫著，刘文飞译，《布罗茨基传》，北京：东方出版社，2009，第 241 页。

获得"天才奖"之后，他完全能够暂停教学，投身诗歌、阅读和旅行，这是他最喜爱的三件事情。

令人震惊的是，那些年对他最猛烈的批评并非来自苏联，事实上，苏联境内一直对他缄口不提。最猛烈的批评，来自自由派移民圈子。一些自由主义者，不满布罗茨基对积极的反苏事业漠不关心，而且诗人曾直接宣称，他不打算怪罪自己的祖国。另一些人则坚信，布罗茨基为克格勃工作——否则，他为什么会如此轻易在流放中获释，此后，又能如此轻易离开苏联？甚至列夫·纳夫罗佐夫、纳乌玛·科尔扎维恩、爱德华·利莫诺夫和艺术家米哈伊尔·谢米亚金，也诋毁布罗茨基。米哈伊尔写道，约瑟夫·布罗茨基的诗歌"旨在让'铸造车间和制造厂的人'阅读，让他们理解并称赞您的优秀"。于是，便有了著名的诗作"一切都指责于我，除了坏天气……"，这首诗绝对不是针对"克林姆林宫"的。

现在，恰恰相反，自由派移民圈子，不断夸大布罗茨基与政权的对抗，夸大其对苏联惩罚机关报复的恐惧，确信布罗茨基永远厌恶俄罗斯。例如，某个维克多·菲克里在《新俄罗斯言论》中写道："哪怕过去多年，直到1987年，诗人心中的被驱逐的感觉还是挥之不去，即使那时他的生活平静优渥，完全可以进行独立的诗歌创作（黑色的眼睛越多，鼻梁就越多……）。可能，在他的内心深处，有一种被驱逐的感觉和警惕……此外，他总能与一败涂地而又善于打发清算人的极权怪物算账。"

这简直像侦探小说，没有任何根据！当然，在不同年代，布罗茨基曾对俄罗斯发生的事件表达过不少怀疑的想法，此外，对其他国家也是如此。但无论是对祖国充满愤恨的俄罗斯移民，还是激进的爱国者，都能利用这些根据断定布罗茨基是绝望的恐俄分子。这两类人，都不会只刻意歪曲和缄默不语，但是，没有成见、不爱贴标签的人都会承认，布罗茨基的观点和言语具有一定的独立性。诗人的一生，划清过往与新生的界限，变得更加混乱矛盾、前后不一，但是，一如既往，个性鲜明，坚持个人的观点。于是，就有人把他的所有创作——爱情挽歌（《再见了，维克尼隆小姐》），古希腊主题诗歌(《致忒修斯和弥诺陶罗斯》)都归之于与俄罗斯思想的分离,与一切过往荒谬粗鲁的割裂。噢,严肃地说,我认为,所有被祖国遗弃的抱怨,移民不得不进行的自我辩白,都反映在他的诗歌《五周年纪念日》中,这首诗写于他离开俄罗斯后的第五年。但是,另一方面,如果俄罗斯对他毫无意义,难道他会每年都怀念与俄罗斯分离的那天,庆祝这个悲伤的纪念日吗?

他未必会庆祝从监狱获释的日子,他总是尽可能忘记有关监狱的一切。在《五周年纪念日》,不仅交织着对水洼、酒馆、监狱的回忆,还有普希金的海湾,莱蒙托夫的捷列克(俄罗斯城市)、飞向太空的加加林。可以说,这是诗人对俄罗斯的个人回忆。

> /那里,愚蠢地宣称,伟大的计划遭到破坏。

但是,为了对被破坏的伟大计划表示怜悯,必须感受这种计划的伟大。即使沉浸在讽刺的呓语中,诗人也无法摆脱思乡的情绪:

> 现在那里没有我了。可能,/只有艾尔米塔什的花瓶为我的丢失感到惊讶。/没有我,景致也不会因此而空洞,/我只是,一片微不足道的空白。

我无法苟同诗人在俄罗斯景致中对自己的定位。这种空洞非常巨大,还好能用布罗茨基的诗歌填补。况且,诗人在新的生活空间无法找到任何旧世界的替代。约瑟夫·布罗茨基怀着基督教徒式的恭顺,接受并感谢一切命运:

> 以基里尔符号感谢命运。/既然那是命运,就以一切语言接受它。/在我的面前,是纯净的空间。/没有塔柱、喷泉和金字塔。/在此,一切迹象表明,我并不需要向导。

尽管被遗弃的诗人的"停滞海湾"缺陷很多,但是,约瑟夫·布

罗茨基未必能找到有价值的替代。唉,诗人清楚,没有第二个故乡:

> 无论是对希腊人,还是对瓦良格人,我都无话可说,/
> 因为我不知道,去往哪一片土地/笔尖沙沙、沙沙作响! 翻
> 动纸张。

诗人拒绝被新的空间"训话",直到生命尽头,也没有写作任何关于纽约的诗行,他富有诗意地栖居在俄罗斯,这片"基里尔文字"的土地。

早期移民时期的另一首著名诗歌,是 1975 年的《科德角摇篮曲》,布罗茨基已经与俄罗斯告别,努力寻找它的替代。

> 恰似暴虐的首长,/不断更换后宫,/我已变换帝国。/
> 腐朽的气味,使我走出这一步……

如果真有腐朽的气味,布罗茨基也不会否认。即使在这段痛苦的岁月中,他也从未打算与国家、与故乡宣战。他把自己分离于体制、意识形态之外,他是一位孤独的诗人、独立的个体,不依赖任何人。可能的情况是,他在诺贝尔文学讲座中阐述的诗人个性自治观念,就是离开祖国的移民的观念? 自始至终,只有谈论俄罗斯文学、俄罗斯文学家时,他才说"我们""我们的",在西方,他始终坚持用单数第一人称"我"。

这就是他"嘴里是咸涩的海水,/我划清了界限……"的酬劳。仔细研究诗人在什么时候,如何在自己的诗歌和演讲中,运用神圣共同的"我们"和孤独的"我",是个有趣的话题。"我们"——在划清界限之前,用来称呼俄罗斯文化界,而"我",则一直用来面对西方世界。

我想,他特意为自己留下些许俄罗斯环境,移民时期,他完全可以在伦理、文化以及宗教意义上,认为自己是犹太人。他在美国收到过这样的建议,而且对他十分有利。但是,布罗茨基移民以

后,不愿坚守自己伦理上不可分割的犹太性,不愿离开俄罗斯环境。有关这一点,以色列作家泽夫·巴尔·谢拉写得十分准确,他清楚分析了为什么约瑟夫·布罗茨基不愿成为犹太诗人,为什么他要进入俄罗斯文化。他通过分析布罗茨基的《以撒与亚伯拉罕》,阐释了布罗茨基对犹太人的灾难的理解,犹太人的灾难,从亚伯拉罕燔祭上帝,一直延续到奥斯威辛集中营:

> 在《以撒与亚伯拉罕》中,布罗茨基领悟了犹太人命运的意义。我不想说,他的理解是正确的,可能,的确是正确的,——毕竟,他是一位天才的诗人。我想,布罗茨基认为,上帝为犹太人留下的,不是遗言,不是契约,而是判决——他为犹太人留下了一纸判决。而犹太人的灾难,就是履行判决。在杂志《22》中,我曾写道,犹太民族是唯一经历过世界末日的民族:灾难过后,犹太人没有崛起。是的,他们还在生活,甚至建立了国家,但是,灾难前的犹太民族已经不复存在。在这首诗中,布罗茨基与自己的民族,一同从命运之途的开端——亚伯拉罕燔祭上帝——走到尽头。在《以撒与亚伯拉罕》以后,布罗茨基有两个选择:或者与逝者一同死亡,或者不再做一位诗人。布罗茨基做出第三个选择——不再做一位犹太诗人……

既然犹太文化已经没有出路,依照天赋的指引,无论是帕斯捷尔纳克,还是布罗茨基,无论是尤那·莫里兹,还是亚历山大·库什涅尔,都在俄罗斯民族文化中寻找自我,并且找到了自我。这不是背叛,而是对诗歌命运的自我探寻。移民以后,他愈发明白,自己的本质,是俄罗斯诗人约瑟夫·布罗茨基,除此之外,再无其他。因此,他不想去以色列。有一次,他几乎要被说服,从美国去特拉维夫(以色列首都)演讲,票都买好了,但布罗茨基编造了一个最简单的借口,推掉了行程。泽夫·巴尔也对此作出了解释:"他以什么身份前往以色列呢?美国诗人?但大家都知道,他是犹太人。

而犹太诗人,布罗茨基并不愿接受这一点……"他也没能成为美国诗人,而是接受更符合天性的俄罗斯命运。

甚至在移民时期,他最亲密的朋友也来自俄罗斯圈子。尽管他也十分乐意与美国人、犹太人,尤其是文学界的美国人和犹太人交往,但是,当他想要解放天性,或是庆祝私人的纪念日时,他总要叫上"自己人"——俄罗斯移民。布罗茨基在美国最亲密的朋友是米哈伊尔·巴雷什尼科夫、根纳季·施马科夫、列夫·洛谢夫。他一直与谢尔盖·多夫拉托夫、尤扎·阿列什科夫斯基交流,在欧洲,他高度评价弗拉基米尔·马克西莫夫,甚至他亲近的西方朋友都是讲俄语的斯拉夫学家:本特·扬格费尔特、卡尔·普罗菲尔和凯斯·威尔赫伊尔。

米哈伊尔·巴雷什尼科夫谈到布罗茨基时说:

> 毫无疑问,约瑟夫影响了我。他帮助我理清了某些生活难题,向我展示了解决问题的机制:应当基于怎样的想法,怎样的伦理规范,应该如何去做。我总是采纳他的建议,以他为榜样。他不叫我米沙,而是叫我梅什①,或者米歇尔。他是猫,我是老鼠。我们就是这样玩的。他就像我的母亲一样。他热爱意大利。"您去哪?冬天去意大利。"——"冬天的意大利——就像正在游泳的葛丽泰·嘉宝"……

约瑟夫·布罗茨基对朋友的评价诚挚感人,他为朋友写道:"我一切无法用手完成的事情/他都能用脚做到!"——布罗茨基在诗歌中回忆道。

在朋友圈子中,他就像被遗弃海外的俄罗斯碎片。尽管他有不少意大利、英国、德国朋友,却娶了俄裔玛丽娅为妻,尽管她有一个意大利姓氏——索扎尼。于是,他最终还是没能划清界限,这也是我们所有人的幸运。

---

① 与俄语"老鼠"一词发音相同。

对"道"的追寻

初识东方文化时,西方喜欢将中国与古希腊相比。希腊对整个欧洲文化的影响毋庸置疑,然而,该将目光转向东方,理解古代中国文化的奥秘了。没有中国美学,世界不仅无法理解中国,而且无法理解当今世界。中国在欧洲文明体系之外发展,通过文化与诗歌理解中国发展的逻辑,也能丰富我们的本土思想、美学和文化。将注意力转向东方诗歌和哲学的第一批诗人当中,就有约瑟夫·布罗茨基。中国、中国主题和中国文化,在某种程度上与他终生相伴。从童年开始,他的身边就围绕着来自中国的稀奇玩意。青年时期,在地质勘探队工作时,曾几何时,他竟想踏上中国的土地。晚年时,他开始翻译中国诗歌。他熟悉《道德经》,高度评价其中蕴含的古老智慧,认为自己的生活道路就是"道",需要一直走到尽头。我们最好还是试着单独分析这个问题。

从童年开始,他就沉浸在东方世界中。他的父亲,亚历山大·伊万诺维奇·布罗茨基,是一位战地摄影记者,对德战争结束后,被派往中国服役数年,后来,从中国带回不少让孩子惊奇的物件。布罗茨基在《一个半房间》中写道:"虽然,他被指派去海军,但对他来说,战争开始于1940年的芬兰,终结于1948年的中国:他与一批军事顾问一起被派往中国,帮助毛泽东。那座微醉的渔夫陶雕和母亲要在我结婚时送给我的那几套瓷器,正是从中国带来的。"①从童年直到生命的最后时光,一艘中国式的帆船——青铜帆船雕

---

① 布罗茨基著,黄灿然译,《小于一》,杭州:浙江文艺出版社,2014,第399页。

像,一直陪伴着他。现在,这座帆船雕像还装饰着布罗茨基在喷泉楼的纪念书房,很快,雕像就会被移往姆鲁济大楼的布罗茨基故居博物馆。与中国密切相关的,还有诗人离开苏联时携带的那个著名的行李箱,1973年6月4日,出发那天,在普尔科沃机场,米哈伊尔·米利奇克拍下了坐在行李箱上的诗人。

来自中国的"战利品",陪伴布罗茨基度过整个少年时光,他说:

> 不管他在中国搞什么骗人的把戏,我们那小小的餐具室,五斗柜和四壁,还是因此获益匪浅。在艺术品中,挂出来的最后几件都源自中国:裱在软木板上的水彩画,武士剑和小丝网印制品。那座微醉的渔夫陶雕,是一系列活泼的陶雕、玩偶、戴帽子的企鹅等物品中仅剩的东西,其他都逐渐消失了,要么是不小心弄坏了,要么是需要作为生日礼物送给亲戚。那些剑也必须上交国家,因为它们被看作潜在的武器,普通市民是不应该拥有的。这不失为一种合理的预防措施,尤其是鉴于后来我屡次招来警察搜查我们那一个半房间。至于那几套即使在我这外行眼中也显得无比精致的瓷器——母亲绝不允许让哪怕一只美丽的茶碟摆上我们的桌子。"这不是粗人用的。你们是烂糟糟的粗人。"①

年少的布罗茨基,一生都记得父亲从中国归来的日子:

> 我记得1948年11月某个寒冷黑暗的夜晚……那天晚上,父亲将从中国回来。我记得门铃响了,母亲和我奔了出去,原本就灯光朦胧的楼梯口,突然因为海军制服而变暗:父亲、他的朋友兼同事F. M.上校和一群士兵进入走廊,抬着三个巨型木板条箱,连同他们从中国带来的物件,四下堆放着,还可

---

① 布罗茨基著,黄灿然译,《小于一》,杭州:浙江文艺出版社,2014,第400页。

以看到一个个章鱼似的中文大字。后来 F. M. 上校和我坐在桌前,父亲忙着从板条箱里取出东西,母亲穿着黄粉相间的中国绉纱连衣裙,踩着高跟鞋,拍着手……F. M. 上校,高瘦而结实,穿着一件解开纽扣的暗蓝色海军制服上衣,从一个卡拉夫瓶里给自己斟了一杯酒,向我眨眼,把我当作大人。他们的皮带,连同搭钩和装在枪套里的帕拉贝伦手枪,放在窗台上。母亲看见一件和服,便张口结舌。①

或许,从那时起,布罗茨基就隐约爱上了东方,爱上了海洋和远航,爱上了海军,爱上了雄伟壮丽的感受。虽然有些夸张,但是,他说:"除了文学……还有旧都②的建筑之外,俄罗斯唯一能够引以为傲的,就是国家舰队的历史。"

顺便一提,布罗茨基的写作,在某种程度上,也归功于中国——父亲从东方带回布罗茨基用来写下第一组诗歌的俄语打字机。显然,打字机原本属于某个前往中国,或被遣送的俄罗斯移民。可能是阿尔谢尼·涅斯梅洛夫? 或是瓦列里娅·佩列列申的?

对于那些布罗茨基诗中无意出现的各种中国物件,汉科半岛的诗歌主人公,以及佛祖的祈祷,我不会夸大它们的意义。在他的多维诗歌空间,也能找到对墨西哥和非洲风情的描写。是的,类似的描写的确存在,就让文本学家仔细统计所有关于中国的描写吧,例如在献给玛琳娜·巴斯马诺娃的诗歌中,有这样的句子:

亲爱的,我今天深夜离开这座房子/去呼吸一下从海洋飘进来的新鲜空气。/落日在诸神之中燃尽,犹如一个中国风扇,/云团积聚犹如音乐会大钢琴的盖子。(黄灿然 译)

---

① 布罗茨基著,黄灿然译,《小于一》,杭州:浙江文艺出版社,2014,第 400—401 页。
② 指彼得堡。

俄罗斯 20 世纪的诗歌，都有和服、中国的屏风、扇子和瓷制雕像，从古米廖夫到威尔金斯基，从勃洛克到尤里·库茨涅佐夫，莫不如此。只有布罗茨基在 1977 年，写下令人惊叹、思想深刻、抒情而又坦率，具有历史哲思的《明朝书信》。我愿意连同最详细的注释，配上中国明代画家作品的插图，将这一组诗歌单独出版。虽然布罗茨基在朗读《明朝书信》前，不止一次向读者解释，这与中国现实无关，事实上，这组诗歌，充满许多个人思想，同时，组诗也彰显了诗人对中国文化的精辟理解。可以说，诗人将中国美学的语言化为己用，技艺精湛。历史学家和哲学家写“明”这个单词的时候，通常不加软音符号，这不过是个人的特殊理解罢了，无法证明布罗茨基不了解中国历史。诗人对听众说：“为了更好地理解这首诗，你们唯一需要知道的，就是明朝（1368－1644）是中国历史上最残酷的朝代之一。”对此，我要争辩一番。更准确地说，明朝的统治虽然残酷，但是，文化繁荣，尤其是诗歌。在布罗茨基的诗中，我们也没有看到任何时代的残忍。正如专家推测，诗人运用中国传统的体裁——“词”，来写这组诗。这件事耐人寻味，因为布罗茨基身边的许多诗人未必能想到这种体裁。根据词的规律，诗人从女性视角写作，通常这位女性是宫廷尤物，与有权有势的爱人分离，在哀歌中抒发自己的情感。他如何知道这些细节呢？

我想，布罗茨基对中国诗歌的兴趣，起源于早期的彼得堡生活，他受到一位老朋友的影响。这位老朋友就是杰出的东方学家鲍里斯·瓦赫金——女作家维拉·潘诺娃的儿子。他还劝说诗人首次尝试翻译中国诗歌。他们共同的相识——汉学家塔季扬娜·阿伊斯特回忆道：

> 鲍里斯·瓦赫金，东方学家，建议布罗茨基根据逐字逐句译出的初稿，编译中国情诗。约瑟夫听了直译稿件，沉默了几分钟，突然写出诗行很长的译文。译文的要旨和风格，令瓦赫金极其惊讶。“约瑟夫，从来没有人这样翻译中国诗。在你之前，所有译者，都想方设法把诗行译短，因为中文词句，在俄罗

斯人听来,极其简短。与此同时,一个汉字比一个俄语单词的内在含义,丰富许多。这种汉字与俄语单词内在容量的差别,是翻译最令人头疼和棘手的难题之一,而你就这样解决了⋯⋯能够以这种长长的诗行翻译古典诗歌,事情就好办了⋯⋯"一年后,布罗茨基重新开始翻译中国诗歌。"哎,——他对布罗茨基说,——你最好能多译几首中国古诗。如果你不翻译,那么,所有的人都还以为,中国古诗就像艾德林想象的那种样子——没有乐感、没有韵律、没有节奏,一无所有,实际上,那只不过是干巴巴的逐字逐句的翻译初稿⋯⋯"

没有瓦赫金的影响,没有对中国诗歌独特的理解,《明朝书信》无法取得成功,可能只会带有一些北方人的异域情调,连布罗茨基都对这种异域情调感到淡漠。在他的意识里,瓦赫金的谈话与他童年时期远游东方的梦想交织在一起,当他与父亲带回的帆船游戏时,当他仔细端详中国版画时,他曾无数次这样梦想。当然,也有其他重要的影响因素:与安娜·阿赫玛托娃的谈话,与出色的韩语诗歌译者的谈话,想起了古米廖夫的《中国之行》和《瓷亭》,以及索洛维耶夫的《俄罗斯与中国》。在彼得堡时期,布罗茨基就意译了一些中国诗人的诗歌。

> 春天,我慵懒不愿起床,聆听鸟儿不停鸣叫,/我久久地回忆,昨夜狂风呼啸,/被风吹落的花瓣,不知道该有多少。①

布罗茨基把惯用的长诗与中国自成一格的诗节结合在一起。他轻松自如地去掉了专业翻译笔下的刻板短句,融入了自己的风格。

在列宁格勒,他与东方研究院的学生为友,东方研究院是北方

---

① 《春晓》:春眠不觉晓,处处闻啼鸟,夜来风雨声,花落知多少。

都城最充满自由思想的科研机构之一。在那里,他认识了自己的中国崇拜者,后者曾对他说:"约瑟夫,您是具有世界意义的人。"此后还补充道:"就像在您那里一样,约瑟夫,我不想选择国家与出身……请您原谅我,我最近对纪念碑的态度不太好……"此后,布罗茨基还喜欢时常拿"世界意义的纪念碑"开玩笑。

如果不是因为系列错误,塔季扬娜·阿伊斯特记叙的布罗茨基痴迷东方的回忆录,完全可以成为极其出色的作品,这些错误,引起很多人的怀疑。回忆录很真诚,但也十分主观,尽管她在自己的文章《约瑟夫·布罗茨基——中国诗歌翻译家》中列举的诗歌和翻译,对理解诗人的创作十分重要。但是,为什么她把布罗茨基的诗称为《唐朝书信》呢?是错误,还是笔误?如果诗人在为塔季扬娜朗诵诗歌时,把它称为《唐朝书信》,那么,塔季扬娜应当说明,布罗茨基寄给她的诗歌与刊登的版本不同。还有,为什么她只摘取了诗歌的一部分?要知道,任何诗人都可能有异文,而异文非常有趣。塔季扬娜·阿伊斯特刊写的版本如下:

> 很快即满十三载,从挣脱鸟笼的夜莺/飞去时算起。皇帝望着黑夜出神,/用蒙罪的裁缝的血冲服丸药,/仰躺在枕头上,他上足发条,/沉浸于轻歌曼曲催眠的梦境。/如今我们在人间的天堂欢庆/这样一些平淡的奇数的周年。/那面能抚平皱纹的镜子一年/比一年昂贵。我们的小花园在荒芜。/天空被屋顶刺穿,像病人的肩头/和后脑(我们仅睹其背项)。/我时常为太子解释天象。/可他只知道打趣开心。/卿卿,此为你的"野鸭"所写之信,/用水墨在皇后赐给的宣纸上誊抄。/不知何故,纸愈来愈多,米却愈来愈少。(刘文飞 译)

坦白地说,上述版本与公开发表的原文没有任何差别,也就是说,塔季扬娜所谓的异文,不过是标题不同而已,尽管她没有明确表示。我斗胆一说,当时为什么会出现异文?据我所知,约瑟夫愉悦风趣。他把自己的新诗《明朝书信》寄给塔季扬娜时，完全可能出于对女士的礼貌，唯独把这一版诗歌的标题改成《唐朝书信》——借指他认识的所有"塔尼娅"①，其中当然包括塔季扬娜·阿伊斯特。于是出现了异文。

约瑟夫·布罗茨基这首诗的主人公是一位热恋中的女性，宫廷美人。正如词的体裁要求的一样，诗的开头点明了具体时间（很快即满十三载，从挣脱鸟笼的夜莺……）。可以把这段时间与布罗茨基这只"夜莺"飞出苏联的时间进行对比。列夫·洛谢夫在书中写道："布罗茨基的中国研究者刘文飞指出，《明朝书信》与中国明朝的一个传说相似。传说的主人公是一位女性，她的爱人被赶去建造长城……"

我了解这个故事，这位建造者被封砌在长城中，而他的爱人苦苦寻找。除了恋人分别的情节，诗歌第二部分提及的长城，我认为，二者再无相似之处。此外，刘文飞的文章也十分有趣，或许，列夫·洛谢夫有些地方没有读懂？给远方朋友写信的，是他的情人，同时也是皇帝的宠妃之一（否则，她就不会为太子解释天象，用皇后所赐的宣纸誊抄）。与安徒生童话的相似之处也无法刺激我，因为诗人有相似的权利。爱人无聊地叙写周遭宫廷日常生活的残酷，只是可惜，她已经十三年没有看见自己的夜莺，同时，又为夜莺挣脱牢笼而高兴。此后，诗歌则描写了女主人公苦闷的生活：镜子越来越昂贵，花园荒芜，国家的粮食愈来愈少（此外，这是多余的男性细节）。诗歌第一部分最重要的诗句就是："很快即满十三载，从挣脱鸟笼的夜莺／飞去时算起。"

1972年6月，布罗茨基飞离苏联。诗歌写于1977年，也就是五年之后。十三年前他被流放阿尔汉格尔斯克，他深爱的玛琳娜·巴斯马诺娃与他相守。我不想咬文嚼字，毕竟诗歌总有虚构的成分。但是，我想，布罗茨基从流放，与爱人分离开始计算时间。那么，正好十三年。当然，诗人在1977年还等着爱人的来信，但

① 塔尼娅是塔季扬娜的爱称，与"唐"在俄语中发音相似。

是,大概等不到了。我会把这首诗收入献给 M. B.（玛琳娜·巴斯马诺娃）的组诗,M. B. 就是他的劳拉,或贝缇丽丝。

但是,诗人首先是指自己与祖国的分离。说来可笑,阿尔汉格尔斯克流放时期——诗人至死都认为,那是他生命中最美好的一段时光——十三年过去了。他的爱人,沉默了十三年。事实上,国家的米和面包,也越来越少。

《明朝书信》显然是悲剧性的。当然,讲到中国古代王朝的残酷,诗人也在影射驱逐他的祖国的残酷。夜莺被迫与朋友、创作环境以及俄罗斯的诗意空气隔绝。这在诗歌的第二部分尤其明显。诗作两部分的诗句,数量相当,符合词的体裁要求。不过第二部分已经是诗人的自述了:

> 俗话说:千里之行,始于足下。/可惜,那远远不止千里的归途呀,/并不始于足下,尤其/当你每次都从零算起。/一千里亦罢,两千里亦罢,/反正你此时远离你的家,/言语无用,数字更于事无济,/尤其是零;无奈是一场瘟疫。

> 风向西边吹,一直吹到长城,/像黄色的豆粒从胀裂的豆荚中飞迸。/长城上,人像象形文字,恐惧/而又怪异;像其他一些潦草的字迹。/朝着一个方向的运动/在把我拉长,像马的头颅。/野麦的焦穗磨擦着暗影,/耗尽了体内残存的气力。(刘文飞　译)

怪异的文字,恐惧的城墙,恐怖的无聊。这已然是在讲述俄罗斯以及自我的命运。列夫·洛谢夫写道:

> 诗歌两部分的十六行诗句,在语义上是对称的:第一部分的第一行,是对经历时间的概述("十三年"),第二部分的第一行,则是对经历路程的概述("千里");第一部分用单词"大米"

结尾,第二部分用单词"麦穗"结尾。同时,"女性"和"男性"内容也形成反差:第一部分充满了具体的实物形象,第二部分则是符号形象——单词、数字、汉字……

诗的两部分,确实在语义上形成对比,但是,对布罗茨基而言,意思总比语义重要。况且,列夫·洛谢夫本人也找到了类似的草稿——一些东方主题的忧郁诗歌。在本土时期的草稿中,有一首没有注明日期的诗:

> 灰暗的城墙高耸/长城上,人像象形文字一样/怪异(或是美丽),/……字迹。

> 在城墙背后,看来,/是一片辽阔的地域,适宜居住/或杳无人烟。被灰尘染成褐色。/不重要,无论如何也无法翻过。

> 算了,已经很好了。/我既没有忧愁、没有惊慌,也没有担忧,/我反对延长那条,/通往长城的道路。

希望自由派的布罗茨基研究者可以原谅我,我更喜欢读出诗歌记叙的东西,同时并不脱离主旨。诗歌的形象性,增强了诗人对故土绝望的思念与乡愁。就像诗歌的精彩描写一样,归途远远不止千里(接近 6000 千米),况且,毫无回归的希望。诗人永远离开了苏联,侨居海外。有人对此表示轻蔑,甚至高兴;有人则如同诗人约瑟夫·布罗茨基,或散文家亚历山大·索尔仁尼琴,绝望而煎熬。当然,这首"类中国诗"事实上讲述了诗人离开祖国后的个人心境。让我们潜心阅读:"风向西边吹,(我们把'西'的首字母大写,用来指代西方世界,而不是地理上的西方。——邦达连科注)一直吹到长城/像黄色的豆粒从胀裂的豆荚中飞进。"
在西方的长城背后,等待诗人的是什么? 流亡的大风,把诗人吹向何方？虽然与中国长城相似，但这决不是一直守护中国的长城。而且，中国人也不会把"西"的首字母大写。对他们而言，西方和北方居住的，多半是蛮族……"长城上，人像象形文字，恐惧/而又怪异；像其他一些潦草的字迹。"我明白，那些西方学者不愿接受这个事实——布罗茨基自己确认，《明朝书信》和中国的现实毫无关联。因此，这些研究者通常更喜欢诗歌的第二部分，认为第二部分是对中国和长城的印象。但是，无论相对于中国过去的哪个首都：长安、洛阳，还是北京，长城都在北方，而对于流放者而言，长城则在南方。是的，在残酷的集权人物秦始皇统治中国时期，奴隶和被奴役的农民建造了长城，他们被毫无怜悯地驱赶着工作。那时，便出现了建造者被封砌在长城里的传说，一位建造者忠实的妻子在不停地寻找。但是，这里是明朝——已经不是秦始皇的朝代了。在明朝，长城对中国人而言，不再是集中营，而是抵御北方侵略者的屏障，甚至可以说，是一种希望。

安东·诺西克说得对：

我们可以对诗歌列举的事实，在今天的中国进行"实地勘测"，诗歌经不起这样的勘测。首先是地理上的阻碍，千里之行——事实上不过是500千米……很难说，诗人会因为并不遥远的路程而迸发激情（沙皇的信使两天两夜就能赶到，苏联的信件至少需要一个半小时）。如果谈起数字，应该指出，在明朝，不管是一千，还是二千，书写时都不带零。一千——就是千，二千——就是两千，而不是1000和2000。在布罗茨基对长城的描写中，唯一经得起考证的，只有"长城"这个单词本身。是的，长城的确存在。但为什么在西方?！要知道，建造长城是为了抵御北方蛮族的侵犯！也就是说，相对于中国的任何一个城市或省份而言，长城都在北方。如果主人公是流亡者，住在长城的另一端，那么，长城在他看来，矗立在南方（相对于蒙古），或者东方（相对于俄罗斯或欧洲）……诗歌中，长城的外表，也与事实毫无关联。首先，长城的颜色像是加了牛奶的咖啡。第二，长城的高度，将近 10 米……主人公的心理状态令人堪忧。"长城上，人像象形文字，恐惧而又怪异"，这句话，在欧洲人听来，再正常不过，但是，对一个在明朝宫廷写信的人而言，汉字不可能是恐惧而又怪异的……

是的，东方人不可能说，汉字恐惧而又怪异。这意味着，诗人写的是另一个长城，另一个西方，影射的是"其他一些潦草的字迹"，像人一样怪异的字迹。诗人反对延长那条通往长城和西方的道路。我不打算将布罗茨基刻画成激进的反对西方攻击者，或是绝望的俄罗斯爱国者，但是，有些地方值得我们深思。我想，这与政治毫无关联，不管它是西方的、俄罗斯的，还是苏联的，关键在于诗人的命运，诗歌的发展。他预见"朝着一个方向的运动/把我拉长/像马的头颅"。在我的东方收藏中，就有神话的奔马的形象。我想，布罗茨基也见过类似的东西。他不想成为单调的、平面的、向西运动的诗人，他明白，他的力量，他的诗歌的伟大，在于俄罗斯和俄罗斯文化。而"一些潦草的字迹"，是令诗人感到恐惧的，毫无特性的诗歌个体。

唉，结果是，诗人晚期用美国黑话，甚至不用英语创作的诗歌，直观地证明了这一点。所有主要的英语评论家都对此进行了尖锐批评。诗人及时远离这些诗歌，回归俄语。聪明的诗人在《明朝书信》中还预言了自己的悲剧结局："野麦的焦穗磨擦着暗影/耗尽了体内残存的气力……"与西方暗影、众多美国媒体之间的摩擦，还有与迫使他接受种种条件的自由派团体之间的摩擦，耗尽了诗人的所有气力——精神和体力，这也为诗人的早逝埋下了伏笔。

俄罗斯的欧洲人

奇怪的是,他竟然在美国唐人街便宜的中国餐馆获得自我救赎,成了那里的常客。他不为便宜的面条才去那儿!还记得我们在他家会面的时候,他给我讲东方哲学、《道德经》,引用老子的永恒真理。虽然"马儿一直在把诗人向西方拉伸",但是,他在东方哲学和诗歌真理中,找到了自我救赎。

列夫·洛谢夫也高度赞扬朋友的《明朝书信》和东方文学翻译。他写道:"值得注意的是,他一直都对中国抱有强烈的兴趣,他总是想去远东。晚年的时候,曾有这样的机会,但是,由于心脏病,出行计划被一再取消(他认为,也许正是因为身体状况允许,他才接受了 1996 年秋天去台湾的邀请)。"他还注意到,布罗茨基还向他的美国学生推荐大诗人李白的《长干行》,李白的这首诗,以妻子的口吻叙述与丈夫的离别之苦,堪称哀歌的杰作。

在美国,他对中国的强烈兴趣得到了汉学家塔季扬娜·阿伊斯特的支持。她给约瑟夫·布罗茨基讲解中国汉字的含义。"我向他解释'道'字的结构与含义。"

她说:"这个字由两部分组成,一部分的意思是道路,或者说是行走。另一部分是'首',像戴帽子的官员的头,两部分合在一起的意思,就是走人生该走的道路。"布罗茨基问:"为什么普通农民不能走自己的路呢?"阿伊斯特回答说:"当然可以。""那为什么不说是农民的头,而说是官员的头呢?"阿伊斯特被问住了,一时不知如何回答。后来她解释说:"或许是因为从很远的地方就能看见官员吧?……"她边说边笑,以这种方式自嘲。不过,她坚持说,"道"不能跟"群众性"混淆，也不能跟"民主"的概念混淆。

诗人一生都在尝试厘清自己的"道"，遵循自己的"道"。

诗人在青年时期就体会到"道"的含义。此后，他十分轻松地踏上了中国文学翻译之路，从而再次重新回顾东方真理的内涵，仿佛回到自己年轻的时候。此外，他的诗歌，雄伟壮丽，让我们想起攀登高峰的过程，山峰也是中国智者的必经之路。

托木斯克诗人安德烈·奥列阿尔第一次翻译布罗茨基的英文全诗，理解了他关于喜马拉雅山的诗作。他写道：

我的小说和布罗茨基的诗歌，被"共同的"旅行捆绑在一起。2001 年，我跟随西伯利亚登山探险队前往埃弗勒斯峰。在尼泊尔和中国西藏待了两个月，体验了真正的生活，冒险和悲剧……伴随我的，便是布罗茨基的书（就像布罗茨基喜欢的大不列颠诗人奥登在《给拜伦的信》中所写的一样：旅行最好的朋友和谈伴，就是心爱的诗人的诗集。但是，我对现在醉心翻译的奥登，了解得晚些。生活就像诗歌，令人惊奇，其中一切，都有韵脚。再过几年，我将出版《我眼中的布罗茨基》，以及布罗茨基的英文诗译——《给考古学家的信》）。因此，我关注遥远而寒冷的喜马拉雅山上的事物。布罗茨基的诗歌和那雄伟的山峰极其相称。他的诗歌，形式优雅而完美，强大的灵感、神秘的回响、永恒的呼吸，与喜马拉雅山交相辉映……难以言表。还记得，在珠穆朗玛峰 ABC 展馆的冰窖，我坐着，读到这些诗句："从冰阶上，我环顾半个世界……"，或者"在亚洲旅行时，我在别人家里过夜……"。正是因为身处大自然最伟大的创作，我才自然理解、领悟了约瑟夫·布罗茨基诗歌的宏伟瑰丽。这些诗歌，瞬间向我展示的现实情景，不只是东方的千年文明和喜马拉雅山冲破云霄的 8000 米高峰了。

东方诗歌总是饱含永恒的真理，普通人不易发现。庄子写道：

"不知深矣，知之浅矣。"中国诗人从屈原的《天问》开始，就习惯讲述那些不露于外的或无形之物。中世纪美学著作《文心雕龙》的作者刘勰曾教导诗人："应将感情和意识转化为精神、事实和思想，即骨骼、词汇和美感，肌肉和皮肤。"中国诗歌，最重要的就是——看不见的东西，就像精神。我赞同阿·格尼斯的意见，他在讨论中国文化的文章中写道：

　　因此，鉴赏家认为，只关注事件的外在梗概是不够的。没有实质内容，属于低等题材，即"小说"（有点像我们的"轻松读物"）。中国美学，甚至将著名的、深受广大人民喜爱的长篇小说，归入此类。传说，著名小说《水浒传》的作者罗贯中曾遭刑罚，他的三代后人，天生聋哑。按照中国的传统，真正的艺术家唯一值得创作的，就是"感情的文学"，由此便可解释，中国文化对充满趣味的散文如此冷淡的原因。高等文学——"文"，深入世界本质，深入根源——道。为此，作者只需用心——这一特殊的器官——来描写现实，看清世界。"心灵的"文学中心，不是情节，而是情境，是充满作者丰富情绪的抒情事件。因此，"文"不是叙事体，完全是抒情体。作者描写那些令他感到震惊，让他恍然大悟的情境。真正的现实，只是透过作者内心的那些东西。其他"客观的"现实，则是毫无思想，静默的、无生命力、无灵魂可言的模型，对宇宙冰冷生硬的模拟。中国的文学传统，将作者和主观现实糅合在一起。经典的诗歌，永远是无人称的：不是诗人在讲述，而是情景自身在讲述，孕育情感。如此反常而超乎自身的抒情诗，被翻译成"被动态"文字，对此，布罗茨基经常写道：真正的诗人，不以自己的名义发声，他是情景的耳朵和喉咙……

　　格尼斯引用布罗茨基的论述作为结尾，绝非偶然。诗人内心亲近中国诗人。这从他翻译的第一首李白的诗就能发现：

怀念家乡（静夜思）

在我看来月光像雪一样，/寒冷的风忽然从窗口吹来……/我的朋友居住的房子上空/此刻想必也有这样的月亮。[①]（谷羽　译）

这恰巧与布罗茨基对故土的思念之情相仿。相比之下，塔季扬娜·阿伊斯特用"糟糕"一词评价阿·吉托维奇翻译的《静夜思》：

在我的床头，/横着一道月光。/或许这是寒霜？——/暗自顾费猜详。/我仰起头来——/望着窗中明月，/垂下头来——/不禁想念家乡。

我同意阿伊斯特的观点："中文杰作变成可笑的'现实主义'小诗。也许，诗人喝醉了，或者宿醉未醒。诗人盯着窗户，不知道自己到底看到了什么。然后，床前的运动又有何作用——我把头仰起，我把头垂下……吉托维奇严格遵循将一行中文诗译成两行俄文诗的准则，所以，诗看起来空洞冗长……"

塔吉雅娜·阿伊斯特认为，李白是天才的诗人，吉托维奇却把他的杰作译成了可笑的"现实主义"小诗。诗人仿佛喝醉了，要跟什么人争吵似的，眼睛盯着窗户，却不清楚究竟要看什么。随后在床上做起体操——抬头，低头，不知他究竟要干什么……翻译家吉托维奇信守一条原则，总是把汉语诗的一行译成两行。在阿伊斯特看来，这种方法笨拙而不可取。

事实上，约瑟夫·布罗茨基推崇另一种翻译中国诗歌的方法。他有时翻译得好，有时候翻译得差——不过还是翻译了一些经典的中国诗歌。应该说，这要归功于塔季扬娜·阿伊斯特的努力：她鼓励诗人翻译诗歌，将译作保存下来，并率先把这些译作发表在小众科学杂志《俄罗斯侨民：过去和将来》上。

[①]《静夜思》（李白）：床前明月光，疑是地上霜，举头望明月，低头思故乡。

翻译了李白的《静夜思》以后，布罗茨基又翻译了王维的名作，诗名既可译为《鹿柴》，也可译为《隐士之地》。此诗共有二十个汉字，诗节简短，就像日本短歌。

> 山上无人，不见人影的山。/只听得见山中溪水流淌的声音。/月光穿过树枝茂密的空隙/在紫色苔藓上留下奇妙的花纹。[1]（谷羽　译）

布罗茨基还翻译了另外两位中国诗人的诗歌。

听弹琴（刘长卿）

> 那首乐师正弹的乐曲，/我自己知道。/总凡三十五年已逝，/所有的演奏者都已在天堂。/鉴赏者越来越多，/几乎超过乐师。[2]

寄扬州韩绰判官（杜牧）

> 珠山的景色毫不惊人，/而是稍显单调；/山势高耸/如此伟岸，/夏日看不见山后的云朵，/冬季云彩低低垂垂，/山岭也变得矮小。[3]

布罗茨基认为，任何创作的本质都是游戏；他不提倡"严肃"无趣的诗歌。因此，从童年的某个时刻开始，小约瑟夫玩起中国帆船和泥人。这样的游戏，让他免于生活的孤独和悲情，让他学会原谅。在游戏中，他理解了另一种命运，另一种世界观。例如，布罗茨基从老子应西部要塞边防官的请求而作的《道德经》，体会到非

---

[1] 《鹿柴》（王维）：空山不见人，但闻人语响。返景入深林，复照青苔上。

[2] 《听弹琴》（刘长卿）：泠泠七弦上，静听松风寒。古调虽自爱，今人多不弹。

[3] 《寄扬州韩绰判官》（杜牧）：青山隐隐水迢迢，秋尽江南草未凋。二十四桥明月夜，玉人何处教吹箫。——布罗茨基的俄文译作，经过回译以后，与汉语古诗原意并不一致。——译者注

比寻常的哲学。像老子一样，布罗茨基在完成自己的佳作后，出发去西方，但是，那是另一种西方。中国人认为，西方就是西天，那里是山和沙漠的尽头，是圣人升天的国度。对布罗茨基来说，西方是美国，那里没有永恒的真理。看来，他只能走自己的路，走"成果之路"——就像他最爱的霍达谢维奇写的一样，或者走自己的"道"。也许，布罗茨基的一生，从第一次玩弄中国帆船开始，再翻译《道德经》，直到去世前不久，他都在寻找自己的"道"，虽然时而成功，时而失败。

我们再次引用塔吉扬娜·阿伊斯特的观点："为了消遣和娱乐，我们专门去了纽约各式各样的咖啡馆，在每个咖啡馆，他都引用《道德经》，与吧台人员交流。他还要给一些人翻译，懂汉语的俄罗斯人在美国如此缺乏吗？布罗茨基用自己的幽默，将他的人生活成了马可·波罗理想的样子……为了将一切彻底倒置，'画成圆圈'，我想引用他给我的最后一封信中的话来说：现在计划去中国旅行，还不算晚。与此同时，动身去万恶的欧洲。"

对于布罗茨基，《明朝书信》和中文译著，成了他逝世后的东方旅行，那里是他如此向往，却始终未能到达的地方。

永世的流浪者

　　人本身就充满矛盾，尤其是诗人。约瑟夫·布罗茨基就像他个人坚持的一样，是"犹太人、俄罗斯诗人和美国公民"。或是"俄罗斯诗人，尽管是个犹太人"。但是，在不同时期，出于不同原因，诗人曾试图远离自己的俄罗斯使命。每一个民族，都有属于自己的民族英雄，有正面的形象，也有不太正面的形象。例如，俄罗斯有傻瓜伊万。每个俄罗斯人身上，都有这个民间传说人物的影子。从古至今，犹太民族就有传奇的、永世流浪的犹太人形象。

　　首先，我想说明，永世流浪的犹太人的传说，与单词"жцд"蕴含的反犹主义思想毫无关联。从 17 世纪开始，在犹太民族的大部分传说中，永世流浪的犹太人都叫阿格斯菲尔，就是稍事修改波斯国王阿哈施维洛沙（阿尔塔薛西斯）的名字后得来的，后者源于犹太普耶节的传说。1602 年，在德国出版了一本通俗读物——《一个名叫亚哈随鲁的犹太人的简述及其故事》。这本书还有另外一个很长的名字——《一个名叫阿格斯菲尔，曾经见证我们耶稣上帝的受难，并依然活着的耶路撒冷犹太人的新说》。这本书讲述的历史飞速传遍欧洲，永久占据了人们的想象。书中记录了一百多个永世流浪的犹太人的传说。阿格斯菲尔的别名有：艾斯别拉——迪欧斯（上帝依靠者），布达杰乌思（击打上帝者），卡塔皮鲁斯（彼拉多的守卫）。在耶稣基督前往各各他①的路上，阿格斯菲尔拒绝让耶稣稍事休息，命令他继续赶路。因此，他被罚永世不得安宁，在基督

---

① 基督被钉死之地，在耶路撒冷城外。

第二次降临前,永世漂泊。在基督教中,阿格斯菲尔传说的来源可以追溯至马太福音(16:28),耶稣曾说:"我实在告诉你们,站在这里的,有人在没尝死味前,必看见人子降临在他的国里。"

民间认为,永世流浪的犹太人是个不知疲倦的旅行者,他的出现使整个世界感到不安。人们为他写书、歌唱和争吵。甚至在特权阶层的代表中出现了许多见证者,在他们当中,有人曾亲眼见过阿格斯菲尔,有人则是从德高望重的长者那里听说过他的出现。永世流浪的犹太人,有时是个不知疲倦的流浪者,有时是坚定不移的道德家,有时是善者和救主,体现人间之爱,有时是邪恶的鬼魂,世界末日的宣告者,有时是犹太民族受到不公正迫害的象征……永世流浪的犹太人,是注定要走向世界末日的人类形象。永世流浪的犹太人,还是犹太民族命运的喻体——犹太人被逐出祖国,在世界流浪。对此,犹太人欣然赞同,即使在以色列,历史注定他们要在全世界流浪。而且,他们自己也认为,在他们当中很多人身上,都有古代永世流浪的犹太人的影子。

约瑟夫·布罗茨基也没能跳出这个民族原型。出于政治原因移民,从一个国家迁居另一个国家,未必能拉近诗人与这个民族形象之间的距离。但是,约瑟夫·布罗茨基比鲍里斯·帕斯捷尔纳克,或者奥西普·曼德尔施塔姆更像流浪的犹太人,这一点,谁会反对呢?谁又曾强迫布罗茨基在移民美国后,一直在墨西哥、英国、瑞典和意大利之间奔波呢?这不是以色列人,或者德国人、法国人、俄罗斯人,为了寻找旅途奇遇离开祖国的旅行,这是俄罗斯诗人跨越命运的边界,进入另一个身份——永世流浪的犹太人。在诗歌中,他也常常把自己放在世界的各个角落,把他去世的、深爱的父亲,安置在澳大利亚,把自己时而比作提比略,时而比作波斯图穆斯,时而比作燃尽的灰尘,随风飘散。

俄罗斯公民、苏联公民,由于政治原因,成为美国公民,但这并不意味着他成为永世流浪的犹太人——数百万俄罗斯移民的命运都是如此,他们当中很多人都在新的祖国过着美满的生活。但是,布罗茨基生于苏联,作为俄罗斯诗人前往美国,甚至在美国买好了墓地（这哪里是流浪？），却被安葬在威尼斯——诗人实际上从未生活过，只是偶尔拜访的地方。这难道不是永世流浪的犹太人的命运?！是的，我知道，布罗茨基本人并没有打算被安葬在威尼斯，而是想在美国公墓安息，与俄罗斯以及瓦西里岛的过去断绝关系。无论现在某些记者如何杜撰，关于此事，他没有留下任何遗嘱。但命运却在他去世后把他变成了"流浪的犹太人"。他的遗孀玛丽娅·索扎尼几乎从不接受任何采访，但是曾与波兰记者伊莱娜·格鲁津斯卡娅-格罗斯谈话并坦言："他的一个朋友提出，要把他安葬在威尼斯。那是除了圣彼得堡以外，约瑟夫最喜欢的城市。此外，自私地说，意大利是我的祖国，因此，我的丈夫埋在那里更好。"

诗人的遗孀曾公开表示不喜欢美国，不愿意和女儿在那里生活，因此把丈夫的遗体带回了祖国。这是人之常情，但没有人想到，这竟莫名其妙地把整件事变成了"永世的流浪"。诗人的确在生活中常常与内心"永世流浪的犹太人"的形象坚决斗争。诗人内心，帝国性的"我"，并不想和它平起平坐。从俄罗斯诗人约瑟夫·布罗茨基，萌生了美国诗人尤瑟夫·布罗茨基——这是另一种身份，也意味着另一种命运和对命运的态度。弗拉基米尔·纳博科夫，还有尤瑟夫·康拉德，等等，都以第二种身份生活……

现在，诗人又有了第三种身份——"永世流浪的犹太人"，然而，并不是每个犹太人都注定流浪。帕斯捷尔纳克、曼德尔施塔姆，还有布罗茨基的朋友叶甫盖尼·莱茵，都没有这种身份，美国移民也没有。

艾尔甘·那坦·阿德勒尔，著名的犹太旅行家和古代手稿的收集者，写道："流浪的犹太人——完全是伟大史剧的现实人物。散落在罗马帝国的偏远之地，他是游牧者和移居者，是逃亡者和征服者，也是收藏者和大使。阅读《圣经》，唤起他对其他国家的兴趣，无论地理位置的远近。他用多种外语交流，可以与任何国家的犹太人交谈。"那坦·阿德勒尔在《永世流浪的犹太人的孩子》的结尾写道："他像从前一样，是世界各地犹太侨民之间的纽带，他一如既往，虔诚细心，待人宽厚，慷慨施舍。"

难道这不是诗人约瑟夫·布罗茨基的流浪犹太人身份的清晰写照吗？不过，我对这个身份不感兴趣。我要书写的是另一种身份——俄罗斯诗人的身份。但是，我无法忽视他的波斯逃亡，以及他想要进入永世流浪的犹太人世界的尝试。他的犹太性，时常在彼得堡时期闪现。我想，他坚持与之斗争、打压它，后来，在美国时期，则对它置之不理。他决定，就让诗人的两三种不同面孔不停交替吧——俄罗斯诗人、英语散文家、美国公民和永世流浪的犹太人。我想，在以色列，已经没有永世流浪的犹太人了，在虔诚的犹太人中，恐怕也没有了。正如米哈伊尔·克列普斯在论述布罗茨基诗歌的一本内容丰富的书中写道，他的某些诗歌——是"迷失在扭曲镜像中的永世流浪的犹太人"。永世流浪的犹太人的诗歌——不知写于何时何地的"无名之辈"的诗歌，是孤独的永世流浪者的诗歌：

> 但是，你看，命运不再，岁月蹉跎。/已经羞于说出白发的所在。/我的脉管枯萎，血液稀少，/思绪也如同枯枝似地歪歪斜斜。（陈子弘　译）

他已经转向内心："老朽之体/的气味，如今甚至比体形/更为清晰。"（《科德角摇篮曲》）开始出现了一些不知来源，不知何时为谁而作的诗歌：

> 玛强保先生最终无处去爱/甜蜜尊敬的情人，可最终实在/无所谓谁不去恢复记忆中/非你所属的特征也没有谁的挚朋①。

在诗人的第三种面孔下，整个外部世界和内部世界、时间以及空间，都变得含混不清。为了一起，也为了自己，他心慌意乱，自相

---

① 布罗茨基著，王希苏、常晖译，《从彼得堡到斯德哥尔摩》，桂林：漓江出版社，1990，第297页。

矛盾,把不兼容的东西混杂在一起,把粗言俗语和高雅文体结合在一起,或许他童年在街头玩耍的时候,流连于彼得堡芜杂市井的青年时期,就萌生了这种念头,但是,现在这些念头却填满了无名的世界,也就是他幻想射出波斯之箭的世界。同时,他也能够真诚书写,回忆爱人玛琳娜·巴斯马诺娃:"至今为止,想起你的声音,我便感到激动。"他后来发怒,故意乖谬地转向罗马皇帝提比略的雕像:"两千年后我向你致敬,/你也曾娶过浪荡的女子,/我们之间有不少相同……"此外,诗人对俄罗斯的态度,也有类似的反差:

有时是完全的崇拜与赞颂:

　　不要欺骗人民。善良不等于轻信。/说谎的嘴巴,人民将用手掌封住。/世上没有任何地方可以找到一种语言,/能让说话者从高处睥睨民众。

有时则是完全的藐视与轻慢:

　　某位东正教徒走进来说:"如今我是主要的人。"/我的心中只有凤凰,有对君主的眷念。/伊戈尔很快就要回来享受雅罗斯拉夫娜。/请你们为我画十字,否则我就要打你们耳光。(刘文飞　译)

无论哪一种诗歌,都十分真诚。这就是一个人的不同面庞:俄罗斯诗人约瑟夫·布罗茨基和永世流浪的犹太人。

在美国,他尝试进入英语诗歌世界。亚历山大·库什涅尔在对布罗茨基的评论中写道,分别十年后,他们在纽约见面时,布罗茨基的脸庞发生了一些新的变化。库什涅尔推测,长期生活在英语世界,布罗茨基此前没有发育完全的面部肌肉得到了发展。他把自己的诗歌翻译成英文,保留韵律和节奏,遵循同样的规律,用英语写诗。他与许多翻译家争吵,招致英语诗人和批评者毫无怜悯的辱骂,最后不得不变化地点与语言,成为"无名之辈"。

正如他的朋友凯斯·维勒黑尔,在 1972 年 9 月布罗茨基飞往美国后写道:"我最近一次听到他的声音时,他还在维也纳。他完全不明白自己身上发生了什么,有一次,他热情地向我讲述,他如何与西方世界初识,一个仅仅敢在苏联发表几行诗的诗人在西方获得的关注;其余的时间,他十分忧郁,充满了寂静的疯狂。去往美国前不久,他曾从伦敦寄给我一张伦敦塔桥的明信片,上面写道:'如果严肃地说,我已经死了,如果不严肃地说,我获得了安娜堡的住校诗人的职位。'"鲁道夫·努勒耶夫也曾论述过他的晚期诗歌——那些仿佛死后写下的诗歌。后来,虽然布罗茨基已经完成了帝国和语言的转换,在 1987 年的采访中,他还是一如既往地重复道:"我认为,1972 年所说的恐惧,来自我那时害怕失去自我、担心失去作家的自尊。我想,我那时确实不够自信——即使现在,也依然不太自信,——不愿变成傻瓜,因为在这里生活需要我付出的努力更少,不像在苏联,每天都有精心设计的考验。"1973 年,出现了在新的空间表达个人的方式——"无名之辈,失去了记忆,家乡和儿子"(《泻湖》)。弗拉基米尔·克兹洛夫的文章《布罗茨基不可译的岁月》,全面分析了诗人的这一时期。这段岁月的确不可翻译。很多批评家——美国,还有我们本国的批评家,都不接受这个美国英文诗人布罗茨基。

或许,我也不接受这样的他,但是,如果我已经有了伟大的俄罗斯诗人约瑟夫·布罗茨基,那么,不可译的英语诗人约瑟夫·布罗茨基对我又有何用?大部分美国和英国诗人也不接受英语诗人布罗茨基。可能从日常生活的角度来看,美国是永世流浪者的最佳选择,但未必适合俄罗斯诗人。他在某种意义上把自己"放逐"到"世界上最好的地方",同时,是否丢失了自己的俄罗斯性质?正如他在回答芬兰记者时所说:"还有更猛烈的指责——您失去了自己的俄罗斯性质……——如果俄罗斯性如此容易丢失——那么,这样的俄罗斯性还有什么价值。"他也分析了自己形而上学式的放逐:"如果必须要定义一个被放逐作家的生活,属于何种体裁——那么,毫无疑问,就是悲喜剧。多亏此前的自我积淀,相比同乡,他

能更加明显体会到民主社会和物质优势。但是,出于同样的原因
(主要的连带结果是语言障碍),他完全无法在新的社会中扮演重
要角色。他置身其中的民主只能保障他的人身安全,却没有赋予
他社会意义。"

　　他陷入了诗歌和语言的隔绝状态,就像他自己所说,来到美
国,已然"没有了缪斯"。对于诗人,还有什么比这更恐怖的呢?
"清晨送奶的人,看见牛奶已酸/会第一个疑心你已在这里逝世。/
你在这里活着,无视日历,/吞饮镇定剂,从不离开住处……"天才
的文学研究者阿琳娜・沃尔金娜仔细分析了英语诗人布罗茨基。
她把英语诗人布罗茨基和俄语诗人布罗茨基比作刘易斯・卡罗
尔[①],这一点是正确的:

　　英国女王维多利亚读了惊人的童话故事《爱丽丝漫游仙
境》后,要求亲信把"这个作家所有的书"拿给她。令她惊讶的
是,她的书桌上竟然堆满了数学论文! 女王的亲信太过热心:
他们拿来了才华横溢的童话作家和打油诗大师刘易斯・卡罗
尔的所有书籍,还一同拿来了查尔斯・路特维奇・道奇森的著
作,后者是著名的数学家,逻辑学的信徒。然而,这两类著作
的作者,完全是同一个人!

　　移民美国以后,在布罗茨基身上发生了同样的事情——他的确
在那里成为 Joseph Brodsky(尤瑟夫・布罗茨基)。他完全成为另
一个人、另一个诗人。我不打算谈论他伟大的英语散文,在散文体
裁上,纳博科夫、康德拉也取得了双语创作的成功。但布罗茨基首
先是一位诗人。他生前在国外,在英美出版了四部英文诗集。阿
琳娜・沃尔金娜曾提到,英国诗人克莱格・瑞恩、彼捷尔・波特以
及其他英国诗人都写道,布罗茨基的英语诗歌简直就是"劣等诗

———————————

① 　原名查尔斯・路特维奇・道奇森,小说家、数学家、逻辑学家,刘易斯・卡罗尔
　　是他的笔名。

集"。阿琳娜·沃尔金娜列举了英语诗人布罗茨基受到的猛烈抨击。例如,波特就把布罗茨基那些成功的简洁而不矫情的诗行当做例外,但在总体上,对诗的评价极低。谈论布罗茨基时,波特在结尾明显暗示:"从诗集《乌拉尼亚》看,授予布罗茨基诺贝尔奖,不过是外交举措,而不是对诗人进行应有的嘉奖。"

唐纳德·大卫,著名的批评家和诗人,尽管没有如此激烈地表达自己的观点,但他的评价更为负面。他的文章《充满内容的诗行》,是一篇感情丰富的长篇评论,类似波特的短评。文章既有分析,也有大量引文,还有历史考证。大卫认为,布罗茨基的英文诗歌充满转喻,"超强的隐喻",文字游戏……评论的结尾,比波特更加严厉:布罗茨基,毫无疑问,"是天赋极高的诗人,严肃地对待自己的使命",但是,评论家急于对他的英文创作赋予高度评价,反而帮了倒忙,诗人四十七岁时获得诺贝尔奖,不仅为时尚早,而且极为有害。"我们在认识到他是受苦受难者和认真勤勉的大师前,就把他当成了纪念碑和圣像。"——唐纳德·大卫认为。

恐怕只有约瑟夫·布罗茨基的密友德里克·沃尔科特热情洋溢的散文,才能反驳这样的批评。我对这场辩论很感兴趣,因为辩论在很大程度上解释了为什么在美国生活的后期,布罗茨基受到俄罗斯本国的强烈抨击。亚历山大·索尔仁尼琴、纳乌姆·科勒扎维恩,以及列夫·纳关鲁佐夫也一样。但是,感到自身的英语贫乏以后,布罗茨基在晚期的俄语诗歌中,远离刻薄与骄傲,尝试渐渐走入流浪诗歌,走入"永世流浪的犹太人诗歌"。相比他的英文诗歌,这在很大程度上要成功得多;诗人有不少出色的流浪诗歌,但正是布罗茨基的流浪诗歌,引起我们很多读者的不满,例如《五周年纪念日》。[①]

现在,我们似乎知道,诗人在威尼斯安息。但会永远如此吗?谁知道呢,或许出于读者和后代的意愿,他的遗骸终有一天将从威

---

① 无论是对希腊人,还是对瓦良格人,我都无话可说,/因为我不知道,去往哪一片土地/笔尖沙沙、沙沙作响! 翻动纸张。

尼斯迁回瓦西里岛，就像不少著名同胞的遗骸，从巴黎的圣热纳维耶沃——德布瓦，从美国，从其他俄罗斯移民中心迁回一样。一同迁回俄罗斯的，还将有谢尔盖·佳吉列夫与伊戈尔·斯特拉文斯基的遗骸……那时，"永世流浪的犹太人"将会永远安息，为我们留下的，只有伟大的俄罗斯诗人，"尽管他是犹太人"。他的永世流浪和侨居生活终将结束，苦尽甘来的时刻终将到来。没有人征求他的意见，就把他葬在"墓园岛"，永世驱逐，也没有人征求他的意见，再把他迁回出生的预言之地。上帝保佑吧。

晚期的苏联诗人经常在世界各地旅行，但都没有深入任何国家和民族的生活，只不过对流浪之地浅尝辄止。出色的美国诗人克雷·莱恩就不接受对美国和美国诗歌浅尝辄止的永世流浪者布罗茨基；天才的俄罗斯诗人亚历山大·博布罗夫，还有纳乌姆·科勒扎维恩，或是叶甫盖尼·叶甫图申科，也不接受在美国生活后期对俄罗斯诗歌和俄罗斯文化浅尝辄止的永世流浪者布罗茨基。正如叶甫图申科写道："布罗茨基是著名的流浪者，而流浪者不可能成为民族诗人。"我可能会同意叶甫盖尼·亚历山大维奇的观点，但恐怕他论述的，不是布罗茨基北方流放时期的诗歌，亚历山大·博布罗夫的书，恐怕没有评论《北境绵延……》《乡村里的上帝不只是偶像……》《人民颂》，或者《致奥古斯都的新章》征服了索尔仁尼琴的诗歌。

我发现，布罗茨基的诗歌，常常令他的反对者折服。在亚历山大·博布罗夫的《永世的流浪者》一书中，作者想要证明，布罗茨基的诗歌异于众人，但自己却渐渐迷上了布罗茨基北方时期预言式的诗歌：他有不少类似《剧诗》那样充满怀疑、甚至下流的诗句。反抗上帝时的谢尔盖·叶赛宁有时也写过这样的诗歌，还有亚历山大·勃洛克（《气弹射入神圣的俄罗斯》）以及其他许多俄罗斯经典作家，从普希金和莱蒙托夫开始……我只想提醒一句，博布罗夫的著作自相矛盾，我们还是以布罗茨基的诗句为例："这是预言式的诗歌，完全是帝国性的：

　　宁愿饥饿劳累,／也不愿做残羹糊口的奴隶,／宁愿在帝国做一名下士,／也不愿在傀儡国家当沙皇。

　　在那些辱骂俄罗斯的国家耳中,这听起来多么轰动!但在当地电影中,穿着可笑的女士上衣的布罗茨基,恐怕从来没有写过这样的诗行……"

　　萨沙,我为什么要与你争辩呢?博布罗夫整整三百五十页的"反对布罗茨基"的著作,至少三百页都在赞颂布罗茨基,他还援引了雅科夫·戈尔丁、阿纳托里·奈曼、瓦莲金娜·帕鲁希娜的论断。对于诗人生命中最美好的时光——北方流放时期,亚历山大·博布罗夫与我的看法几乎一致:"要知道,他的朋友、爱人都去了那里,在那儿,他写下了最明媚的诗句……"博布罗夫后来又反驳自己,还援引我叙述俄罗斯诗人布罗茨基的两篇文章。

　　他的老友也不欣赏作为流浪者的布罗茨基的诗歌。叶甫盖尼·莱茵写道:布罗茨基"拒绝了俄罗斯抒情诗的典型特征——激情、温暖和凄凉。"叶莲娜·施瓦茨也与他的观点完全一致:"他使用全新的音律,甚至不合乎俄罗斯诗人本性的思维形象。但是,俄罗斯诗歌需要这些吗?我不确定这是俄语。这是某种其他语言。每个诗人,都被他身后的诗歌所支配。俄罗斯诗人少有冷漠与理性。俄罗斯诗歌独具内在而深刻的凄凉。"无论在诗歌还是政治方面,《剧诗》都被完全抵制。谁需要:"从那个世界,像喀迈拉①,退休的刽子手",或是"能看到这个城市最好的风景,如果坐上轰炸机"?无怪乎亚历山大·索尔仁尼琴把《剧诗》评价为掺杂着苏联黑话和脏话的廉价西洋画,与其说它是讽刺苏联的漫画,不如说是讽刺俄罗斯的漫画。

　　我只想指出,约瑟夫·布罗茨基作为永世流浪的犹太人,类似的冷漠,甚至疏离,不仅针对俄罗斯和莫斯科,还针对美国、威尼斯、伊斯坦布尔,还有他完全陌生的以色列。不要忘记他的诗句:

---

① 希腊神话中狮头狮颈羊身蛇尾的喷火妖怪。

"在阿拉伯和平的农舍上滑翔着讨厌的犹太人……"是的,当布罗茨基讽刺挖苦,写作《剧诗》时,我们可以为此愤怒,但是,他也为美国创作了同样的廉价洋画,他竭尽全力讽刺西方,从中国到土耳其的西方,还喜欢挖苦自己。要知道,诗人在此书写的正是自己:

> 作为二流时代的公民,我骄傲地承认:/我最好的见解也不过是二流产品,/我把它们向未来的岁月奉献,/作为与窒闷进行斗争的一些经验。(吴笛　译)

他不需要英雄式的传记,他想要这样的生活:"我不知道,你们是否知道,我在城市间漫游,没有栖身之地……"在一次采访中,对这个问题,布罗茨基给出了详尽答案:"我感到自己是俄罗斯诗人、英语散文家和美国公民。"于是,关于诗人,可以写三本书:俄罗斯诗人(我正在写的)、杰出的英语散文家和生活圆满、甚至相当平庸的守法的美国公民。

作为俄罗斯诗人,约瑟夫·布罗茨基,甚至在美国生活的时候,对苏联的解体也表示惋惜,说自己是"我们,喀查普人^①",甚至有时总想不顾一切奔回俄罗斯,但是,诗人制止了自己:

> 我常常恨不得坐上飞机,回到俄罗斯。但是我的理智足以制止我。我要回到什么地方去呢?要知道,与我出生时相比,那已经完全是另外一个城市了。我首先想到的是,这个国家属于苏联范畴,而不是俄罗斯,只有我的过往,与这个国家紧密相连。过往给予我全部,给予我对生活的理解。俄罗斯——完全是个惊人的存在主义实验室,每个人都被压缩到最小,因此,你可以看清他的价值。但是,我们不可能回到过去,也没有这个必要。每个人只有一次生命,当正义比预期晚了三四十年取胜时——已经无法享用胜利果实了。晚了,可惜,晚了。

---

① 旧时乌克兰沙文主义者对俄罗斯人的蔑称。

我不想看见,我出生的城市列宁格勒现在变成什么样子,不想看见英文招牌,不想回到那个我曾经生活,现在却物是人非的城市。要知道,当你被驱逐出境时——你不得不屈从,而当你的祖国不存在时——你会发疯⋯⋯

难以置信,但布罗茨基不想回到改革后的彼得堡,那里所有的招牌、公司的名称,都是英文。俄罗斯诗人想要留在自己的帝国,保持自己的苏俄性质。此外,他也不否认自己的苏联性质。

当诗人不再是美国公民,或者英语诗人,而是"世界流浪的犹太人",约瑟夫·布罗茨基更喜欢作"无名之辈",书写"无由的爱情"。但他永远无法克服"俄语布罗茨基"和"英语布罗茨基"之间的距离。大洋两岸的英语读者都没有把他的诗集当作译著,而是当作英文诗集,并且暗自思索:他还有些俄语佳作吧? 主要是,常常被自己的荒谬牵绊的约瑟夫·布罗茨基,也清楚这一点。在与所罗门·沃尔科夫谈论"英语轨道上不可避免的转向"时,他说:"是这样,也不是这样。说到高雅文学——绝不是这样⋯⋯不可能用两种语言写诗,虽然我曾尝试过⋯⋯"诗人也曾对斯维恩·比尔凯勒特斯说:

首先,我用俄语写作就足够了。用英语写作的诗人,具有天赋的太多了! 侵入别人的领域,毫无意义。我用英语写纪念洛厄尔的诗,是因为想要取悦他的影子。⋯⋯当我写完这首挽歌时,已经开始构思其他英语诗歌,有趣的韵脚。⋯⋯但是,我马上告诉自己:停下! 我不想为自己制造额外的现实。况且,我还不得不和以英语为母语的人竞争。最后,最重要的是——我没有为自己设定此类目标。我,总的来说,满足于用俄语写作。虽然有时适合,有时不适合。即使不适合,我也不想创作英语版本。我不想被惩罚第二次。

犹太裔的雕塑家马克·安托科尔斯基,在创作耶稣形象、思考

犹太人命运时,曾设想用永世流浪的犹太人形象刻画犹太民族。他在给自己信任的女记者的信中写道:

> 有两个主题同时强烈占据我的心灵。第一个主题是——"永世流浪的犹太人"——消瘦而坚韧,疲惫却又精力充沛。他衣衫破烂、沾满泥污、缩成一团,毫不停歇地迎着风暴前行,大风吹动他的破衣烂衫。这不仅是犹太人的象征,还是所有受压迫者的象征。第二个主题是——基督教早期的受难者:看来,也不是罗马人,而是犹太人……

唉,马克·安托科尔斯基没来得及实现这些梦想。

而约瑟夫·布罗茨基,不得不用自己移民后期的生活,实现这一形象。"永世流浪的犹太人"——是吞噬犹太民族的"世界悲痛"之一……这个永恒的形象,可能会不时转变为不同的现实个体,于是,在某个时刻,就变成了布罗茨基?

我的朋友亚历山大·普罗汉诺夫,在长篇小说《"约瑟夫·布罗茨基"号轮船》中,描写了这样一个永世流浪者的形象:

> 有时,女巫看着餐室里的布罗茨基的大幅肖像。红木相框里,大眼睛,面色疲惫的犹太受难者凝视着,仿佛看透了上帝选民的苦难历程:变节堕落,在埃及受到奴役、出逃、遭遇驱逐、漂泊流浪,建国的徒劳,不可避免的巴勒斯坦火箭炮的轰炸。
>
> ——您是对的。——女巫用敏锐的双眼环视四周的宾客,眼睛上方,描眉弯成蓝色的拱形。猫头鹰也随声附和,转动着圆圆的脑袋,金色的眼睛透着仇恨的目光。——看到了吗,约瑟夫·布罗茨基无处不在。他在遥远的过去和现在,有许多化身,从未消失,无论历史给我们奉上怎样的惊喜。人类,从产生那一刻起,就从一个约瑟夫·布罗茨基走向另一个,他们在最关键、最戏剧性的时候出现,不许历史偏离上帝的旨意。

"约瑟夫"在阿拉米语中是"发送的信号"。约瑟夫·布罗茨基，就是给人类发送信号的人，负责将偏离轨道的历史引入正轨。约瑟夫也是如此，他是雅各的儿子，被兄弟卖到埃及，预先决定了摩西的出现，大逃亡、碑文、圣庙，还有整个犹太教，成为人类必由之路。预言基督教的历史学家、形而上学家约瑟夫·弗拉维，也是如此。毫无疑问，圣徒约瑟夫——耶稣就诞生在他的家里——他也是人类的指路明星……

大尉看着漆框里的肖像——凸起的、忧伤的双眼，饱含神秘的泪水；倾斜的脖子赤裸着，好像行刑前刚剃过一样；嘴唇痛苦地紧闭着，已经领悟了赞美的空虚，品尝着苦艾似的沉默。他感到一种不可思议的联系，连接着他，世袭的哥萨克大尉和忧伤的诗人——像小行星误入其他行星的空间，被带入了俄罗斯生活。这种联系非常隐秘，由痛苦的矛盾和甜蜜的联系组成。顿河畔的哥萨克，战斗侦察员，祖国的坚强战士和犹太人，忧伤的流放者，虚弱的诗人。他们像人类分裂的两支，尝试结为一体，枉然企图消灭对方。在无尽的斗争中消亡、期望死亡、在死亡中重新汇聚……大尉感到，他获得一种奇异的领悟。犹太人约瑟夫·布罗茨基和他，大尉，顿河哥萨克，是天生的仇敌，他的祖先的血液浸满罪恶的俄罗斯土地。但是，他们的灵魂躯体，以同样的精神血液，把轴心染成红色，他们精神的血流，沿着轴心流动汇合，形成他们创作心灵与命运的神秘结合，他们注定要追寻真理、牺牲、遭受亲人的辱骂、肩负着难以忍受的永恒痛苦。

此时，女巫开始占卜。她取出烟丝盒，里面放着蝾螈粉屑。她将一副纸牌扔在桌上，把杰克（J）、爱司（A）、黑桃（Q）分别堆成一摞。女巫将猫头鹰放置在另一肩上，猫头鹰不满地唑唑叫着，尾巴下面排出毒粪……

——现身吧，骗子！否则，你的书将被撕成碎片，被树条划破，扔近煤堆，烧成死灰！——她把最后一撮粉末扔向蜡烛。房间浸染着紫光。雷声轰鸣。从画框里，一个消瘦、粗糙、赢弱的人，笨拙地，像翻爬栅栏，走了出来。他双眼羞怯地看着两边，困兽似地转动脖子。一只瘦脚先跨过相框，然后，另一只脚也跨了过去。他穿着一件长长的，敞开到胸口的衬衫，白色的锭带衬裤，赤裸的脚上，穿着一双踏歪的鞋子。他的穿着就像精神病人。他怯懦地望着那个害人精，裤子上的背带牵绊着，他侧身挤过一排排座位，来到门前，走上甲板，跨过船舷，从容地踏上水面。他没有沉下去，轻轻触碰水面。他微驼双肩，双臂紧贴胸口，沿着水面行走，渐行渐远，双腿笨拙地交替而行，虚弱而孤独地走向对岸，水面上还留有他的脚印，像风写下的花笔。紧接着，猫头鹰离开女巫的肩膀，飞上天空，来回拍动翅膀，身影越来越小。

所有的人都惊呆了，看着约瑟夫·布罗茨基如何在水面行走……

我真的不敢想象，普罗汉诺夫把水面行走的主人公比作谁的面庞。我也不明白，我们的布罗茨基研究者，怎能对这个永世漂泊者的形象置之不理。我们的文学，还没有赞扬过这种"发送信号"的犹太受难者……

布罗茨基也思考着这一主题：

没有人像诗人那样对过去融会贯通，仅仅因为担心发明已经发明的东西，他就有理由这样做（顺便一提，这就是为什么，诗人常常被视为"走在时代前面"，因为时代总是忙于重复陈词滥调）。因此，不管诗人打算说什么，在讲话的当下，他永远知道，他继承了这个题材。往昔的伟大文学，不仅通过品质，还通过主题先例，使你谦虚。诗人谈起自己的悲伤时，表现克制，那是因为，就悲伤而言，他是永世流浪的犹太人……①

---

① 布罗茨基著，黄灿然译，《小于一》，杭州：浙江文艺出版社，2014，第30页。

是的,从移民美国后期的痛苦和忧伤来看,诗人约瑟夫·布罗茨基的确是真正的永世流浪的犹太人。与玛丽娅结婚,心爱的女儿出生以后,他远离这一身份,回归美国式的"定居的诗歌"。布罗茨基去世一年后,遗骸迁葬威尼斯的圣米凯莱岛。

他在移民中为自己选择了保护环境——无名之辈的环境,他不想成为百分之百的美国公民。约瑟夫·布罗茨基到达美国后,1972年,得知朋友谢尔盖·丘达科夫的死讯(消息其实是假的),写下《一个朋友之死》:

> 可能,世上再无更好的通往虚空的门扉,/路人,你可能会说,更好的小门并不需要,/在下面,穿着无色的大衣,沿着灰暗的河水漂流,/只有大衣的扣子,救你免于崩溃。/阴郁的卡戎徒然在你的嘴中寻找德拉克马,/有人枉然在上面吹着喇叭。/从那无名的岸边/为你送去无名的告别的敬意。/这对你也并不重要。

美妙的诗歌! 但诗人此时不是俄罗斯的继子,也不是美国的养子。这是在不同诗歌中多次出现的,不知写于何时何地,不知为谁而作——可能,其实质是,布罗茨基心中那永世流浪的犹太人苏醒了? 这个形象,在某种意义上,处于民族之外,这是永世流浪的犹太人,而不是信仰上的犹太人,更与以色列人无关。诗人维克多·库莱就布罗茨基写道:"我不知道,犹太人对流浪的痴迷,是否属于遗传。可能,对世界的贪婪,想要亲身体验一切,走遍世界各地的渴望,是犹太人民的独特个性……"

奥列格·奥赛津斯基将约瑟夫·布罗茨基与谢尔盖·丘达科夫进行对比,非常有趣。丘达科夫是布罗茨基的朋友,一位几乎被遗忘的诗人:"劳动和伏特加使人昏然/共产主义国家,/我们站在铁栏后面/两面都是如此!"——1989年,不能忘怀的谢尔盖·丘达科夫在罗马写道。约瑟夫·布罗茨基曾平静地告诉我:

——如果说实话，那么，诺贝尔奖应该给谢廖沙。我是认真的。

——当然——恶意的？——我哈哈大笑起来。——"恶意的违抗！"你似乎是政治的，——但是正确的！

——我——正确的？——布罗茨基好像受了委屈一样。——那是谁写了："如果坐在轰炸机里——能更好地俯瞰城市！"

——这只是文字，约夏克！你没有折磨百万富翁，没有跳出锡夫采沃法庭的审判大厅，没有把女孩卖给电影工作者！

——是，是！——布罗茨基忧伤地点点头。——当然，诺贝尔奖评审永远不可能给他颁奖，他们都是伪君子，比苏联佬更坏！……

"恶意违反法律秩序"——这是诗人谢尔盖·丘达科夫判决书中的一行。他口才卓越，俄罗斯的维龙。多罗格米洛夫卡肮脏的啤酒厂，是他的象牙塔。我还记得他承认："我依靠女中学生的收入生活/承受火刑也不冤枉！"我记得列尼·古巴诺夫的文字："即使他是笨蛋和小偷，/我们总比争吵强硬，/我们总比猎狗高尚，/我们总比荣誉响亮"……当然，同样的，还有沃兹涅先斯基和叶甫图申科，他们也反对体制，——喧闹，但非"恶意"……——然后活了下来！苏联佬的化妆师，他们随着V.V.（不是普京！）的脚步，把黄色的衣服换成黄色的鞋子，海外旅行，但是，马雅可夫斯基实现诗人命运时拥有的"射击——忏悔"的男人逻辑，他们历来缺乏……

而真正的天才——丘达科夫、古巴诺夫、克拉索夫茨基，甚至布罗茨基——没有卷入克林姆林宫的泥潭！——政府驱逐，践踏，他们的诗歌，被束之高阁！"抱歉，钢铁的政权却伪装成黄金的样子！"布罗茨基成功地在得体的天主教外表下，掩盖了秘密的挑衅，因此获得诺贝尔奖。我想，他私下也因为不能做出激进的否定而痛苦！

　　在某种意义上,我完全同意奥赛津斯基的观点:布罗茨基成功掩盖了隐秘的永世流浪的犹太人形象,因此获得诺贝尔奖。要知道,问题不在于犹太民族的性质,而在于这个政治错误形象的隐秘性……实际上,永世流浪的犹太人——在世界意义上,是激进的政治错误的形象,俄罗斯、欧洲、美国和以色列都把它视为异己……

　　约瑟夫·布罗茨基纪念移民的《五周年纪念日》描绘了这一形象。①

　　这已经不是美国,欧洲或其他国家的空间,诗歌,没有任何地点、民族和国家。作为对比,我们可以回想他的另一首移民时期的诗歌,但这首诗的意义和性质与此前完全不同,在诗中,诗人试图变成美国的儿子。②

　　他偶尔也能做个真正的美国人。但是,后期的漂泊流浪还是常常占据上风。既没有俄罗斯的继子,也没有美国的养子,只有反美学、反民族、不成体统的病态的潜意识——"用一个永远远离这个地方的人的语言说话……"③他真诚地揭露自我的衰弱与无能:"这窃贼头上,特此报告,没有戴帽/发亮的秃斑露出蔓延的倾向。"④

　　于是,约瑟夫·布罗茨基的流浪诗歌,将在各个国家出现。我们古怪的主人公也将再次出现,这就是诗人约瑟夫·布罗茨基的自我感觉。⑤

---

① 既然那是命运,就以一切语言接受它。/在我的面前,是纯净的空间。/没有塔柱、喷泉和金字塔。/在这里,一切迹象表明,我并不需要向导。
② 我是野蛮王国的继子/脸颊已支离破碎/被另一个同样伟大的王国/骄傲地收养……
③ 布罗茨基著,王希苏、常晖译,《从彼得堡到斯德哥尔摩》,桂林:漓江出版社,1990,第330页。
④ 同上书,第93页。
⑤ 登轮有位不为人知的无名之辈,/雨衣下藏着瓶格拉帕聊作安慰,/他走进黑暗的舱房,/失去了记忆,/家乡和儿子,只有森林/在远方为他昔日的欢乐悲鸣,/为他的痛苦黯然神伤。布罗茨基著,王希苏、常晖译,《从彼得堡到斯德哥尔摩》,桂林:漓江出版社,1990,第265页。

诺贝尔奖

无论如何,约瑟夫·布罗茨基对中国餐馆的喜爱并非偶然。正是在那里,1987 年,他等到了诺贝尔奖。他当然知道,成为这个奖项的三四个宠儿之一意味着什么。他一直准备着,渴望获得这份奖项。在洛谢夫家做客时,他曾开玩笑般写下二行法语诗:

Prix Nobel? /Oui, ma belle.(诺贝尔奖? /是的,我的美人儿。)

从 1980 年起,布罗茨基的名字就已经进入候选提名,因此授予他诺贝尔奖,在国际社会并未引发太多震惊。但颁奖的时刻,还是令人惊喜。

等待诺贝尔奖公布期间,约瑟夫·布罗茨基从纽约飞至伦敦,像往常一样,和自己的老友、著名钢琴家阿尔夫莱德·布伦德尔及其妻子瑞娜,在伦敦近郊一个叫汉普斯泰德的可爱小镇同住。作家、艺术家、演员和音乐家,都青睐汉普斯泰德。罗姆尼、斯蒂芬森、高尔斯华绥、格雷厄姆·格林……都曾在这里居住。附近是诗人济慈和西格蒙德·弗洛伊德的故居,芭蕾舞蹈家塔玛拉·卡尔萨维娜和著名的安娜·巴甫洛娃也曾在这里居住。格雷厄姆·格林的邻居是间谍小说作家乔治·勒·卡莱,众所周知,这是他的"笔名",他的真名叫大卫·乔治·摩尔·科尔耐尔。勒·卡莱和约瑟夫·布罗茨基熟识,1987 年 11 月 22 日,他们约定一同去非常喜爱的中国餐馆共进午餐。

乔治·勒·卡莱此后对瓦莲金娜·巴鲁希娜讲道：

我叫约瑟夫一起吃午饭的时候，我认为他接受了我的邀请，原因是：第一，瑞娜·布伦德尔家禁止喝酒，毕竟他不能随心所欲；第二，当然了，他要找个法子来打发等待消息的时间。我从来没有幻想过获奖的事情。我只是没想到，这碰巧就成了公布诺贝尔奖的时刻。我不喜欢文学在社会上的表现形式，我反对将文学视为产业。这时，瑞娜·布伦德尔出现在门边。她是个体型高大的德国女人，说话还带点德国口音，她丈夫的威望和知名度似乎也传染到她，她说："约瑟夫，你该回去了。"他说："为什么？"这时，他已经喝了两三大份威士忌了（一大份威士忌62克）。她说："你获奖了。"他问："什么奖啊？"她说："诺贝尔文学奖。"我说："服务员！来瓶香槟！"于是，瑞娜也坐下来，同意喝香槟。我当时问她："您怎么知道的？"她说："瑞典国家电视台正在我们家附近等着约瑟夫呢。"

我是此刻唯一清醒的人，我问道："谁告诉您的？您敢肯定吗？"她答道："所有瑞典人都这么说。"我说："您知道吗，候选人有三四个，瑞典人可能守在每位候选人门口。我们应该打听更确切的消息，这样才能安心干了这瓶香槟啊。"约瑟夫的出版商罗杰·斯特劳斯当时正好在伦敦，于是珍妮①就往他下榻的旅店打了个电话。他确认，是的，从斯德哥尔摩传来了消息，约瑟夫获奖了。于是，我们干了这瓶香槟。约瑟夫不喜欢喝香槟，只是象征性地喝了一点。他还想再喝点威士忌，但瑞娜说该回去了，于是我们就走了……他看起来一点也不开心。于是，我就对他说："约瑟夫，如果现在不开心，那还等到什么时候？一辈子哪里还有开心的时候呢？"他嘟囔了几声："嗯哼，嗯哼……"我们走上街道，他用俄罗斯人的方式紧紧拥抱

---

① 乔治·勒·卡莱的妻子。

了我,说了句精彩的话。他说:"看来,得闲扯一年了。"①这是一句宏论啊。然后,他着手自己的事情。当然,约瑟夫也有另一面——他是一位出色的教授。他有能力在需要的时候给人施加压力,我确信,他会这么做……我和他在瑞娜·布伦德尔家相识,但是,当时他已经不和他们同住,而在绿色终点南端(South End Green)的山脚下租房,在瑞娜家吃过晚饭后(我们喝了很多酒,但是,心情非常好),又回到他的家里,继续加倍喝酒。他收藏的威士忌让人印象深刻。这些都是我去俄罗斯之前的事情。此后,我们又见了大概五六次。我觉得,他很高兴同我见面,我也很高兴同他见面……

接下来,就是最开心的"闲扯的一年",他觐见瑞典女王,在上流社会演讲,还有数不清的采访和旅行。在同勒·卡莱共进中式午餐后的第一个采访中,布罗茨基曾公开表示,是谁获得了诺贝尔奖:"获奖的,是俄罗斯文学。"的确,当时约瑟夫·布罗茨基已经是美国公民,但是,诺贝尔奖不是颁给他的国籍,而是颁给他的创作,他的创作,属于俄罗斯文学。他认真思考了许久,到底应该用哪种语言发言。他用俄文写了发言稿,然后自己翻译成英文,直到最后关头,仍在修改。别人建议他选用英文发言稿,但布罗茨基认为,这意味着使用英语的作家获了奖,而他认为,自己首先是俄罗斯诗人,于是,选择用俄语发言。

这份发言稿背后是一则政治事件。苏联驻斯德哥尔摩大使表示,希望参加布罗茨基的诺贝尔奖颁奖典礼。当时苏联驻瑞典的大使是《共青团真理报》的原任主编、著名文学批评家鲍里斯·潘金。作为批评家,他明白,他有机会以这种方式被载入史册。但作为苏联外交官,他想确定,在这份发言中不会出现对苏联的攻击和不满。我很清楚,布罗茨基本人并不介意同祖国的官方代表建立第一次联系。他并不打算在发言中研究什么特别的政治问题,但

---

① 原文为英语——Now for a year of being glib.

是,他却不得不谈论 20 世纪俄罗斯文学的悲惨命运。为此,如此渴望参加颁奖典礼的鲍里斯·潘金不得不拒绝参加。

布罗茨基是继蒲宁(1933)、帕斯捷尔纳克(1958)、肖洛霍夫(1965)和索尔仁尼琴(1970)后,第五位获此殊荣的俄罗斯作家。诺贝尔奖委员会在他的获奖证书上写道:"他的作品超越时空限制,在文学及敏感问题方面,充分显示出他广阔的思想和浓郁的诗意。"

俄罗斯的改革已经开始了。与此前疯狂打压诺贝尔奖得主鲍里斯·帕斯捷尔纳克和亚历山大·索尔仁尼琴的苏联政府不同,此时的政府,对布罗茨基获奖一事并没有特别反应。但还是有段时间,全俄都在讨论布罗茨基,准确地说,是全苏联。毕竟这次颁奖表现出明显的政治倾轧:苏联诗人钦吉斯·艾特玛托夫也被推举为诺贝尔奖候选人。我们完全可以说,这反而增加了约瑟夫·布罗茨基的获奖概率——所有西方反苏党派都支持诗人。这当然是好事。如果艾特玛托夫获奖,那么,诺贝尔奖得主将是吉尔吉斯坦人,而俄罗斯就得不到任何荣誉,虽然艾特玛托夫也用俄语写作,在俄罗斯文化中成长。布罗茨基当即宣称,获奖的是俄罗斯文学! 怀着对改革素有的怀疑式的幽默,布罗茨基以此为题,创作了名为《民主》的讽刺戏剧,他并不想接受戈尔巴乔夫,但会关注俄罗斯发生的大事。

11 月 8 日,在斯德哥尔摩举行的诺贝尔奖颁奖典礼前,《莫斯科新闻》简要提到俄罗斯诗人获奖一事,没有评价他的任何作品。《新世界》第十二期却刊登了奥列格·丘洪采夫精心编辑的诗歌特辑:《致一位罗马友人》《明朝书信》《新儒勒·凡尔纳》……如此开启了约瑟夫·布罗茨基的文学返乡之路。"就像浪子,回到了自己的家,/一下子接到了所有的书信"。

一批俄罗斯作家,首先对获奖一事做出响应。尤娜·莫利茨评价道:"这是战胜一切形式的仿品和奴性的胜利。"没有获奖的钦吉斯·艾特玛托夫谨慎地说:"我说的仅仅是个人的观点。但遗憾的是,我并不认识布罗茨基。不过,我会把他算作当今苏联诗歌的主要人物,就像叶甫图申科、沃兹涅先斯基、阿赫玛杜琳娜等(这是我的个人意见)。可能他的诗作将会在我们这里面世。如果一位诗人仅仅在其崇拜者的小圈子里知名,这是一回事;当他被广大群众熟知的时候,就完全是另一回事了。"10月25日,宣布约瑟夫·布罗茨基荣获诺贝尔奖的消息时,文学中心的大礼堂掌声雷动。丽季娅·楚科夫斯卡娅随即表示:"我们所有的人,从周四就已经开始互相祝贺了……"

全世界的报纸都在最显眼的地方,刊登了布罗茨基荣获诺贝尔奖的消息,积极采访身处国外或侨居的作家。记得那时,1987年10月,我还在墨西哥小剧院做巡回演出,担任剧院文学部主任。墨西哥著名报社《精益求精》的记者采访我,我也十分高兴地讲述了布罗茨基获奖的事情。在巴黎《俄罗斯思想》报的采访中,布罗茨基的朋友、著名作家弗拉基米尔·马克西莫夫也立即做出回应:

> 侨民拉近了我们的距离。说实话,我认识他以后,发现他对各种形式的政治或社会活动深恶痛绝,我起初甚至不敢邀请他参加《大陆》杂志的编委会。当时,不知怎地,我与他偶然谈到此事,令我惊讶的是,不瞒你们,他马上接受了提议,我非常高兴。如果想要公允评价布罗茨基的这一决定,应当好好了解他。我确信,承受巨大压力的不仅有我们编委会成员,还有那些东西方的各界作家,他们为了真正让自由的俄罗斯文学闭嘴,简直无所不用其极……

布罗茨基在《大陆》发表作品,这无论对编辑还是对读者而言,都是大事。我早就知道,刊登布罗茨基的那期,一定会被抢购一空。而且,一般来说,不管他向自己的读者推荐什么作品——诗、论文,或者对文学的思考,他都将一直写作——就像有一天鲍里斯·帕斯捷尔纳克说的——直到完全灭亡为止。难怪诗人的书目,在我们的小杂志中最为宽泛:杂志创立近十四年以来,一共发表了十八篇作品。1987年授予约瑟夫·布罗茨基诺贝尔文学奖——这不仅是俄罗斯文学的大事,还是同胞和侨胞的盛大节日……

还有一位著名的侨民评论家和哲学家尼基塔·司徒认为："诺贝尔奖委员会没能报答俄罗斯诗歌（1958 年，帕斯捷尔纳克因《日瓦戈医生》而驰名），以约瑟夫为代表的 20 世纪俄罗斯诗歌，独一无二，如今终于得到普遍承认。"

就连美国总统罗纳德·里根也向获奖者布罗茨基发去贺信。

12 月 6 日，约瑟夫·布罗茨基飞往斯德哥尔摩。当天，举办了新闻发布会。12 月 8 日布罗茨基在瑞典皇家学院发表诺贝尔奖获奖演说。第二天，瑞典学院举办盛大的招待会，布罗茨基晚间在斯德哥尔摩剧院发表演讲。

12 月 10 日，瑞典国王卡尔十六世·古斯塔夫，在市政厅授予布罗茨基诺贝尔文学奖，奖金约 34 万美金。布罗茨基发表获奖感言。他虽然有些害羞，但仍然真心感到高兴，并且还本性难忘地开起了玩笑，认为这场颁奖像"好莱坞滑稽剧"一样。他讲述了诺贝尔奖对自己的文学意义，还有与他格格不入的短暂的狂欢仪式。颁奖典礼以后，他给以赛亚·伯林写信：

在学院演讲后——斯德哥尔摩的天空鸣起礼炮，为我致敬。所有的一切，让我觉得，自己是个骗子、小偷、篡夺者、卑鄙虚伪的畜牲……另一方面，对于一个在彼得堡出生的人来说，和瑞典国王在他的官殿共进午餐——这完全是一种兴奋而迷人的体验……让我产生了某种历史重演的错觉。

他的朋友——列夫·洛谢夫、托马斯·温克洛瓦、玛莎·沃罗比约娃、韦罗妮卡·希利奇、基斯·韦尔海伊尔、乔瓦尼·布塔法娃、莫尔科·皮肯也出席了斯德哥尔摩的庆典，而布罗茨基，因为他的父母没能见证此刻，感到非常惋惜。是啊，如果他们再活三四年，一切都不一样了。首先，1987 年 12 月，诗人的父母本应到场参加颁奖；其次，可能不久以后，布罗茨基本人势必多次回国，然而，逝者难返。"诺贝尔猫"只能躺在波罗的海彼岸,海岸的尽头,就是斯德哥尔摩市政厅,他腋下夹着书,目不转睛地望向故乡圣彼得堡的方向。庆典落幕时,约瑟夫·布罗茨基总结道:"在我看来,至少有五人获奖了。他们是曼德尔施塔姆、阿赫玛托娃、茨维塔耶娃、奥登和弗罗斯特。没有他们,我无法以作家和诗人的身份,站在这里。没有他们,我十分渺小。"

另外,他也在获奖发言中,谈及这些圣贤。这份熠熠生辉的发言,确立了文学对生活,对每个人的重大意义:

> 许多东西都可以分享:面包,床铺,信念,恋人,——但诗,比方说,勒内·马里亚·里尔克的一首诗,却不能分享。艺术作品,尤其是文学作品,其中包括诗,是单独面向个人的,与他发生直接的、没有中介的联系。正因如此,那些公共利益的捍卫者、大众的统治者、历史需要的代言人,大都不太喜欢一般的艺术,尤其是文学,其中包括诗歌。因为艺术走过的地方,诗被阅读的地方,他们便会在期待的赞同与一致之处,发现冷漠和异议,会在果敢行动之处,发现怠慢和厌恶。换句话说,在那些公共利益捍卫者和大众统治者试图利用的许多零上,艺术添加了"句号,句号,逗号和减号",使每个零,都变成了一张人的小脸,尽管他们并不总是招人喜爱。伟大的巴拉丁斯基谈到自己的缪斯时,说她具有"独特的面部表情"。在获得这一独特表情的过程中,也许就包含个性存在的意思,因为对这一独特性,我们已有似乎来自遗传的准备。一个人成为作家,或是读者,这无关紧要,他的任务首先在于:他怎样过完自己的一生,而不是外力强加或指定的,看上去甚至非常高尚的一生。①

下面是结论:

---

① 布罗茨基著,刘文飞译,《文明的孩子》,北京:中央编译出版社,1999,第34页。

语言,我想,还有文学,较之任何一种社会组织形式,是一些更古老、更必要、更恒久的东西。①

约瑟夫·布罗茨基除了创作诗歌、文学作品以外,还是一位伟大的文学宣传者。在他之前,任何一位诺贝尔奖获得者,都未像他一样,如此热烈而清晰地阐述艺术和文学的第一性作用:

这个带有虚幻的民主和显见的实际利益的主张,对作家来说非常荒谬,这是使艺术(这里是指文学)依附历史的企图。如果我们认定,该停止"智慧"的发展了,那文学便应该用人民的语言说话。否则,人民则应该用文学的语言说话。每一新的美学现实,都为个人明确着他的伦理现实。因为,美学是伦理学之母;"好"与"坏"的概念——首先是美学概念,它们先于"善"与"恶"的范畴。在伦理学中,之所以不是"一切均有可能",正是由于在美学中,也不是"一切均有可能",因为在光谱中,颜色的数量有限。不懂事的婴儿,哭着拒绝陌生人,或是相反,拒绝他抱,还是要他抱,婴儿下意识完成美学的,而非道德的选择。美学的选择,总是高度个性化的,美学的感受,也总是独特的感受。每一新的美学现实,都会使作为其感受者的个人的面孔越发独特,这一独特性,有时能定形为文学(或其他类型的)品位,这时,它就已自然而然地,即便不能成为保障,也会成为免遭奴役的保护方式。因为具有品位,包括文学品位的人,较少受到重复的各种政治煽动形式和节律咒语的感染。问题不仅在于,美德并不是创作杰出的保证,而且更在于,恶,尤其是政治之恶,永远是恶劣的修辞家。个人的美学经验愈丰富,他的趣味愈坚定,他的道德选择愈准确,他也就愈自由——尽管他可能更加不幸。②

① 布罗茨基著,刘文飞译,《文明的孩子》,北京:中央编译出版社,1999,第34页。
② 布罗茨基著,刘文飞译,《文明的孩子》,北京:中央编译出版社,1999,第36页。

凭借这次演讲，他就可以获得诺贝尔奖。我说的，不是他经常在演讲中宣传俄罗斯文学。在这些演讲中，他经常不能控制自己。例如，在曼荷莲学院的毕业典礼上发表的演讲，诗人嘲笑所有的自由主义教条，这份演讲至今未能公布，被认为是反动的，甚至充满种族主义。

约瑟夫·布罗茨基，显然并不想成为默默无闻的文学家。不知为何，他同弗拉基米尔·马雅可夫斯基亲近。他认为，诗歌应该以任何形式，深入任何社会当中；他建议将著名诗人的诗集同《圣经》一起，放在酒店客房，建议大家在地铁站阅读诗歌。为此，他特意在发言中提到这些内容：

> 写诗的人写诗，首先是因为，诗的写作是意识、思维和对世界的感受的巨大加速器。一个人若有一次体验这种加速，他就不再会拒绝重复这种体验，他就会落入对这一过程的依赖，就像产生对麻醉剂或烈酒的依赖。处在对语言的这种依赖状态的人，我认为，称之为诗人[1]……但是，我坚信，阅读诗歌的人，要比不读诗歌的人更难战胜。当然，从圣彼得堡到斯德哥尔摩，历经曲折，对于从事我这门职业的人而言，直线是两点之间最短距离的概念，早已失去魅力。[2]

摄影记者亚历山大·斯特凡诺维奇，参加了诺贝尔奖颁奖典礼，但因为领事馆禁止而没能以苏联记者的身份登记在册。他用傻瓜相机为典礼拍照，并记录了现场发言。另外，斯特凡诺维奇还从俄罗斯给布罗茨基带来帕斯捷尔纳克的领带作为礼物，帕斯捷尔纳克在瑞典使馆时曾佩戴这条领带。斯特凡诺维奇讲道：

> 我给布罗茨基带来了帕斯捷尔纳克的领带。据叶甫盖

---

[1]　布罗茨基著，刘文飞译，《文明的孩子》，北京：中央编译出版社，1999，第36页。

[2]　布罗茨基著，刘文飞译，《悲伤与理智》，上海：上海译文出版社，2015，第62页。

尼·莱茵说,在瑞典使馆,当帕斯捷尔纳克得知自己被授予诺贝尔奖时,就戴着这条领带。我们可以从照片上看到,约瑟夫·布罗茨基摘掉了自己的领带,换上了新的——帕斯捷尔纳克的领带。能得到这条领带,他非常高兴,他说:"我要带着这条领带领取诺贝尔奖。"虽然领取诺贝尔奖时,必须着正装,穿上令诗人不习惯、不舒服的燕尾服,但诗人私下一直将领带保存完好。有趣的是,什么时候哪位俄罗斯作家会被赠予布罗茨基的领带呢?

根据亚历山大·斯特凡诺维奇的简报,苏联大使馆对诗人的演讲非常不满:

新版的发言稿更加巧言善辩。尤其是约瑟夫·布罗茨基说:"列宁有文化,斯大林有文化,希特勒也是……而他们政权下的牺牲品,远比他们读过的东西多。"从苏联官方角度看,这句话在1987年引起轩然大波。第二天,所有报纸都刊登了这句话……应该说,苏联外交官和记者完全忽视布罗茨基的发言。我是科学院唯一来自俄罗斯的人。也许因此,第二天我才被苏联大使,《共青团真理报》的前任主编鲍里斯·季米特里耶维奇·潘金请到他那里。他非常生气:"约瑟夫为什么要这么做?我在每封发往莫斯科的电报中都写着,我们不应重复过去的错误。难道帕斯捷尔纳克和索尔仁尼琴的经历给我们的教训还不够吗?授予布罗茨基诺贝尔奖,可以算作自己的功绩,尤其是在改革时期。在列宁时代,也是如此。"

有趣的是,在斯特凡诺维奇的这篇纪念采访中,约瑟夫·布罗茨基也表示计划回国:

——您想回到祖国吗?
——想。

——那么，希望我们不久能在俄罗斯相见……

——说实话，我有点担心。说到希望，英国著名思想家弗朗西斯·培根说过："希望是美好的早餐，却是糟糕的晚餐。"

——您在列宁格勒、彼得堡住过，离当时诺贝尔住的地方很近。您路过时，没有发生什么征兆吗？

——（微笑着）完全没有！

——我想，在您家乡也会建立纪念牌，上面写着您获得诺贝尔奖的题词。

——人死后才会建纪念牌。所以，这件事发生得越晚越好。

——您延续了俄罗斯诗歌的哪个流派？谁是您的老师？

——这份名单实在是太长了，从坎泰米尔开始，——杰尔查文、巴拉丁斯基、亚历山大·谢尔盖耶维奇，当然，还有维泽姆斯基。20 世纪，对我影响最深的，是茨维塔耶娃、曼德尔施塔姆、阿赫玛托娃、帕斯捷尔纳克、扎勃洛茨基、克留耶夫。战后一代，有斯卢茨基。莱茵一直是我的老师……

同时，雅科夫·戈尔丁、叶甫盖尼·莱茵、米哈伊尔·科扎科夫，开始在列宁格勒和莫斯科举办诺贝尔奖得主约瑟夫·布罗茨基的诗歌晚会。杂志也开始刊登他的诗歌。禁令稍微松开以后，从 1988 年开始，布罗茨基与来自俄罗斯的作家一起在文学晚会上发言。经过十六年的分离，9 月 18 日，叶甫盖尼·莱茵飞往纽约与布罗茨基相见，他们一同举办了诗歌晚会。

布罗茨基的世界声誉与日俱增，他的诺贝尔奖金飞速消耗。许多熟人确认，突然有了大笔钱财，诗人还不太适应，便慷慨地把奖金赠与所有需要的人。于是，前来求助的人排成长队，各式各样的请求纷至沓来：请求诗人帮忙获得资助、撰写书评或者前言。直至生命尽头，布罗茨基仍投身于这些慈善事业。对渴望孤独的诗人来说，这些身边的喧闹让他感到恼火。他变得越有名，收到的求助就越多。那些点头之交、曾经的朋友，甚至告密者，却丝毫不拘礼节,这最让他恼火。在德国,沙赫马托夫参加了布罗茨基的晚会,他曾经出卖布罗茨基,甚至差点把他送进监狱。也许,布罗茨基拒绝回到彼得堡的原因之一,就是害怕被请求者和寄生者的无理要求所包围。而且,诗人的几乎所有老朋友,从奈曼到库什涅尔,都因诗人赢得世界的认可和荣誉而深受刺激。只有少数人真心为他的成就感到高兴,例如:雅科夫·戈尔丁、列夫·洛谢夫、根纳季·施马科夫、米哈伊尔·巴雷什尼科夫、戈列勃·戈尔博夫斯基和叶甫盖尼·莱茵,等等。

1989 年夏,苏联恢复了约瑟夫·布罗茨基的名誉。此后,他总会定期收到邀请,坚持请他回国,访问彼得堡。也许是这种坚持,吓坏了布罗茨基。如果他梦想回到故乡,那么会选择偶然的时间,不告诉任何人,匿名回到彼得堡。据说,约瑟夫和米哈伊尔·巴雷什尼科夫在斯德哥尔摩时,有一天,他看着驶往彼得堡的汽船,突然问巴雷什尼科夫:"米沙,你带护照了吗?"1990 年,他们重新拥有了俄罗斯的公民身份和护照。但是,他们互相看了看对方,想着不必急于一时。真令人惋惜。我想,他早晚总会回到彼得堡,况且,他还被选为圣彼得堡荣誉市民。当时,不论坐船还是坐车经过芬兰,都不需要护照,他还可以趁着没有熟人的时候,沿着涅瓦河散步,不过,往事不再。如果上帝能赐予他更多的时间,他很可能会与爱妻玛丽娅、女儿纽莎回到俄罗斯,一起看看故乡……

瑞典环境

约瑟夫·布罗茨基有许多理由热爱瑞典。首先,瑞典令他想起故乡彼得堡。来到瑞典,他仿佛回到波罗的海沿岸的家乡。我去过斯德哥尔摩,看到布罗茨基住过的房子,特意拜访了他的故居。从窗户向外眺望,同样的波罗的海,同样的街道和地貌。诗人好像从未离开俄罗斯。只不过这里更加干净整齐、自在舒适。

1972 年刚被驱逐出境时,布罗茨基写道:

> 听着! 我的好友和我的敌人! /我所做,不为这无线电波和剧院/纪元的名声或记忆,/却为我祖国的语言和字母。/因这片忠心,和赤忱的爱。/曾拒绝祖国宴会上的酒杯,/如今我站立在陌生的国度。①

那时,他拜访不少陌生的地方,但他永远只迷恋两个地方:威尼斯——诗人每年 1 月都要去威尼斯,除了令人心醉的美丽,还有令诗人想起故乡彼得堡的威尼斯河岸。对他来说,第二个亲切的地方就是瑞典。

此外,布罗茨基正是在斯德哥尔摩的"雷真"宾馆,从窗外望着几乎相同的风景,写下了献给威尼斯的散文集《病入膏肓者的滨河街》②。这里有彼得堡,威尼斯,一切都有。关于斯德哥尔摩,他写

---

① 布罗茨基著,王希苏、常晖译,《从彼得堡到斯德哥尔摩》,桂林:漓江出版社,1990,第 248 页。
② 英文译本名为《水印》。

道："主要的是——水域和其他一切——熟悉的颜色和氛围。整个城市完全就是故乡的彼得堡。小船在岩岛之间穿梭,等等。"实际上,他至死从未离开自己的彼得堡——列宁格勒,沉浸在彼得堡式的景物中,把它珍藏在记忆里。

类似的话,他也向瑞典朋友本特·扬格费尔特说过：

> 最近两三年,几乎每年夏天,我都要来这儿,来瑞典,主要因为生态环境。生态环境,也就是自然景观。在看见地平线的地方,白云朵朵,在地平线的尽头,长春花开,更不要说,还有大理石、火山群、植被、空气,等等。我就在这样的环境中长大,度过了童年时光。瑞典和我的故乡一样辽阔,有相同的动植物群落。或许,有些奇怪,但在这里,我感觉完全就像家里一样,可能比我去过的任何地方都像家,比列宁格勒、纽约,或是英国,更像家。……可以说,这就是自然环境,我最熟悉的环境。

扬格费尔特认为,瑞典的"生态环境",代替了布罗茨基无望返回的故乡。好吧,瑞典不仅是童年的回忆,而且成为一种更好的童年。"非常像童年",——他对列宁格勒老友雅科夫·戈尔丁说道,——"但不是像童年本来的样子,恰恰相反,而是像童年应该有的样子。"他的日常作息,接近彼得堡的生活习惯。上课时,他住在永远无法成为家乡的美国,此后,1月去威尼斯,然后回来上课,快到夏天的时候,去伦敦和瑞典,可以说,回到家乡。

1975年,他写下自己的第一首瑞典诗《瑞典音乐》,献给女作家卡罗拉·汉森：

> 当一场暴风雪把海港搅成粉末,当嘎吱作响的松树/在空中留下比雪撬的钢滑板更深的印痕,/何种程度的蓝可以被一只眼睛获得? 从谨慎的/风度中可以长出什么手势语?

……

因此一根火柴足以令一灶火炉通红；/因此一座落地
大摆钟，这心跳的兄弟，/在停止了这边的大海之后，仍然
要滴答，证明/另一边的时间。（黄灿然　译）

此外，在布罗茨基心中，瑞典一直与音乐相连。

1974 年，他第一次因私前往瑞典，此后，1978 年，他去瑞典朗
诵诗歌，也是在当时结识了扬格费尔特，俄语译者。1976 年，在斯
德哥尔摩出版了约瑟夫·布罗茨基的诗集《旷野停留》的瑞典语版
本。1987 年，诗集再版。有趣的是，诗集的封面，是诗人脖子上戴
着十字架的照片。在诺贝尔奖的颁奖典礼前，他参加了哥森堡的
书展，他在那里第一次与未来的朋友，诺贝尔奖获得者托马斯·特
兰斯特罗姆相识。他们几乎朗诵了四个小时的诗歌，周围都是青
草，还有波罗的海的青苔。从 1988 年到 1994 年，布罗茨基几乎每
年夏天都在瑞典。有时去斯德哥尔摩，有时去城郊，有时去弗拉
岛。我专门去过弗拉岛，为了像布罗茨基一样，亲眼看看这些地
方，而且，我也是北方人。当然，弗拉岛是我们的瓦拉姆岛，他在那
里能够自在地呼吸和写作。需要注意的是，重要的不仅是"生态环
境"，还有创作的自由和激情。他无法在闷热的气候，在热带的南
方自由写作，就像伟大的吉卜林一样。每个诗人都有自己的空间。

除了扬格费尔特的转述以外，诗人也说："眼睛在笔尖前面，我
不允许后者对前者的转移撒谎。"——布罗茨基在描写威尼斯的散
文《病入膏肓者的滨河街》写道。"外表是眼睛首先注意到的东西，
常常比其内容更有说服力，而内容按照定义，通常是一时的，自然
不包括死后的生命。"在《会议上的报告》中，他表达了这样的地理
美学信念："但是，脱离身体，眼睛，/可能，更喜欢住在/意大利，荷
兰或是瑞典。"

布罗茨基列举的次序，正好符合他了解这些国家的顺序。
1974 年，他第一次访问瑞典时逗留了一周时间。1978 年，受乌普
萨拉和斯德哥尔摩大学的邀请，他第二次来到瑞典，1987 年，他到

访斯德哥尔摩,领取诺贝尔文学奖。

此后,直到 1994 年,布罗茨基每年都要去瑞典。通常是在夏天——为了休息和工作,在其他季节,多是为了参加会议、演讲,或处理其他事务。1988 年 8 月,他在哥森堡的书展上发言;1989 年 10 月,他在乌普萨拉大学参加国际科研中心举办的会议;1990 年 11 月,他在瑞典分别主持了三场托马斯·哈代、罗伯特·弗罗斯特和温·休·奥登的学术研讨会;1991 年 12 月,位于斯德哥尔摩的瑞典科学院,为纪念诺贝尔奖九十周年举行会议"高质量的文学的现状",布罗茨基在会上做报告;1993 年 9 月,他与德里克·沃尔科特一同在林雪平、厄勒布鲁城的大学和哥森堡书展发言;1994 年 8 月,他参加了斯德哥尔摩的诺贝尔学术研讨会"语言和心智的关系"。

除了报告、书展,他还抽出时间,乘坐童年时期就熟悉的小船旅行,所到之处,使他回忆起卡累利阿地峡,想起那里长满灰色青苔的石头和蓝天下的灰色别墅。这是他最爱的灰色,他一直颂扬并为其正名的"灰色",这正是北方自然的颜色。他还向另一位同事,彼得·瓦依勒解释,瑞典如何使他想起亲切的童年——"细节,一些微乎其微的细节……能知道风应该从哪个方向吹来,或者蚊子从哪里飞来。"

本特·扬格费尔特接着说道:

> 吸引约瑟夫·布罗茨基前往瑞典的,不仅是自然环境和气候,不仅是夏季天空下的青苔和大理石,以及天空中从家乡飘来,或是飘往家乡的积云。诗人在瑞典,就像在罗马、威尼斯和阿姆斯特丹,像在家里一样。在斯德哥尔摩的街道上,他看见房屋清晰的四周,而在家乡,房屋却因为被忽视或荒废,肮脏可憎。看到少女街尽头的海德维格·埃莱奥诺拉教堂时,用曼德尔施塔姆的话说,"认知的喜悦"如此强烈,他只能点头称是:是它?还是诗人少年时期,从一间半房间的阳台上,沿着彼斯捷尔街道望去,看见的圣潘捷列依莫诺夫斯基教堂?

因此，约瑟夫·布罗茨基的瑞典时期和流放时期一样，创作颇丰。在《病入膏肓者的滨河街》，诗人也回忆了写作地点："在这座城市，有各种工厂和居民，但只要一走出宾馆，鲑鱼就会跳出水面与你打招呼。"在斯德哥尔摩，诗人完成了《病入膏肓者的滨河街》的构思，开始创作。在瑞典，他还创作了独幕剧《民主》、散文《诗歌作为反抗现实的形式》、诗歌《阿赫玛托娃百年祭》《纪念根纳季·施马科夫》《云》《威耳廷努斯》和《法格达尔码头》：

> 瑞典的帆船，/编织在一起，安然沉睡，/帆船赤裸的桅杆，/也编织在一起，/垂直的睡梦，习惯了水平，/将码头潮湿的床单揉成一团。

诗人乘坐帆船游览斯德哥尔摩群岛时留下的印象，也激发了创作诗歌的灵感。扬格费尔特回忆道："据帆船主人说，法格达尔小码头旁边，绳子上挂着床单，这种景象令布罗茨基欣喜若狂。"总而言之，他说，"热爱大海的布罗茨基，在游览中处于近乎极乐的状态。"在瑞典，在弗拉岛上，他还写下了描写北方自然和海洋气息的美妙诗歌。扬格费尔特在瑞典出版了布罗茨基的精美诗集《蕨类的注解》，发行一千份，和当代诗人的诗集一样。书籍的封面，是艺术家厄恩斯特·努勒林德的风景画，画上是一棵被波罗的海海风压弯的松树。扬格费尔特还发行了两本可以称为珍品的布罗茨基诗集——《山丘风景》和《省城》，总共不过几份。没关系，只要诗人的后代允许，我们今天可以重新大量发行。

1993 年，他写完第一首献给朋友——著名的瑞典诗人托马斯·特兰斯特罗姆的诗歌。托马斯·特兰斯特罗姆曾多次被提名角逐诺贝尔文学奖。

引　文

注意文本——"我又一次在这无色的天空下"，也就是在故乡。

虽然已经"过去半个世纪",但诗人怀着绝望和无尽的爱,又一次"以灰色的瞳孔贴近亲切、生锈的大理石,回到家乡"。尽管这首诗是献给瑞典诗人特兰斯特罗姆的,却书写了俄罗斯以及诗人对俄罗斯强烈的爱。谁能推翻这份爱?爱国者,还是民主派?诗人约瑟夫·布罗茨基,只不过将瑞典并入自己的俄罗斯诗歌帝国。

扬格费尔特认为,这首诗写于1990年。一切皆有可能。

当瑞典人在琢磨诗人著作的译本时,布罗茨基,不辞辛苦,写下所有译者必须遵守的条件。我想大家都会对这些条件感兴趣:

鉴于我将要出版诗集,想说明几点选择译本的原则。我坚持保留原作的形式。这里,我指的是诗格和韵脚。我明白,在有些情况下,这是不可能的,但是,我宁愿这些诗歌无法被翻译成瑞典语,也不要为读者呈现不忠实的版本。我对任何译者提出的最低要求就是,保留诗格。我坚信,你们那里了解诗律理论的工作人员,人数充足,能够合理评判诗歌译本。诗格——是诗歌的脊柱,宁可保守评判,也不要失去原则。我是专业人士,因此,我也希望你们能够专业地对待我。不能采纳某个译者的个人理论,不管他在国内的名气如何。应当向任何想要翻译我的诗作,或接受翻译任务的译者,提出上述要求,让他们知道,他们即将面临的是什么。这样可以避免冲突,防止浪费时间。当然,我完全相信你们和本特的判断力,希望你们能够毫无异议地采纳这些原则。如果能够保留韵脚,那便再好不过,不是为了我,而是为了读者。

很多其他诗人也应当学学这些原则,他们轻易放弃了诗格和韵脚,只为自己的诗歌能出现在西方出版物当中。宁愿不译,也不愿翻译不忠!

话题转到另一位诺贝尔奖获得者,瑞典诗人托马斯·特兰斯特罗姆。两位诗人很早就结为密友。正如扬格费尔特的回忆:

1990 年 8 月，他们在托马斯·特兰斯特罗姆的别墅集会。客人里面，还有中国诗人北岛和李笠。天气很好，客人们彬彬有礼，约瑟夫的心情也非常愉快。托马斯·特兰斯特罗姆刚刚发表了诗歌《悲哀贡多拉①》，约瑟夫立刻燃起把诗歌译成俄语的愿望。诗歌的开头是："两个老人，岳父和女婿⋯⋯"我们独自坐在花园的两把椅子上。他抢在我前面说："两个老家伙，是吗？"我说，普通的翻译是"两个老人"，但是，他依然坚持自己的看法。他是对的，"正确的"翻译，在音韵上总要差些⋯⋯

据我所知，布罗茨基翻译的"两个老家伙"至今尚未出版。我知道，他给另一位特兰斯特罗姆译者——伊里亚·库奇克朗读了这首译诗。库奇克从 1990 年开始翻译特兰斯特罗姆的诗歌，1992 年出版《瑞典诗人》一书，并赠与布罗茨基。

有趣的是，布罗茨基在瑞典还接受了有关瑞典诗歌的采访⋯⋯有几段对话如下：

采访者：您觉得瑞典的自由诗如何？

布罗茨基：唉，我不读瑞典诗，我只读俄语和英语的译本。

只不过与其用自由诗定义诗歌，不如用内容定义诗歌。也就是说，不是用诗歌的写作方式定义诗歌，而是最终结合内容与形式来定义，是吗？

有这样一些瑞典诗人，他们诗歌的内容非常宏大，当然，也有这样的自由诗。有谁呢？很多，很多这样的诗人。例如，我认为最杰出的瑞典诗人，在我看来，他还是 20 世纪最伟大的诗人之一。他就是——托马斯·特兰斯特罗姆。除此之外，维拿·阿思片斯丛摩，也是杰出的诗人，但他已经是老一辈了。更年轻的一辈——我甚至不知道⋯⋯也就是说，我不知道他们

---

① 威尼斯的一种平底游船。

的年纪。不久前,我读完瑞典诗歌翻译家库奇克的杰作。我从书中获得大量新的发现,例如,和我年纪相仿的老诗人——拉尔斯·古斯塔夫森的作品;我更喜欢年轻人,例如,贡纳尔·哈尔丁,我对他的认识还太肤浅——我私下对他有所了解——他是出色的诗人! 还有其他许多非常杰出的诗人。

采访者:那您知道这些名字吗,例如,卡塔琳娜·佛洛斯登松?

布罗茨基:佛洛斯登松? 更年轻的吗? 是瑞典科学院的成员吗?

采访者:是的,是的……

布罗茨基:您知道吗,我在书里看到了这些诗……我知道,这些诗的英语版和俄语版,那么……我看英语的更多些。英语版没有给我留下什么印象,实话说。

采访者:那么,俄语的呢?

布罗茨基:俄语的,也是如此,总的来说。也是如此,大体上……我不知道,发生了什么……可能,可以说,我的一些观点很正统,唉,我也不知道! 但是,年轻诗人太少了——在俄罗斯,就有许多,就是佛洛斯登松这种年纪,是吧? 而且我认为,质量更高。

采访诸:那么,您能说一个吗?

布罗茨基:唉,您知道,我不知道……怎么说出一个……在俄罗斯——这样的名字很多,也就是说,要说出一个——没法说,我不想……无论说哪个,都会伤害其他人。唉,例如,我马上能想到的:阿列克谢·巴勒希科夫,或者,还有,我不知道,济姆尔·基比洛夫,是吗? ……或是还有其他人,我不知道,甘德列夫斯基,例如……我想,他们的年纪差不多与佛洛斯登松相仿。唉,这不过是几个名字,尽管确实有成千上万这样的名字。我总收到来自全俄各地的诗歌。有些诗非比寻常。

采访者:您来得及看吗?

布罗茨基：嗯，我来得及，来得及。总能找到时间……可能，我比其他什么瑞典诗人更了解特兰斯特罗姆的诗歌。原因很简单，我自己翻译特兰斯特罗姆的诗歌。我翻译的一些诗收录在库奇克的这本书里。

采访者：能否讲讲现在高雅文学领域的情况呢？

布罗茨基：前所未有的飞跃。质量的飞跃。质量，首先是非凡的，而且，具有多样性。阿赫玛托娃曾经讲过俄罗斯诗歌的黄金时代和白银时代……关于黄金时代，她说，当我们相识，当产生我隶属的这个群体，黄金时代就开始了，然后，不断延续。我想，黄金时代——正是现在，因为的确有太多金子（作品）！……含金量非常之高。

采访者：阿赫玛托娃还说，现在他们给约瑟夫制造了一份怎样的传记啊……

布罗茨基：可能，确实是真的。我不记得她是否说过这样的话，不过我想，在一定程度上，从旁人的角度看——国家确实为我制造了一份传记。

采访者：您为此感激国家吗？

布罗茨基：不……不。没有这些，我也完全可以。

在约瑟夫·布罗茨基之前，托马斯·特兰斯特罗姆已经享誉俄罗斯了。这位瑞典诗人早就狂热地迷恋俄罗斯，崇拜俄罗斯文化。他曾不止一次到访莫斯科，与先锋派诗人根纳季·艾加会面。他创作过俄罗斯主题的诗歌。以下是献给作曲家巴拉基列夫的诗歌片段，由伊里亚·库奇克翻译：

黑色钢琴，闪光的蜘蛛，/颤动着站在音乐之网的中心。/音乐厅里飘出一个国家，/那里石头比露珠更轻。/巴拉基列夫在演奏时睡去。/梦中他看见沙皇的马车。/马车从鹅卵石上飞驰而过，/进入乌鸦展翅般的黑暗。/他独自坐在车里，看见/他们在路边奔跑，/他知道这样的旅行持续很久。/他的表显示着年月,而不是终点。①

　　"他写自由诗。自由诗本身颇有难度,因为每次都是独一无二的形式。他好像写得平静而且轻松,不追求什么玄妙的词语。"译者阿列克谢·普罗科皮耶夫说道。2001年,特兰斯特罗姆到访莫斯科,尽管身患重病——由于中风而瘫痪。"他来了以后",——普罗科皮耶夫回忆道,——"我带他游览科罗缅斯克庄园。他在那里观赏了教堂,甚至请求停下坐会儿。"

　　既然不给俄罗斯诗人和作家颁发诺贝尔奖,那就把它颁给俄罗斯文学的崇拜者吧,毫无疑问,就是托马斯·特兰斯特罗姆!

　　现在,话题回到两位诺贝尔文学奖获得者和他们多年的友谊。布罗茨基绝不是先锋派,他与特兰斯特罗姆的友谊不是建立在诗歌上,而是心灵的共鸣,说到底,是建立在对俄罗斯的热爱之上。这位瑞典诗人在俄罗斯庆祝自己七十寿辰,绝非偶然。他们多次一同在瑞典舒适的餐馆庆祝节日,畅饮布罗茨基最爱的伏特加"苦酒"。我特意从瑞典带回几瓶——这可不是"Absolute"(酒名),除了瑞典,哪里都不出售。对于布罗茨基,伏特加像心脏酊剂,像缬草酊或血管扩张镇痛剂,浓烈而苦涩。他好像不是喝酒,而是在治疗——这是男人永远的托词……

　　在瑞典,扬格费尔特通常为布罗茨基租车,以便他能游览波罗的海地区,同时可以去找托马斯·特兰斯特罗姆。特兰斯特罗姆中风以后,说话困难,无法行走,只有左手勉强可以移动。但是,他意志坚强,迫使自己仅用左手工作,用左手弹琴。瑞典的作曲家专门为他创作了仅用左手就可以弹奏的曲子。他继续写诗,不过已经不能上台朗读了。与他相伴半个多世纪的妻子莫妮卡,用轮椅推着他。妻子朗诵丈夫的诗歌,向媒体宣读他的声明。

　　正是在这段时间,约瑟夫·布罗茨基再次与他会面,当布罗茨基看到几近瘫痪的特兰斯特罗姆弹琴时,大为震惊。于是,便有了

---

① 《巴拉基列夫的梦》,选自《托马斯·特朗斯特罗姆诗全集》,李笠译,第47页。

约瑟夫·布罗茨基强劲有力的《弹钢琴的托马斯·特兰斯特罗姆》：

> 安放在钢琴上的手，/渐渐远离身躯，/就在落幕时，掌握住，/比大脑中积蓄的脑细胞/更加庞大或冷淡的情绪。/手指，像害怕失去梦中的财富似的/沿着洞穴亢奋地穿梭，/用财富塞住空隙。

这是一首描写瑞典诗人和钢琴家的诗。约瑟夫·布罗茨基正巧遇到朋友在演奏。因此，他"安放在钢琴上的手，仿佛渐渐离开了身体"。诗歌的音乐和钢琴的音乐，好像离开了麻木的身躯，还有手指——写诗、奏乐的手指，"亢奋地来回穿梭"，试图用精神的宝藏，塞满穿透无力身体的空虚。从本质上看，这是一首悲歌。

托马斯·特兰斯特罗姆，20世纪最伟大的诗人之一，瑞典文学经典作家，在瑞典与斯特林堡和易卜生比肩。2011年，他被授予诺贝尔文学奖。此前很长时间，布罗茨基称他为最伟大的现代诗人，骄傲地承认自己的创作与其创作相似。当然，特兰斯特罗姆的幻想有别于布罗茨基的形而上学；特兰斯特罗姆接近超现实主义，接近勃勒东，而布罗茨基在俄罗斯接近杰尔查文，在世界文学内则接近奥登。他们喜爱的波罗的海的大自然、心爱的音乐以及挚爱的俄罗斯，将他们联结在一起。

20世纪70年代，在斯德哥尔摩的诗歌节上，两位未来的诺贝尔奖获得者初次相识，此后不止一次在托马斯家中会面，最后一次见面，已经是特兰斯特罗姆中风以后了——1993年哥森堡书展期间。

此后，只有在天堂会面了。大概在那里，诗人想起令他们同样倍感亲切的波罗的海的大自然和俄罗斯文化，对俄罗斯文化的着迷，曾几何时，拉近了他们之间的距离。

"我这样做是在冒险"

我把约瑟夫·布罗茨基的《乌克兰之独立》称为 2014 年最重要的诗作。我在 1994 年读到这首诗，他的激进让我震惊，我想，诗人是否有失分寸。二十年前，在美国科维斯别墅的纪念晚会上，诗人决定朗读这首写于 1991 年的诗。在朗读前，诗人补充道："我现在找到一首诗，这首诗我很喜欢……不过，我这样做是在冒险。" 1994 年 2 月，乌克兰成为北约的"和平伙伴"，诗人冒险当众朗读这首诗。诗人好像依照上天的旨意写下内心迸发的情感，绝对没有勉强自己。此后，他多次为朋友朗诵这首诗，却不敢把它发表在自己的著作中。此外，布罗茨基去世前，他几乎三分之一的诗歌都没有出版。还有一件事，现今所有的文集，包括最近出版的最全的两卷本《诗人新文集》，终于收录了《人民颂》，但是，任何一版却有意不收《乌克兰之独立》，或者在注释中有所提及。难怪他也承认，朗诵这首诗有风险，但他还是选择冒险。诗人约瑟夫·布罗茨基，暂时放弃做个奉公守法的公民，冒险朗诵这首诗。我们现在也和诗人一起冒险：

> 亲爱的卡尔十二世，波尔塔瓦之战，/谢天谢地，打输了。就像发音不清楚的人所说，/时间会给你——一个厉害看看，废墟，/死后愉悦的骨头与乌克兰的异味。

一部分乌克兰哥萨克和盖特曼玛泽帕，在北方战争期间出乎意料地背叛了俄罗斯人，投入瑞典国王卡尔十二世的阵营。但是，瑞典人和叛徒还是输掉了战争。战后留下的仅有废墟，准确地说，是遗址，乌克兰又一次衰落了，历史上这个国家不断在敌对阵营来回奔走。还有赫鲁晓夫，想给俄罗斯和乌克兰"一个厉害看看"，把克里米亚给了乌克兰。

唉，今天约瑟夫·布罗茨基的这首诗被引用得最多。同时，尽管存在各种证据，以及诗人在科维斯别墅的晚会上为广大听众朗诵诗歌的录音，尽管权威的布罗茨基研究者列夫·洛谢夫、维克多·库莱、瓦莲金娜·帕鲁希娜，还有亲耳听过诗人朗诵的朋友，例如托马斯·温克洛瓦，都确认这首诗真实存在，但很多诗人的自由派崇拜者和研究者都认为这首诗是伪作。针对录音，他们回答：诗人朗诵的这首诗只不过是别人模仿的拙劣作品；制作并在网上传播录音的晚会组织者被他们称为告密者、不知为谁服务的间谍，当时可能早就归顺了克格勃。我想，如果没有这段录音以及这么多见证者，政客一定会证明，这首诗根本不存在。要知道，已有几十篇文章，从文学层面极具说服力地证明，这首诗是伪作，谁都可能是作者，但绝不可能是布罗茨基。几个权威的专家，永远比一百个冒名顶替者更重要。反对者称这首诗是"打油诗"，布罗茨基本人有时也这样说，让我们听听维克多·库莱对那些反对者的驳斥：

我试着做几点批注。

1.约瑟夫·布罗茨基去世一年后，我前往纽约查看他的档案。档案非常混乱，因为逝者生前不喜欢打理这类事务，官员又常常不请自来，如果有什么保存下来，那么也是违反约瑟夫·布罗茨基本人意愿的东西。我亲眼看见有好几张"打油诗"的草稿。草稿是打印的，和布罗茨基平常的草稿一样，旁边是些四行诗的草稿，有时还写着他修改的词句。现在，据我理解，这些东西都不知道去哪儿了，只有约瑟夫·布罗茨基基金会批准，研究者才能看到档案。

2.我们的主人公，的确在科维斯别墅读过这些打油诗（有几次是全员到场，可能有录音机）。安排约瑟夫·布罗茨基在别墅演讲的巴里·鲁宾目前在世。我从来没有在他那儿复制过这份声名狼藉的光碟。除此之外，演讲时，逝者萨沙·苏梅尔金——《水灾风景》的编者，当时也在场（准确地说，他是约瑟夫·布罗茨基编写诗集的助手）。他说，他曾劝说约瑟夫·布罗茨基将这首打油诗收录。但他断然拒绝："大家会误解的。"

3.关于这首诗的各个版本和异文，我无话可说。我没有专门研究该文本，况且，显然由于禁令，这首诗不会公开发表。

4.据我所知，现今流传的各种版本，大部分来源于艾吉克制作的盗版《列蒙卡》。他用磁带翻录。此外，这首打油诗的录音恰巧中断了，因此，有一小段诗歌丢失了，现在也没有复原。

以上是我知道的有关上述文本的情况。逝者列夫·洛谢夫，毫无疑问，生前知道更多。

5.顺便一提，现在我才想起，有几份草稿以及阐述主题的方法，这恰巧证明，布罗茨基创作这首诗的过程漫长而复杂。但是，诗歌的开头始终如一："亲爱的卡尔十二世……"

在美国生活着大量的乌克兰侨民，他们毫不害羞地咒骂"可恶的莫斯科佬"。布罗茨基是俄罗斯的爱国者，正如库莱所说："布罗茨基比乡土作家、大国主义者、反犹太主义者，甚至比他们所有人加起来，更加爱国。"诗人来到美国时，众所周知，他与许多持不同政见者不同，后者通过贬低故国来赚取面包和黄油。布罗茨基开始在州府的大学教书，远离所有行政中心，住在安阿伯。后来，他在《纽约客》杂志上写道："我不打算在祖国的大门上涂抹焦油。"

维克多·库莱认为，他完全可能在移民当中遇到了愤怒的乌克兰民族主义者，后者可能不客气地找到他说："我重复一遍，约瑟夫（像所有伟大的诗人一样）热爱祖国，远远强于那些用爱国主义获取高薪职业的虚伪败类。"

乌克兰对布罗茨基的怪罪，荒唐愚蠢，毫无根据。每位诗人都会捍卫自己的人民和国家的文化。普希金用《俄罗斯的诽谤者》回应密茨凯维奇。最后，他们的作品，却被摆在相邻的架子上——在俄罗斯如此，在波兰也是这样。

创作《乌克兰之独立》，不是诗人唯一一次奋起捍卫俄罗斯、捍卫俄罗斯文化的行动。更别提在里斯本会议上，他对米兰·昆德拉的反俄攻击的尖锐回应。在乌克兰问题上，布罗茨基感到他个人遭受了侮辱。我们再说维克多·库莱，关于这首诗，他写道：

> 很显然，这首诗出自一位大诗人之手。完全是布罗茨基的风格。没有任何对乌克兰人的侮辱。只是因为乌克兰人无穷无尽的愚蠢指责而愤怒。所有这些"可恶的一撮毛"——不过是乌克兰人自己的叫法，他们自己叫"可恶的喀查普"①（这也是乌克兰人的叫法，因为很多俄罗斯人甚至不明白，这是什么意思）。所有这些，不过是民间宣传的一部分，其目的是创造一个不存在的民族，不管他们多么努力，都无法仅仅以乌克兰与俄罗斯的对抗为基础，拼凑一个民族，乌克兰总归是俄罗斯的一部分，尽管法律上不是。
>
> 布罗茨基诗歌的含义十分明显。作为一位俄罗斯（不是苏联）的爱国者，无论是在俄罗斯帝国长久的框架内，还是在俄罗斯文化空间即将毁灭的背景下，他都无法接受乌克兰的脱离。因此，他转向卡尔十二世，就像回忆帝国建造者的英雄事迹，把普希金与舍甫琴科比较，暗示伟大的俄罗斯文化，总体上与它的乌克兰地区性质的组成部分不可比拟。即便略显愚蠢，但的确在地理上预示了乌克兰离开俄罗斯，就意味着将进入波兰和德国的影响范围，担任配角（最好的情况）。少数乌克兰人不这么认为。对于俄罗斯——这将是一段沉重的时光，但对乌克兰——将是一团乱麻。

我认为，这首诗是布罗茨基最好的诗作之一，极其真诚，极富

---

① 旧时乌克兰沙文主义者对俄罗斯人的蔑称。

感情,刻薄的背后隐藏着痛苦与忧伤。就像诗人的后期创作常有的那样,充满具体的细节,也有深远的总结。诗人尖锐,甚至粗鲁地提起乌克兰"独立"的拥护者,却又极力追求客观,体现出对现代政治事件的完美认知:"不是我们,喀查普人,应当控诉他们的背叛。"的确,苏联的解体不是从乌克兰开始的,是苏联和俄罗斯政府不理智的,如果不称为背叛的行为,导致苏联的解体。他们蔑视1991年维护苏联统一的公投结果,共同加速了这一伟大国家的分裂,加速了国家人民世代友谊的断裂。

这些诗还告诉我们:布罗茨基移民美国,离开俄罗斯多年以后,他不仅沉浸在诗歌中,还沉浸在俄罗斯环境中,感觉自己是俄罗斯人——"喀查普"。我知道,有的研究者认为,就像抒情主人公的声音,在梁赞某个地方,被伏特加淹没眼睛的俄罗斯人的声音,诗人以他们的名义作诗。首先,不管怎样,布罗茨基已经让读者明白,他与诗歌的主人公各怀所思。第二,这样的主人公,未必会在死前朗读普希金的诗,况且还号召其他人一起朗读。第三,如果诗歌是以全体俄罗斯人民的名义而作(事实上,的确如此),那么,就要明白,诗人怀着怎样的痛苦和责任,写下这首诗。独立自主,疏远犹太人、美国人以及其他所有民族和宗教的诗人,突然担负起崇高的责任,以全体俄罗斯人的名义,指责乌克兰人脱离统一的帝国、统一的俄罗斯,"独自啃咬甜菜汤里的鸡肉"。要知道,约瑟夫·布罗茨基没有指责格鲁吉亚人、波罗的海人、中亚人。但是,乌克兰人,他们是俄罗斯的一部分,俄罗斯文化不可分割的一部分,他们要去哪儿呢? 我们应当向他们告别:

> 我们要严肃地对他们说,用骂人话当停顿:/一撮毛,你们的道路既宽广也狭窄。/穿着短褂离开我们吧,已谈不上官服,/按照三个字母的地址,走向四面/八方……
>
> 再见了,一撮毛! 我们一起已经活够了。/往第聂伯河吐口痰:它或许还会往回奔涌,/高傲地厌恶我们,奔流

不息，装满了/打开的盒子①和年久的屈辱。（刘文飞
译）

事实上，多少世纪以来，我们同甘共苦，共同战斗，一起胜利，荣辱与共。"独立者"在基辅不断重申乌克兰人受到殖民压迫，哪有这事！而且，莫斯科还从乌克兰征募热爱劳动、执行力强的公民进入军队和机关，担任高级官员。突然一切都结束了，这引起诗人真挚的忧伤，掺杂着不解与愤怒。

布罗茨基诗歌的结尾显然是预言，无论好坏，没有伟大的俄罗斯文化，没有俄罗斯诗歌，永远不会有崭新的乌克兰民族。

上帝保佑，哥萨克鹰，盖特曼，看门狗。/直到你们快要死的时候，种牛们，/你们才会挠着床沿，哼出几句，/亚历山大的诗句，而非塔拉斯的梦呓。②

的确，乌克兰人可能是勇敢的扎波罗热哥萨克、斯大林雄鹰、叶卡捷琳娜的盖特曼、集中营的看守（一直以来，集中营的守卫，还有谁比乌克兰人更受重视？要不就是亚洲人，因为俄罗斯人对他们漠不关心），但是，没有大国的支持，没有伟大文化的支持，任何哥萨克的勇猛，或是看守的执行，也于事无补。那时，他们不得不屈居另一国家——德国的伟大文化之下，但是，他们无法忍受任何形式的平等。即使他人不会称他们为喀查普人，但是，会让他们迅速认识到自己的奴隶地位。他们在小地方的"谎言"上，无法简单建立自己的民族文化。塔拉斯的"谎言"，例如，就在这样的诗句中："爱吧，黑眉毛的人，但是，别与莫斯科佬一起，因为他们是外人。和他们一起制造不幸。"③尽管塔拉斯·舍甫琴科的很多成就，

---

① "打开的盒子"是窃贼的行话，指偷来的箱子。
② "亚历山大"是普希金的名字，"塔拉斯"是乌克兰诗人舍甫琴科的名字。
③ 原文为乌克兰语。

即使不是全部成就，都归功于俄罗斯，但是，他们却决定，忘记一切。

这就是全部的内容。俄罗斯诗人忧伤、悲情、愤怒的告别。诗人决定，生前不公开发表这首诗，我对此感到遗憾，不过，诗人因此也避免了各种争吵。另一方面，他又喜欢不止一次地在晚会上朗诵这首诗，而且，他清楚，这首诗会被录音机记录下来。一切证明，他确实为这件出乎个人意料，出乎所有人意料的事——乌克兰脱离俄罗斯，备受煎熬。他的朋友列夫·洛谢夫说道："他不仅认为乌克兰与伟大的俄罗斯处于统一的，就像现在常说的——'文化空间'，而且，他还强烈地感觉到，乌克兰是自己的历史故乡。最后一个表达，我不想打引号，因为这是布罗茨基本人的真实想法。他感到自己是'来自布罗德的布罗茨基'。"

要知道，关键不在于这首诗多么出色。任何诗人都有失误、草稿与失败，这不过是诗人误入迷途罢了，但是不是，不是。自由主义者新一轮攻击的巨浪，年复一年，奔涌不息，他们认为，这不过是模仿布罗茨基的拙劣作品。有趣的是，乌克兰人相信，这首诗确实存在，他们围绕诗歌的意义展开辩论。这首诗常常被拿来与亚历山大·普希金的《俄罗斯的诽谤者》相比，这绝非偶然。两位诗人毫不掩饰自己的国家性和帝国性，都令同代惊叹。

而且，他们的理由几乎相似：这是斯拉夫人之间的争吵。

> 人民的雄辩家，你们在说笑什么？/你们为什么用诅咒威胁俄罗斯？/什么使你们愤怒？立陶宛的波浪？/住嘴吧，这是斯拉夫人之间的争吵，/是家务事，是老生常谈，经过命运衡量的争吵，/这不是你们该解决的问题。

事实上，不是美国人应该解决这个问题："斯拉夫的河流，流进俄罗斯的海洋？它会枯竭吗？这是问题吗？"如果再加上陀思妥耶夫斯基关于斯拉夫人的几句话，那么，我们会更加强烈地感觉到，看似亲密的斯拉夫人之间的矛盾由来已久："在俄罗斯，从来没有，也不会有,像所有这些斯拉夫民族一样的仇人、妒忌者、诽谤者和公开的敌人,俄罗斯刚刚把他们解放,欧洲就同意承认他们自由了! 请不要反对我、与我争吵、冲我大吼,说我夸大其词,说我是斯拉夫人的仇人! ……可能,整整一百年,或许更久,他们都将不断为自己的自由,提心吊胆,惧怕俄罗斯贪权;他们将在欧洲国家面前,巴结奉承,诽谤俄罗斯、散布谣言,密谋反对俄罗斯……"

乌克兰就是如此,没什么新鲜。难怪 1996 年,正是乌克兰人首先在基辅的《人民之声》刊登了布罗茨基的诗歌。诗歌立刻引起意料之中的猛烈抨击。在俄罗斯,这首诗首先被《列蒙卡》转载,此后登上《文学日》。布罗茨基的后人禁止发表这首诗,但是,多亏互联网,这首诗得以广泛流传,从而家喻户晓,这首诗同时也显示了布罗茨基从苏联自由主义观到俄罗斯帝国主义观的激进变化。

乌克兰院士,巴夫拉·基斯利,决定给出自己的《答张伯伦》,意思就是答布罗茨基,遗憾的是,他的作品毫无诗意。这里不用回想"出自亚历山大的诗行"和"塔拉斯的谎言"——甚至最激进的乌克兰人,也能立刻想起布罗茨基的有力诗句,但是,没有一个人记得这位酸腐院士的回答。在给"喀查普人"布罗茨基的回答中,只有对俄罗斯和诗人不押韵的辱骂,——"假冒的不同政见者"和"一无是处的帝国沙文主义者":

好吧,永别了,喀查普人! /我们终于分道扬镳。/你们,可能回到了"帝国的罪恶"/我们,一撮毛,再次与利亚克人①角逐……/至于你,卑微的奴隶! /你是假冒的不同政见者,俄罗斯的沙文主义者,/双头鹰②的忠诚奴隶,/臆造的弥赛亚的追随者。/你为什么咒骂乌克兰,这不值得猜测,/你不能为俄罗斯人增光添彩。/你这个一无是处的帝国沙文主义者,/比不上塔拉斯的脚趾甲。(原文为乌克兰语)

———————————

① 波兰人的旧称。
② 指俄罗斯。

1993年,诗人、散文家奥克桑娜·扎布日科尝试回答布罗茨基:

> 响起"帝国的哀歌"——布罗茨基可能如此写道,/哭
> 完平静以后——去往阿美士德,不再言语。/想哭的人,就
> 让他哭吧。我——露齿而笑……

无论是她的诗歌还是文章,同样无法令人信服。这些人最好还是不要触碰这个主题,免得成为被取笑的对象。维克多·托波洛夫去世前不久,提出了自己对诗人这首诗的解释:

> 我认为,有两个原因可以解释布罗茨基彰显的"恐乌克兰症"——宏观原因和微观原因。宏观层面上,布罗茨基无法原谅"苏联的领袖们"忽略他成为国家诗人的可能。首先,诗人想要提醒他们:如果大量印刷他的作品,而不是叶甫图申科的作品,看看吧,我们骄傲的帝国就不会解体。微观层面上,我建议回想一下电影《兄弟-2》和在国外同样令人厌恶的乌克兰人当中的"新美国人"。自然,布罗茨基在美国不与任何乌克兰人交谈,也不与俄罗斯人交谈。他和陆续从苏联来的犹太人交谈。当时,一些犹太人从俄罗斯来到美国,另外一些人来自乌克兰。于是,这些乌克兰的犹太人,在美国,因为"独立"而欣喜若狂。于是,诗人便首先愤怒地驳斥他们。

这首诗的出现,完全可能出于某种个人动因。布罗茨基可能不知道在哪里读过乌克兰移民诗人叶甫盖尼·玛拉纽卡的诗歌:"就让波洛维茨人撕碎俄罗斯贪婪的心。"唉,宣布独立以后,乌克兰媒体欢呼雀跃的恐俄主义已经够多了。因此,在当前情况下,我与米哈伊尔·佐洛托诺索夫的观点一致:

> "颂歌"的情感意义,为了表达对乌克兰人的抱怨。作为友

爱的民族大家庭,大家一同生活,而乌克兰人突然离开"集体宿舍",诗人(或是诗歌的抒情主人公)把它看作"背叛",与其说是政治背叛,不如说是家庭背叛。自然,痛苦的欺辱,使他写下侮辱的话语,诗歌的结尾,则是对民族的标志——塔拉斯·舍甫琴科的侮辱。总之,"不知如何熬过"。现在,二十年前约瑟夫·布罗茨基对欺侮做的注解,成为政治现实。令人惊奇的是,通常是诗歌注解世界,而这里,生活注解了诗歌。

这首诗纵使激进,但是,众所周知,在俄乌关系紧张时期,的确成为两国关系的象征。"曾经一起生活,够了……"

与布罗茨基友善的熟人,诗人娜塔莉亚·戈拉巴涅夫斯卡娅认为:"我对他的态度很复杂,又反感,又喜爱。我想,布罗茨基说了那些关于我们喀查普人的话以后,他可能已经有权说很多被称为反乌克兰的东西。很多,但不是全部。不过,都被淹没,被带走了。显然,他自己后来也明白,为什么不许刊载这首诗。"应当说,尽管她对这首诗的态度很复杂,但正是戈拉巴涅夫斯卡娅等人,率先把这首诗登在自己的流行网站上,从而赋予诗歌新生。

诗人自己不止一次说过,这是他个人的独特想法。他喜欢以个性为托词。当他在心爱的威尼斯小酒馆吃午饭,喝心爱的格拉普酒,或是瑞典伏特加"苦酒"时,他确实是独立的人。但是,痛苦的是,作为杰出的诗人,他接触了诗歌,就不再是个体,而成为上百万人的财富,他的意见影响着上百万人。有时候,诗人的影响比国家总统的影响更大。在这种意义上,他的致乌克兰独立的"颂歌"是时代文献。

我们反正要厮打。至于眼中的泪水,/却没有命令非得等到下一回。(刘文飞　译)

难怪在网络投票中,布罗茨基这首诗进入世界至今最优秀的一百首诗之列。该诗写于 1991 年。1994 年,诗人第一次当众朗诵,这件事本身就非常有趣。经历四次心肌梗塞、两次心脏手术以后，诗人才决定公开这首诗。诗人去世前不到两年，开始当众朗诵这首诗。这显然不是出于偶然，怎么能说诗人写这首诗只是出于偶然呢？

很多乌克兰爱国者认定《乌克兰之独立》确实出自布罗茨基之手以后，猛烈攻击、批评诗人。其中就有纳乌姆·夏加洛夫斯基，他说："这首诗，我认为，面目可憎。"或许可以换一个不那么激烈的修饰语，但是，为什么呢？要知道，诗文充满对乌克兰、乌克兰人难以掩盖的憎恨。我一开始想到，这首诗是恶毒的嘲讽，就像某位缺乏修养的俄罗斯沙文主义者的独白，诗人很喜欢挖苦后者。应当说，布罗茨基创作中有时也有嘲讽，因此，这样的嘲讽，没有什么令人感到惊奇。但是，1992年，在斯德哥尔摩朗诵这首诗前，布罗茨基说："现在，我要朗读的这首诗，你们可能会很不喜欢，但是……"也就是说，他没有提到任何关于嘲讽的事情，换句话说，诗人以本人名义，严肃书写。在我看来，这没有带给他荣誉，反而让他置身完全的黑暗当中……

如前所述，在俄罗斯，这首诗首先被非常了解布罗茨基的艾都阿勒特·利蒙诺夫刊登在自己的刊物《列蒙卡》上。那时，这首诗没有引起左派或者右派的任何反响。但是，2014年的乌克兰流血事件使这首诗具有了现实意义。于是，在《俄罗斯杂志》上，出现了历史学家亚历山大·丹尼艾力的文章，他在文中宣称《乌克兰之独立》是伪作，当然，这首诗极其恶毒，不会写进什么自由主义教条。今天，与创作时相比，这首诗更加轰动。当然，最后一句非常刺耳，在结尾部分，布罗茨基将"塔拉斯的谎言"与天才的亚历山大·普希金对立起来。顺便一提，这句诗当时令爱国诗人塔季扬娜·格卢什科娃极为愤怒。但是，亚历山大·丹尼艾力凭什么愚蠢地坚信，"这首诗无论如何绝不会出自布罗茨基之手"呢？

为什么？因为诗人在诗中自称"喀查普"人？可是在上百条言论中，诗人自称俄罗斯人，有时还加上"虽然是犹太血统"。这些缺乏政治正确性的表达可能使人感到惊讶。但是，对待亚洲人、非洲人，还有所有"黑人"，布罗茨基在诗歌和散文中运用的表达，更加强烈，甚至接近脏话。他大概不以"种族主义者"的名声为荣，不想卖弄政治方面的正确性。"情妇"这个词，令丹尼艾力感到惊讶，那么，茹科夫诗中的脏话从何而来？布罗茨基的诗，包括未出版的，其中有许多黑话。我认为，丹尼艾力根本不了解自己偶像的诗作，或是……出于政治动机，说了假话。在世界布罗茨基研究界，没有人怀疑这首诗的原创性。丹尼艾力可能把布罗茨基朗诵的这首诗的录音也叫伪作？但是，在朗诵这首诗的晚会上，有数百个见证者。或许应当指责他们撒谎？或是布罗茨基的自由派崇拜者，自己有权决定诗人如何押韵？

哦，这些崇拜者！我记得，他们妨碍我们在《明日》上刊登格里高力·斯维里托夫的独白，据说，这是对大师的诽谤和贬低。后来他的日记出版了，与之相比，我们费尽心思想要出版的独白，不过是婴儿无辜的泪水。维索茨基的日记和鲁布佐夫的诗歌面临的情况也是如此。自由派的维护者可以歪曲一切，尤其涉及布罗茨基遗产的时候。所有选集中，他的亲俄诗歌都被抹黑。我想，这个亚历山大·丹尼艾力也十分乐意称布罗茨基的《人民颂》是伪作，不过有碍安娜·安赫玛托娃曾评价，这首诗具有天赋。《乌克兰之独立》的原创性，毫无疑问，尽管测试专家需要从手稿和作者的录音选取最终版本，文本不会受到审查。但是，早该把这首诗收进诗集了，好让丹尼艾力一类人不要产生怀疑。

我本人也被布罗茨基这首诗的尖锐所刺痛，无论如何，乌克兰脱离俄罗斯以后，他们肆无忌惮地传播恐俄症；不是俄罗斯的土壤派作家，而是犹太人约瑟夫·布罗茨基，成为唯一被我们亲兄弟"马泽帕"惹怒的作家。

诗歌美妙尖锐，政治上并不正确。但是，真正的诗人，应当考虑什么政治的正确性吗？1994年，我读《乌克兰之独立》的时候，真正理解了布罗茨基，并且高度评价伟大的俄罗斯诗人约瑟夫·布罗茨基。

家庭的幸福

　　1994 年,在佛罗里达动物园,诗人的朋友米哈伊尔·巴雷什尼科夫拍下一张令人惊叹的照片,我想把它取名为"家庭的幸福"。这既是布罗茨基父母的梦想,也是他本人的梦想。布罗茨基给女儿取名安娜并非偶然,就像他在《预言》预见的,而中间的名字,亚历桑德拉·玛丽娅,则是为了纪念父亲和母亲。

　　照片上,有约瑟夫·布罗茨基几乎不再希冀的东西——运动、生活和爱情。约瑟夫和玛丽娅,在佛罗里达公园焦急地随着老虎走动,在行走中,布罗茨基甚至摘下了眼镜。巴雷什尼科夫回忆当时拍摄的场景:"那里有几座巨大的兽栏,老虎围着铁栏转来转去,约瑟夫嘴里哼着:'哞拉……哞拉……哞拉'……大概坐了二十多分钟。此后,玛丽娅来了,老虎却跑开了。他们跟着老虎来来去去。另一边的对面也是兽栏。我想,那里是豹子。玛丽娅从一边看着豹子,而约瑟夫——从另一边看着老虎。"鲜活的背景,比任何布景的效果都好。所有的细节都突出两人急切追求他们应得的幸福。

　　20 世纪 80 年代,尽管他事业成功,1987 年甚至获得诺贝尔奖,1991 年获得美国桂冠诗人的称号,还被多所大学(耶鲁、达特茅斯、牛津)授予荣誉博士称号,但是,约瑟夫的个人生活不幸而又孤独。在他身边打转的女性令他疲惫,永远深爱的玛琳娜,像从前一样,遥不可及,我想,他从未认真对待过其他女人。一个关心他的朋友写道:"他冷漠、恐惧,在生活中变得越来越像青铜和大理石,第一次全心爱恋却被灼伤以后,他认识了生活和人类,用冰冷的理智,拒绝那些妄图借助他的名气的卑微小人,面目可憎的家伙,还有那些浅薄的女人,诗人尝试在他的心上人身上,找到其他富有内涵与人性、希望与智慧的品质。"

我不想欺侮布罗茨基庞大的"唐璜式名单"中的任何人,相反,我要感谢他的所有女人,谢谢她们对诗人竭尽所能提供的温暖和照顾。但是,坦白地说,在他的生命里,只有玛琳娜和玛丽娅,还有女儿安娜。其他人——不管是虚构的、编造的、夸张的,甚至是现实曾经存在,而且依然存在的,都丝毫无法引起他的兴趣,"仅仅是熟人罢了"。他们无法摧毁诗人的孤独。

这份最为痛苦的孤独,也反映在他美国时期的诗歌中。在安阿伯的前三年,他生活在真空里,完全与世隔绝。他尽可能忍受自己的孤独,甚至在信中逞强:"我极其独立,最后,我甚至喜欢,除了墙壁以外,无人说话的时候。"但是,我们最好还是读读诗人那时的诗歌来确定他的真实心境:

> 你梦见的并非半裸女孩/而是途中来信上你的大名。/一位清晨送奶人,见牛奶已酸,/会第一个疑心你已在此逝去。/在此你活着,无视日历,/吞饮镇定剂,从不离住处,只是停下/凝视镜中映出的你,/恰似街灯盯着渐渐干去的水坑中它们的倒影。[1](常晖 译)

我想,他甚至会用诺贝尔奖的荣誉,其他各种荣誉,换取简单的家庭幸福。当一个人知道,家里没有人等他的时候,他怎能坐在主席团中间,在各个城市和国家流浪呢?

> 我孤身一人。强烈的孤独。/就像加里利海的无花果。/夜晚无法装饰椅子,/短裙、袜带、长袜。

---

[1] 布罗茨基著,王希苏、常晖译,《从彼得堡到斯德哥尔摩》,桂林:漓江出版社,1990,第244页。

外表看来,一切都好。他搭乘各类汽车,"哪有俄罗斯人(尤其是犹太人)不喜欢高速旅行呢",他喜欢美味丰富的食物,迷恋东方菜肴,但是,也没有忘记习以为常的俄罗斯伏特加,尤其是洋姜和芫荽的伏特加。他甚至依靠诺贝尔奖金,成为"俄罗斯茶炊"餐厅的合伙人,他自己也经常去餐厅小坐,喝酒,吟唱俄罗斯民歌。以下是一段对他的采访:

"'阿波罗不需要诗人奉上神圣祭品的时候',约瑟夫·布罗茨基做什么呢?

布罗茨基:他读书,喝酒,有时散步,看太阳如何升起和落下……"

布罗茨基厌倦了偏僻小城的孤独生活,1981年,他移居纽约。看来,他搬到文学和上流社会的中心,浪漫舒适的天堂,在喧嚣的都市,他会忘却孤独。开始的时候,的确如此。他的身边,围绕着侨民朋友,辛勤采访的记者。女性朋友则心甘情愿,轮流陪在他的身边,其中有意大利斯拉夫学家阿涅丽萨·阿列娃,蒙顿街的邻居玛莎·沃罗比约娃,美国人卡罗尔·约兰塔——她真爱约瑟夫,在生活中帮助他,为他服务。但是,诗人却这样写道:

> 万物都有极限:其中包括悲伤。/目光沦陷于窗框,恰似树叶——在篱笆内。/可以注水。钥匙哗啦响。/孤独就是方格中的一个人。(汪剑钊　译)

在热闹的市中心,约瑟夫·布罗茨基写道。如果"孤独就是方格中的一个人",那么"诗人就是立方体中一个孤独的人"。

> 夜晚。活到白首,一个人吃晚饭。/做自己的奴隶,自己的主人。

《乌拉尼亚》有一组诗,都与阿涅丽萨·阿列娃有关。布罗茨基把她的名字写在《咏叹调》上,写在《被白色控制的黑夜》,写在

《挽歌》上。他在《坐在阴影中》附言："'1939 年 9 月 1 日'。写于第勒尼安海的伊斯基亚岛，在阿涅丽萨·阿列娃陪伴下度过生命中最幸福的两周时光。"……在给阿涅丽萨·阿列娃的献词下面，还有另一句："……我应当与阿涅丽萨·阿列娃结婚，或许，将来会结婚"，——叶甫盖尼·莱茵后来讲道。约瑟夫·布罗茨基对其他善良的女性朋友也表达过此类结婚的打算。他可能打算与意大利女人、美国女人和波兰女人结婚。他畏惧孤独的空虚，但还是等待着某些不同寻常的东西，就像在童年时等待公主一样……

他搬到纽约哈得孙河不远处的蒙顿街，有许多游客去游览，但是，不同于诗人在彼得堡姆鲁济大楼的住处，也不同于诺连斯卡亚的农舍，甚至不同于科诺沙的火车站，这里没有任何纪念牌，或是纪念板。如果你在纽约大街上询问有关布罗茨基的事，从来没有人知道。可能只会有人说：这里曾住过某位教授，大概是俄罗斯人，中学都没毕业，没在任何地方学习过，但是，却在美国几所知名大学教了二十多年书。走运的男人。因为是苏联的政治牺牲品而获得支持……

听到类似言谈，布罗茨基发怒了，有时，甚至与那些视他为不同政见者、政权牺牲品的人断绝关系。他勃然大怒，因为很多西方人认为，审判和流放使他享誉世界。甚至很多西方著名作家承认，他们不读布罗茨基的诗歌，但因为他是苏联体制的受害者而支持他。布罗茨基希望因为诗歌和创作受到尊重，而不是因为法庭审判和流放。而且，布罗茨基和学生谈论的是伟大的俄罗斯文化。顺便一提，学生们熟知布罗茨基，不是因为布罗茨基是诺贝尔奖获得者，而是因为他是美国天才奖获得者，是美国的骄傲。除了在大学工作，布罗茨基十分乐意去欧洲各国做讲座。美国，还是有些地方无法令他满意。难怪诗人基本上没有写一首描写纽约的诗，而他的心，一会儿飞去威尼斯、瑞典，一会儿飞去巴黎、故乡的彼得堡。他的诺贝尔奖证书令我惊讶。有一页正文写着：1987 年诺贝尔文学奖获得者约瑟夫·布罗茨基，而另一页，则是对诗人具有纪念意义的地方拼贴，有青铜骑士和涅瓦河；上面是俄罗斯圣徒的面容,就像东正教堂里的一样,中间则是带五角星的布琼尼帽。难道这是为约瑟夫·布罗茨基专门构想的组合?

布罗茨基的生活很成功,但是,一但离开外部世界,他再次陷入令人恐惧的孤独和空虚。父母已经去世,他与玛琳娜永远分离,儿子安德烈仅去过美国一次,他此后也没能与儿子维持和睦的关系。

> 是什么引发了这哀伤的基调?/一首漫长而熟悉的乐曲。/它再次响起了。随它去吧!/让它升起在今天这夜晚。/让它回响在我这死期——/作为对那向远天牵引/我们对视线的神奇,/我用眼和唇表达的谢意。①

他在人前消遣作乐,喜欢在"俄罗斯茶炊"小坐片刻,和朋友们一起吟唱《黑眼睛》和《我的篝火在雾霭中闪耀……》。他有时去女朋友家过夜,有时候则带她们回家,哀伤却从未消逝。

与玛琳娜彻底分别以后,他继续梦想能有一段新的爱情代替过往。于是,便有了新的爱情。1990 年 1 月,来自俄罗斯-意大利贵族圈的年轻美人玛丽娅·索扎尼,特地从意大利前往巴黎的索邦神学院,参加布罗茨基的讲座。她的母亲来自特鲁别茨伊·巴里亚京斯基家族,而她的父亲,意大利人维恩切恩佐·索扎尼,则是"皮雷利公司"的高层管理。玛丽娅听完讲座以后,给他写了一封信,此后两人开始通信联系。十天以后,1 月 23 日,他与玛丽娅·索扎尼一同前往纽约庆祝朋友德里克·沃尔科特的生日。这段爱情飞速升温,夏天,他们一同前往布罗茨基熟悉的瑞典,1990 年 9 月,布罗茨基带着玛丽娅前往更靠近波罗的海的斯德哥尔摩,9 月 1 日,他们结婚了。很多人传言,布罗茨基之所以选择玛丽娅,是因为她与玛琳娜·巴斯马诺娃很像。况且,她们的名字,发音相近,

---

① 布罗茨基著,王希苏、常晖译,《从彼得堡到斯德哥尔摩》,桂林:漓江出版社,1990,第 71 页。

外貌上的相似虽不明显，但是都能被朋友察觉。"他的妻子玛丽娅·索扎尼-布罗茨卡娅，像扎拉·朗德尔，也像玛琳娜·巴斯马诺娃"，——柳德米拉·施泰因写道。我不愿特别强调两者外貌上的相似和名字的谐音。无论从《圣经》的联想，还是从生活经验来看，玛丽娅首先与约瑟夫的发音相似。

在瑞典举行婚礼前，他开始写作献给玛丽娅的爱情诗《托尔弗列特》，1993年女儿安娜出生前不久才完成。托尔弗列特是瑞典郊区的幽雅小镇，在那里，约瑟夫与爱人玛丽娅度过了一段幸福时光。布罗茨基与玛琳娜·巴斯马诺娃维持多年的紧张关系结束后，他再次成为幸福的人。遗憾的是，这段时期，布罗茨基着迷于不是很成功的英文诗歌，选择用英文写爱情诗。不过，这些诗歌也有俄语译本。以下就是由基里尔·安库季诺夫翻译的其中一首：

在瑞典有片芳草地，/我躺着，奄奄一息，/眼中漂着浮云，/那白色最精美的部分。

就在那片草地的四周，/我的寡妇漫游，/用三叶草编制花环，/送给她的情恋。

我曾娶她为妻，/在一个花岗岩的教区。/白雪借给她白色纱裙，/苍松为我们证婚。

她曾在椭圆的湖中游泳，/一块欧泊石的明镜，/在蕨草的框里迂回，/镜子快乐得破碎。/午夜间她的红发闪亮，/固执地化成太阳，/从我的床头展露，/照耀着床杆和石柱。

如今我听到她在歌唱，/辨别歌声的方向。/她唱的是"蓝色的飞燕"，/但我已无法用歌声相伴。

黄昏渐渐暗淡/用阴影遮盖了草原/它劫走芳草地的宽大和颜色，/随之愈加冷漠。

躺在生命的尽头，/我观看满天星斗。/那颗名叫金星；/我们之间没有人影。（金重　译）

　　基里尔·安库季诺夫不是布罗茨基,尽管我非常重视他的评论。但是,译文传达了诗歌的情节、内涵,当然还有布罗茨基对玛丽娅的感情。我关注的是,布罗茨基立刻尝试使自己的爱情——尤其是在婚礼期间——最大程度地靠近祖国,靠近波罗的海的空间。诗人死后,没有任何饶舌者编纂的遗言,玛丽娅本人决定将布罗茨基安葬在自己的祖国,安葬在更接近自己家乡的威尼斯。每个人身上的民族和故土情结多么深重!

　　诗人的自画像说明了他的本质:一只沿着波罗的海伸展的猫。下方的题词是:约瑟夫·布罗茨基的本质。是的,他非常爱猫,他自己也像猫一样,总是独自游荡,但不是无边无际,而是在家乡的波罗的海游荡。从童年起,他就一直与猫生活在一起。打电话的时候,也喜欢用特别的"喵——喵","呜——呜——呜"结束对话。在美国,布罗茨基有只猫,叫密西西比,在列宁格勒,他养的猫叫帕西克。布罗茨基认为,每只猫的名字,必须要有"C"这个音。

　　诗人曾经写道:"我,就像猫一样。我喜欢什么东西,就去嗅一嗅,舔一舔……你看,这就是猫。猫完全蔑视一切,不管什么'纪念'团体,还是苏共中央宣传部。同样,对美国总统存在与否,它也漠不关心。我哪里比猫差?"布罗茨基给熟人和家人的信中,在赠与他们的书籍中,总有许多猫的插画。布罗茨基晚期有一篇论述诗歌的文章,就叫《猫的喵呜》。

　　布罗茨基认为,猫的天性,贴近诗歌的本性,毫无疑问,猫成为诗人的动物图腾。在列宁格勒,他曾有一只"穿着白靴子"的猫。后来,他家还住着一只绰号"大红"的猫,约瑟夫用英文"Big Red"(大红)称呼它。这只猫死后,布罗茨基把它的相片放在相框里,摆在纽约蒙顿街住宅的书桌上。布罗茨基去世后,他的猫密西西比,很久无处栖身。这只猫在诗人去世前叫了一整夜,后来,忧思良久。这只猫还有一张哀伤的相片——约瑟夫死后一个月,密西西比在逝去的主人的圈椅上蜷作一团。看着这张照片,我们清晰忆起两件事——诗人不再回来了,而爱依然存在。

　　例如,诗人有首诗,献给彼得堡的猫萨姆松:

猫咪萨姆松被画在中央,/教堂旁边的小巷里。/它美丽,然而失业了。/天性无忧无虑……/过夜的地方得到保障,/他对同伴表示同情:那个——在水槽里喝点水,/那个——在垃圾堆吃午饭,/那个——打了半小时盹儿,/那个——从野狗爪下逃脱,/那个——因为严寒患病……/水龙头在厨房懒洋洋地嘟囔:/"萨姆松有良心吗?……"

在安娜·阿赫玛托娃别墅的时候,诗人与邻家的猫咪格鲁克成了朋友,对此,安赫玛托娃说道:"唉,要知道,这已经不是一只猫了,而是整整一只半猫。"布罗茨基甚至描写了格鲁克的外貌。"打开老旧、窸窣作响的……房门,一个毛茸茸的小可爱从门后望着……高贵的猫咪,猫咪中的佼佼者……"看来,诗人依恋这只格鲁克,安娜·阿赫玛托娃也开始称它"一只半猫"。此外,在过往的生活中,按照布罗茨基熟知的佛教教规,他把自己想象成红棕色毛茸茸的猫咪。正如瓦莲金娜·帕鲁希娜所写,这只红色的猫,在诗人去世后,成为他的朋友。他曾出现在布罗茨基纽约的坟墓上。导演安德烈·赫尔日诺夫斯基,甚至拍摄了献给约瑟夫·布罗茨基的动画记录片《一只半猫咪》。电影中,一只猫扮演诗人,屏幕上充斥着各种各样的真猫和画猫(猫咪布罗茨基的扮演者,是作家安德烈·彼托夫的猫。)

约瑟夫在北方流放期间,不止一次把自己画成猫的形象,寄给父母和熟人。柳德米拉·施泰因回忆道:"妈妈在朴烈费兰斯纸牌游戏中赢了一只两岁小猫,为它征集好听的名字。"布罗茨基用纸牌游戏"帕司"给小猫起名,有时则更加亲昵地称它——帕司克。帕司克非常喜欢被人抚摸,这时,它允许你对它做任何事,翻卷、转动,或是把眼镜戴在它的鼻子上。诗人也给这只猫写了一首诗:

噢,蓝眼睛,可爱的帕司克!/陪我一会儿,哪怕只有一小时。/用你神圣的低语,/和解惶恐的性情与它的低吼/让我抚摸抚摸你,/颂扬你的毛发和高尚。

布罗茨基曾说过:"请注意,猫没有任何不优美的举动。"在美国的孤独生活中,只有猫咪密西西比,拯救、激励诗人。如果有客人拜访,布罗茨基显示对客人特殊好感的标志就是:"您想让我为您把猫叫醒吗?"玛丽娅婚后把家里的两个男性——红棕色的密西西比和布罗茨基——唤作猫咪:"嗨,猫咪们,过来!"两只猫会迅速做出回应。布罗茨基有时把自己的猫从纽约带去南哈德利乡下解放天性。

安德烈·沃兹涅先斯基忆起与布罗茨基在纽约格林威治区家里的会面,特别说道,主人第一件事就是问他:"您家有猫吗?"然后,饶有兴趣地听沃兹涅先斯基讲述猫的趣事——在里德尔基诺的别墅,他家的猫爬上了高高的松树,为了救它,不得不把松树锯断。猫的名字叫库斯-库斯,布罗茨基看中了这个名字:"噢,真令人惊叹。在猫的身上,确实有些阿拉伯色彩。黑夜,弦月,埃及,奥秘……"

玛丽娅和安娜

安娜·亚历桑德拉·玛丽娅，小名叫妞莎——是布罗茨基的爱妻为他生的女儿。布罗茨基的密友确信，对布罗茨基而言，与女儿一起生活的几年，比他此前的五十年生活都要幸福。我与玛丽娅在米兰结识，也被她的魅力折服，在她的身上，同时具有贵族气质和深邃的俄罗斯气质。她的美丽，动人心魄；她的举止，平易近人。

玛丽娅，和玛琳娜一样，沉默寡言，不接受采访，不用诺贝尔获奖者遗孀的身份自我宣传。与那些知无不言的多嘴朋友不同，玛琳娜和玛丽娅都一直保持沉默，但是，要沉默到何时呢？她们的书籍可能传遍全球，但是，世界既看不到这些书籍，也看不到她们本人。只有喧闹的波兰报纸，准确地说，是波兰的诗歌同行，伊莱娜·格鲁津斯卡娅-格罗斯，对诗人的遗孀进行了一次采访，访谈刊登在 2000 年 5 月 9 日的《精选报》上。我挑选其中两段介绍给读者。

第一段：约瑟夫·布罗茨基和意大利。

格罗斯：布罗茨基是怎样爱上意大利的？

玛丽娅·索扎尼-布罗茨卡娅：俄罗斯人有两类，一类崇拜巴黎，一类为意大利疯狂。果戈理和维亚切斯拉夫·伊万诺夫，曾在意大利写作，柴可夫斯基曾在意大利作曲，亚历山大·伊万诺夫曾在意大利作画。布罗茨基对很多国家都持开放态度，但是，与意大利的关系十分特别。还在青年时期，他就阅读了意大利文学。我们曾多次谈论一些鲜为人知的作者，在意大利境外,几乎没人能想起这些作者……但约瑟夫总能记得,还在 18 和 19 世纪时,意大利艺术家与俄罗斯艺术家之间的交往,就已经非常密切了。

格罗斯:因此,他选择在罗马建立他的学院?

玛丽娅·索扎尼-布罗茨卡娅:布罗茨基曾三次到访位于罗马的美国学院,学院激发了他的灵感。他在美国学院度过了很长时间,其间的创作成果就是《罗马哀歌》。罗马是个符合逻辑的选择,尽管约瑟夫想选择威尼斯……他在生命后期积极参与各种公益项目。尤其是他 1992 年成为美国"桂冠诗人"以后,开始大量从事这类项目。他当时希望能让诗歌出现在旅店或超市,这个项目已经实现了。有三四年时间,他都致力于这些工作,罗马的俄罗斯学院,就是这类工作中的最后一项。

第二段:诗人在生命的最后岁月如何看待俄罗斯?为什么他还是没有回到俄罗斯?

格罗斯:一些人坚信,布罗茨基对俄罗斯漠不关心。尽管他曾多次收到邀请,但一次也没有回过俄罗斯。很多人认为,他应该回去,要知道,他是最杰出的俄罗斯诗人……

玛丽娅·索扎尼-布罗茨卡娅:他不想回去,因为他的朋友为了与他见面,总会来找他。他的父母已经不在人世,国家也变成了另一种样子,当人们仍有诸多烦忧时,他不想像某个女歌手那样出现。他的生活迈向了另一方向,而回归总是困难重重。如果不得不搬家,我们会去意大利。我们甚至谈过这件事——他能在佩鲁贾的一所对外大学找到工作,前途很明朗。但这不过是梦想罢了。约瑟夫甚至不想被安葬在俄罗斯。他的一位朋友提出,是否可以把布罗茨基安葬在威尼斯。威尼斯,是布罗茨基除了圣彼得堡以外最喜爱的城市。除此之外,自私地说,意大利是我的祖国,因此,我的丈夫最好安葬在这里。把他安葬在威尼斯,要比把他安葬在其他城市简单,例如，我的家乡卢卡附近的科姆比尼雅诺。威尼斯更靠近俄罗斯，交通比较便利。

　　但这些根本不意味着，他对俄罗斯漠不关心，或是充满敌意。总体来说，他很少对什么东西漠不关心（笑起来）。他密切关注俄罗斯发生的事件——尤其是文学领域的事件。他收到很多信，有人把自己写的诗寄给他。因此，他感到异常兴奋，就像许多诗人一样。此外，可以看出，很多人的诗歌都受到他的影响，一方面，这使他感到非常满足，另一方面，这也使他感到惊讶。车臣和南斯拉夫战争使他备感煎熬。

　　玛丽娅在和我的谈话中说过，她想带着女儿回到她父亲的故乡。玛丽娅将她在米兰艾得菲出版社制作的诗集——布罗茨基的《圣诞诗歌》赠给我和妻子留作纪念，玛丽娅本人就在这家出版社工作。至今她和女儿还没有去过俄罗斯，但是，她们很想去——想去莫斯科，她们在那儿有许多亲戚，也想去彼得堡。她们的确不知道如何安排旅行，才能摆脱各种广告宣传、报纸的喧嚣和交际界的表演。她甚至梦想前往科诺沙和诺连斯卡亚——丈夫的流放地。

　　对很多人来说，布罗茨基的婚礼出乎意料。我就不说那些失败的未婚妻了，甚至不了解他的女人也感到委屈。这样一个令人羡慕的单身汉突然结婚了，新娘还是美丽聪慧的俄罗斯贵族后裔！最终，很多犹太人也感到委屈——据说，诗人无法找到自己的同胞……况且，大家都记得，不久前诗人在五十岁生日时承诺："上帝的决定不同：我注定孤独而死。作家——是孤独的旅行者。"本来平淡无奇，突然却有了这样的惊喜！

　　此外，布罗茨基一直非常独立。他不属于任何名流圈子，不属于任何自由主义、国家主义、民族的、宗教的，甚至是诗歌的流派……但他依恋、溺爱妻子和女儿。她们看来就像诗人的大小两个女儿。诗人也有写给女儿的诗。

　　最初，1995 年，诗人在给朋友德米特里·戈雷舍夫的信中，写到女儿：

还有，接近大洋了／在角落后面，鼻子都能闻到。／我很高兴，安娜以此呼吸，／对姑娘和柚子感到惊奇。／我很高兴，她对水的自然油画／从小就熟悉。／我很高兴，可能，她在这个世上／命中注定可以自由生活……

他后来用英语创作了《致女儿》。有个不错的译本，译者是格里高利·克鲁日科夫：

既然生活不可能没有爵士乐和流言蜚语，／我还是看见你二十岁的美丽模样，／透过布满灰尘的裂缝，透过黯淡的光泽／我将从远处盯着你，就像盯着外国人一样。

总而言之，请记住，我在你身边。有时，／请用敏锐的目光环顾四周。可能，你的父亲，／覆盖着油漆和树皮，脱净了诱惑／专注而宠爱地看着你。

所以请欣赏那些老旧而沉寂的物品：／突然，某个东西的轮廓，侧影浮上心头。／那是没有遗忘你的物体向你问好，／我们共同的方言里呆板的几行。

玛丽娅·索扎尼不习惯美国的生活，布罗茨基去世后，她立刻回到更亲近的家乡——意大利。她现在和女儿住在米兰。她答应过布罗茨基，永远不接受采访，不写回忆录。因此，她现在写的书，有个相对空洞的书名——《对话》，书中没有任何有关私人生活的描写，只有他们关于文学与文化的对话和诗人有关诗歌与政治的言谈。她自认为是俄罗斯人，尽管她深爱意大利籍的父亲。她没有忘记俄语，有时还做翻译。

诗人的女儿，从小就非常机灵，甚至被称为神童。尽管父亲去世时，阿涅奇卡（安娜的爱称）只有三岁，但她清晰记得父亲的样子。

米舍尔·莱蒙托夫三岁的时候，也清晰记得自己的母亲。

一位文学家对她说："在我看来，你的爸爸是个伟人，伟大的诗人……"阿尼亚立刻补充道："……还是伟大的父亲。"

约瑟夫去世后,如玛丽娅所言,纽莎口述寄往天堂的给爸爸的信。她写道:当然,爸爸很难从天上下来,但是,他可能总会想出一些办法——例如,和雨水一起下来……如果不行,那么,等她长大以后,她肯定能找到上去的方法……

热爱音乐的布罗茨基,让女儿从襁褓就开始接受音乐的熏陶,女儿两岁的时候,就能区分海顿和莫扎特,直到现在,一直喜爱音乐。

在美国的日常生活中,约瑟夫和玛丽娅用英语交谈,尽管玛丽娅完全能听懂俄语并能用俄语交流。纽莎开始也用英语交谈,但是,为了女儿能朗读父亲的诗歌,母亲开始教女儿俄语。三年时间,纽莎带给布罗茨基许多快乐。曾几何时,还在 1967 年,在《谈谈溢出的牛奶》中,他写道:

> 小姑娘走着,哎,戴着花头巾。/沿着田野行走,摘下朵朵小花儿,/希望能做女儿,哎,希望能做女儿。/燕子在空中盘旋飞舞。

现在,他有了自己的女儿。他非常疼爱女儿。可惜,约瑟夫不能看着女儿长成像她母亲玛丽娅一样美丽的姑娘。有了家庭,做了父亲之后,他的诗歌变得稳定而平和。暴乱分子找到了新的"将军"的模式。

家庭生活越美满,为人父的快乐越多,健康问题也越多。医生已经给他做了两次心脏手术,并劝他做第三次手术。第三次手术并不那么困难,只不过清理心血管,做血管成形术,安置几个加强支架,预计这样还能支持五年左右。我已经做过三次支架手术,我也知道,这些金属弹簧能够加强心脏功能,使人恢复正常的生活。可惜,布罗茨基一直拖延,他不想春天或者夏天动手术,拖到了秋天。没想到……

已经到了 1996 年,诗人完成例行的圣诞诗歌《逃亡埃及》,正准备诗集《水灾风景》，这本书注定成为他的最后一部作品。诗集的出版者苏梅尔金想起 1995 年 12 月诗集的准备情况："除了《水灾风景》收录的诗歌，还剩两首，也是同期的作品。一首是最强劲的《乌克兰之独立》，我和诗人一致决定，暂时放弃这首诗，因为诗歌具有极强的政治'无知'，或者，用美国人的话说，就是政治'不正确性'，而且这种'不正确性'还被情感冲动和诗歌技巧多次加强。应该为死后的科学出版物留点什么！"这首诗，就像我此前说的，我认为它非常重要，极具代表意义。他从苏联海军军官的父亲那里遗传来的俄罗斯帝国性质不仅没有消失，而且在北方流放时期得到了加强，甚至在美国时期的采访中也会显现出来。诗人帝国诗歌的里程碑是《人民颂》，写于 1964 年 12 月，《致朱可夫之死》，写于 1974 年，《乌克兰之独立》，写于 1992 年 2 月。

我无论如何也不会将布罗茨基归入某个方向或流派，把他诱惑到这个或那个阵营。他从一开始就不符合任何标准。但是，有一点可以说——"它的作者并非同志、草莽，/也并非懦夫、伪君子，自由党/而是——忧郁思想的上将。"每个玩笑，都有玩笑成分，其他的，则是真理。在给医生切尔内绍夫的这封戏谑信件中，约瑟夫·布罗茨基列举了他厌恶的人类的所有缺点，从草莽和同性恋开始，到自由者结束。委婉地说，这不是我写的，而是诺贝尔获奖者约瑟夫·布罗茨基去世前不久写的，他已经开始悄悄地向上帝汇报。

这段时间，所有的记者和文学家都在追问，为什么诗人不去俄罗斯。有关这个话题，可以出版专著。塔季扬娜·托尔斯塔娅做过非常中立的评论：

> 他哪儿也不去，因为大家都去找他。所有来的人，都被带去找他。大家坚信，他确实存在、活着，并且写作——如此奇怪的俄罗斯诗人，竟不愿意踏上俄罗斯土地。在俄罗斯，他的作品刊登在报纸和杂志上，发行了单卷本和多卷本。他的作品被援引、引用、研究，以他想要的方式，也以他不想要的方式刊登出来，他被讹传，被利用，被编成神话。1993 年，在莫斯科大街

上，做过一次问卷调查："您对未来新议会选举，有何期盼？"钳工 N 答道："哦，我唾弃议会，也唾弃政治。我想像约瑟夫·布罗茨基一样生活，有个性地生活！"

　　他想活着，不想死去——不想死在瓦西里岛，也不想死在曼哈顿岛。他是幸福的，他有一个充满爱的家庭，有诗歌、朋友、读者和学生。他想逃离家庭医生——有时他们也追不到诗人。他想逃离自己的预言，"在褪色的线条间掉落在沥青上"。他跌落在靠近另一个岛屿的办公室地板上，跌落在俄罗斯侨民命运和美国命运双重交织的十字线下。"两个小姐妹从尚未度过的时光，/跑向海岛，向紧跟其后的男孩挥手"。这一句实现了，他确实留下了两个女孩——妻子和女儿。

　　"您知道吗，约瑟夫"，——托尔斯塔娅对他说，——"如果您不想大张旗鼓地回俄罗斯，既不想要白马，也不想要兴奋的人群，——那您为什么不匿名去彼得堡呢？"——"匿名？"——他突然不生气，也不开玩笑了，但是，听得十分认真。"是的，您知道的，贴上胡子，或者仅仅……在飞机上，用报纸遮挡，不与任何人讲话，根本不与任何人讲话。到达后，坐上涅瓦大街行驶的电车。沿着街道，自由行走，人群拥挤，无人相识。您可以买个冰激凌。谁能认出您呢？如果您愿意，从公用电话亭打给朋友，可以说，是从美国来的访客。如果您喜欢——就在门口打给朋友吧：'是我。顺路来一趟，想你了。'"我说笑着，突然发现，他全然不觉得好笑，在他的脸上，浮现出孩童般的无助和某种奇怪的梦幻之情，双眼像是看透了事物，穿过了事物的边界，望着时间的另一端……他沉默着，我开始觉得尴尬，好像我在偷窥，或者溜进我不该去的地方，为了打破沉默，我小心谨慎地说道："要知道，这的确是个绝妙的主意吧？……"

　　我想，这个主题被过度夸大了。如果上帝能赐予他更长的生命、更多的健康，他会尽早完成第三次支架手术，哪怕是为了拓宽语言储备，他也一定会前往俄罗斯，他还需要为妻女介绍俄罗斯。

如果和家人一起前往逝去爱情的废墟,他应该不会感到痛苦……我希望,玛丽娅和成年的安娜,能在丈夫和父亲诞辰七十五周年之际前往俄罗斯,在他的故乡,在对他有纪念意义的地方,慢慢游览。

疾病缠身的约瑟夫·亚历山大维奇,还是突然去世了。去世前一两天,他还精力充沛,向朋友们分送著作。他和列夫·洛谢夫通了电话,埋怨了一阵背叛他的旧友,成功说服了心脏病大夫将心脏手术改期(布罗茨基似乎有一种魔力,能够说服任何人,但是,这次他应该说服大夫吗?)。公文包已经塞满手稿,以便星期一拿起就去工作,向妻子道过晚安,他又在书房坐了一会儿,补写东西,思考些什么。1月27日至28日晚,具体时间不详,他在书房去世了。

列夫·洛谢夫写道:"早晨,家人发现他躺在书房的地板上。他没脱衣服。书桌上的眼镜旁是一本翻开的书,一部双语古希腊讽刺诗集。在他喜欢的那些描写'瞬间正义'的西部片中,主人公会带着赞许的口吻这样谈到死亡:'He died with his boots on.'('他死的时候,靴子还在脚上。')据医生说,布罗茨基的心脏是突然停止跳动的。"①

布罗茨基的安葬仪式,在宽阔的纽约特伦迪公墓举行。在葬礼大堂,他的旁边躺着某个美国意大利裔的暴徒,也在举行葬仪。叶甫盖尼·莱茵回忆道:"突然,维克多·斯杰班诺维奇·切尔诺梅尔津进来了(那时,他正好也在纽约)。他穿着长开司米大衣,手指戴着大钻石,拿着一束白兰花。有趣的是,意大利人很快就明白,这是他们的人——也就是'教父',我们在切尔诺梅尔津身旁,一个意大利人走近他,用简单的英语说:'请您走近我们的死者——他不比您的……差。'"

唉,他们没有为布罗茨基在纽约的东正教堂举行葬仪。1月30至31日,在格林威治区布里凯尔大街99号殡仪馆举行了告别仪式。2月1日,在布鲁克林-海特斯的美国圣公会天赐教堂举行了葬礼,教堂离布罗茨基在蒙顿街的住处不远。

① 列夫·洛谢夫著,刘文飞译,《布罗茨基传》,北京:东方出版社,2009,第340页。

按照天主教徒玛丽娅的意愿,安魂祈祷仪式在天主教的圣巴特里克教堂举行,然后在墓地,他的遗体被放入特制的冷藏容器,遗体在里面放置了整整一年。去世后四十天,3月8日,在东正教的圣约翰教堂,还是举行了追悼仪式,有一千多名诗人的朋友和崇拜者参加。雅科夫·戈尔丁从俄罗斯飞来,瓦莲金娜·帕鲁希娜从英国赶来。瓦莲金娜·普拉东诺夫娜·帕鲁希娜,重要的布罗茨基研究者,回忆道:"1996年3月8日,我和大卫·贝西亚教授坐在宏大的圣约翰教堂,等待四十天追悼仪式的开始。我发现教堂的房顶下面有一束移动的光,它一会儿移到左边,一会儿移到右边。我问大卫,这可能意味着什么。'我的上帝',——大卫惊叹道,——'他在那儿还抽烟!'。"

彼得堡的朋友一直劝说玛丽娅将诗人安葬在故乡,安葬在阿赫玛托娃的墓旁,但是,玛丽娅断然拒绝了,她选择了意大利。一直到1997年6月21日,布罗茨基才在圣米凯莱公墓下葬。一个多世纪以前,公墓通过一座浮桥与陆地相连,传统的灵车将逝者运到墓地。后来,浮桥没有了,只能利用黑色的殡葬贡多拉水上运输。

布罗茨基的好朋友,艺术家弗拉基米尔·拉杜恩斯基制作了墓碑,古希腊罗马风格,简朴而精致,墓碑正面,用俄语和英语写着:"约瑟夫·布罗茨基(Joseph Brodsky),1940年5月24日—1996年1月28日。"墓碑的另一面,用拉丁语刻着他最爱的普罗佩提乌斯的题词:Letum non omnia finit(并非所有都随着死亡而结束)。

民间流传着不少源自"目击者"所说的轶事,例如,灵柩在飞机上打开了,此后散成了两半,后来用两艘贡多拉把灵柩运到圣米凯莱岛。列夫·洛谢夫驳斥了一切传言,从纽约到圣米凯莱岛,他全程护灵。

墓碑的反面,除了拉丁语的题词,一开始还安放着拿书的小天使。但是,狂热的崇拜者不会尊重逝者。他们可能踏平旁边的坟墓,就像在弗拉基米尔·维索茨基的长眠之地那样,也可能把整个墓碑拆散做成纪念品。于是,这个读着布罗茨基诗歌的美妙天使,也没能在墓碑上站立太久。

　　小天使雕像被拧开、拆下、带走……简而言之，被占为己有。为了不给"收藏者"创造先例，我们没有安装新的雕像。我通常在圣诞节为布罗茨基扫墓，在那里朗诵他的《圣诞组诗》。

病入膏肓的约瑟夫

我最近环游世界的时候,重复了约瑟夫·布罗茨基的部分漫游轨迹。北方阿尔汉格尔斯克的家乡,彼得堡——青年时候,我在那儿与他相识,随后是美国、墨西哥、瑞典、英国、爱尔兰、芬兰、波兰、波罗的海沿岸国家、意大利的威尼斯……

列夫·洛谢夫十分精辟地总结了这位诗人朋友的漫游:

布罗茨基的形象世界,具有鲜明的地理性:具体的地标,几乎一直在他的抒情诗歌中起着重要作用。有许多献给不同地区、城市、城区的诗歌。布罗茨基的诗歌地图,分为西北和东南。彼得堡、威尼斯和伊斯坦布尔,则是地球上的三个重要城市。或许有人会反驳,与前两个城市不同,布罗茨基没有献给伊斯坦布尔的诗歌,只有长篇散文。但是和《水印》以及书写列宁格勒的散文一样,《伊斯坦布尔之行》,对抒情诗歌反复变奏的主题和形象进行了独特的重演。在《伊斯坦布尔之行》,重演的是亚洲主题,其中最主要的,是布罗茨基的尘埃主题——完全被贬低的隐喻,以及个人在群体中缺乏个性的现象。干燥、尘封、丑陋的伊斯坦布尔,布罗茨基地图上的亚洲首都,与潮湿、洁净、美丽的威尼斯——西方的首都(就像希腊罗马和欧洲文明的通用地区)形成对立。涅瓦河上故乡的城市——与地理现实相反——坐落在两个对立点之间,用自己的镜像反映"西方",把"亚洲"隐藏在镜子背后的虚拟空间。

他有多么不愿意接受穆斯林亚洲,就有多么珍视彼得堡与威尼斯之间的对照。实际上,他一生只为四个城市写下散文。它们是里约热内卢——散文《旅行过后,或是献给脊椎》(1978),列宁格勒——《一座被更名城市指南》(1979),伊斯坦布尔——《伊斯坦布尔之行》(1985)和威尼斯——诗人出版了散文集《病入膏肓者的滨河街》,献给这座城市。如果说,里约热内卢不过是异国情调的贡品,《伊斯坦布尔之行》体现了诗人不愿接受伊斯兰东方的个人哲学,那么,威尼斯,就是彼得堡在诗人心中的直接延续。顺便一提,在《病入膏肓者的滨河街》,他突然无法控制自己,插叙了有关伊斯兰教的内容。

曾有一天黄昏,它使灰色的瞳孔变暗,却把金色带给了那些暗黄—蜜黄色的瞳孔,那个拥有后者的人和我偶然看见一艘埃及军舰——准确地说,一艘轻型巡洋舰。它停泊在阿森纳·德尔·芳堤梦托大道旁,靠近绿色城堡。现在,我已经想不起它的名字,但它的母港,肯定是亚历山大港。这是高度现代化的海军装备,除了普通的大口径火炮外,布满各种各样的天线、雷达、碟形的卫星天线、火箭发射装置、防空炮塔,诸如此类。你从远处不可能区别它的国籍。即使接近它,你可能也会糊涂,因为船上船员的制服和一般的举止,看起来依稀是英国人。旗帜已经降下,乐湖上的天空,正从枣红色的波尔多葡萄酒变为深红色的斑岩。就在我们纳闷把这艘军舰带到这里的使命时——需要维修吗?威尼斯和亚历山大之间的一段新的蜜月?收回12世纪从那里偷来的圣髑?——突然,它的扬声器苏醒了,我们听到:"安拉! 安拉至大! 至大!"原来,宣礼员正在呼唤船员晚祷,船的两个桅杆,立刻变成了宣礼塔。同时,从侧面看,这艘巡洋舰变成了伊斯坦布尔。我觉得,有张地图忽然间折叠起来,或者有本历史书在我眼前合上了。至少,它简短了六个世纪:基督教不再是伊斯兰教面前的长者。博斯普鲁斯海峡,亚得里亚海,重叠起来,而你不可能区分,哪一浪是哪一海的。这与建筑大不相同。[①]

列夫·洛谢夫去世前不久曾寄给我一封信。他写道：

> 谢谢您写了这篇有关布罗茨基的文章。我已经读了。布罗茨基比大家想象得更加多面，您公正地指出了他本身固有的爱国主义精神，通常大家都忽略这一点。在 19 世纪的术语体系里，他是"俄罗斯的欧洲人"，尽管现在，19 世纪的术语，已经无法真正定义像约瑟夫这样复杂的个体。如果我们说，他是"矛盾织成"的，那么，这是因为我们没有能力理解一个天才完整的世界观。您的列夫·洛谢夫。

我虽然承认，布罗茨基身上本来就有爱国主义精神（洛谢夫本人也是如此），但是，我不能接受，洛谢夫否认彼得堡和威尼斯之间存在明显的对照。他认为"彼得堡——北方威尼斯"的表面对照缺乏根据，这一点，我不敢苟同。他写道：

> 除了名为新荷兰的一片不大的街区外，在彼得堡，没有直接临水的建筑，而这却是威尼斯最典型的特点，规划分散的彼得堡与紧凑的威尼斯，在规模上也不能相比，主要的建筑风格也不同。布罗茨基强烈感到彼得堡与威尼斯之间戏剧性秩序的相似，而不是城市建设和建筑的相似。在地球上，除了这两座城市以外，在其他任何地方，和谐的人类创作和自然的混乱，都无法达到这样戏剧化的程度。完全可以用陀思妥耶夫斯基对彼得堡的评述形容威尼斯："世界上最有预谋的城市。"

事实的确如此，但是，我很了解威尼斯，我还看到，威尼斯其他区域的建筑与彼得堡也明显相仿。彼得堡有新荷兰街区，而在威

---

① 布罗茨基著，张生译，《水印，魂系威尼斯》，上海：上海译文出版社，2016。

尼斯有加里波第街,与布罗茨基故乡的铸造厂大街极为相似。当
然,古典的威尼斯是另一种模样,但是,我们不要忘记,从加里波第
街走到河岸,我们很快就能看到,例如,约瑟夫·布罗茨基曾多次
逗留的隆达酒店。还有布罗茨基喜爱的其他威尼斯圣地,从圣扎
卡里亚教堂——那里有布罗茨基赞叹的乔瓦尼·贝利尼的画作《怀
抱婴儿的圣母与四个圣人》——到同样靠近加里波第街的圣彼得罗
岛。不要忘记,较之威尼斯传统的旅游区,约瑟夫·布罗茨基更喜
爱"另一种模样"的威尼斯。

> 我坐在白色的椅子上,写下这些诗行,/露天,冬日,仅
> 穿着/一件夹克,醉醺醺地,用母语的词藻,/分开颧骨。/
> 咖啡凉了。泻湖激溅起成千上百的细小光斑,/黯淡的死
> 刑的瞳孔,/渴望填满这没有我也一样存在的风景。

正如他的威尼斯老友罗伯特·莫尔甘写道,威尼斯吸引他,
"首先是因为,威尼斯使他想起了彼得堡。他喜爱威尼斯的大雾,
冻僵的水草的味道……他是北方人,无法忍受炎热,因此,尽量冬
天来威尼斯。"彼得·韦尔准确指出诗人最喜爱的地方:"最后,穿
过海峡望着旁边的朱代卡岛。这里可是威尼斯唯一与涅瓦河相似
的地方。可能正因如此,这里对他尤其珍贵……"

难道我们应该否认这个显而易见的事实吗?

在威尼斯漫步,他走向自己最爱的军械库,到加里波第街,街
道穿过拿破仑下令填平的古老运河。此后,街道平缓延伸到大运
河沿岸,而前面就是圣彼得罗岛。还有,威尼斯和圣彼得堡都是水
的城市,是时间与空间在水中的反映,无论是家乡的波罗的海,或
是亚得利亚海。"水相当于时间,向美奉献它的影子",——诗人写
道。——"我们一部分是水,用同样的方式服侍美。这座城市与水
相濡以沫,以此改进时间的外貌,美化未来。"[1]

---

[1] 布罗茨基著,张生译,《水印,魂系威尼斯》,上海:上海译文出版社,2016。

314

　　此外，诗人已经闻名俄罗斯的《病入膏肓者的滨河街》，也不是按照旅游路线写的。冬日，沿着寂静的河岸漫步，他其实是思考自我，思考自己多年的"不治之症"。

　　绝非偶然，正是在威尼斯，他想起"我在前世，把翁贝托·萨托的一首诗的开头翻译成俄语'在狂野的亚得里亚海深处……'，在深处，我想，在荒僻之地，在狂野的亚得里亚海的一个遗失的角落……我只要简单转个身，就会看见都市风格的火车站，它沉浸在霓虹灯的长方形的光芒里，还会看见'VENEZIA（威尼斯）'的几个大写字母"。[①] 他沿着狂野的亚得里亚海漫步，书写那些像他一样病入膏肓的人们。他在散文中写道：

　　　　冬天，当你在这座城市醒来，尤其是星期天，听到它无数的钟鸣，似乎在你的纱布窗帘后面，在珍珠灰的天空，有一套巨大的中国茶具，正在银托盘上颤动。你猛地打开窗户，房间立即被外面载满洪亮响声的薄雾淹没了，它部分是潮湿的氧气，部分是咖啡和祷告。不管是什么药丸，又有多少，你都不得不吞下这个早晨，你觉得自己还没有完蛋……我总是固守这样的观念，上帝就是时间，或者至少他的灵是时间。也许，这个观念甚至就是我的加工，可现在我却记不得了。无论如何，我总是认为，如果上帝之灵逼近水面，水一定会把它反映出来。因此，我对水怀有感情，以及——因为我是北方人——对它的灰冷色调，多愁善感，怀有感情。我朴素地想，水是时间的影像，每个除夕之夜，我都会以几分异教徒的方式，试图在水边寻找自己，最好靠近大海，或者大洋，去观察满满一盘、满满一杯新的时间从中涌现。我不是要寻找骑在贝壳上的赤裸少女；我寻找的，要么是一片云，要么是在子夜撞击着海岸的波浪的浪尖。对我来说，那就是来自水中的时间，我盯着它扑到海岸上的花边般的图案，不是带着吉普赛式的未卜先知，而是带着温

[①] 布罗茨基著，张生译，《水印，魂系威尼斯》，上海：上海译文出版社，2016。

柔，带着感激之情。这就是我注视这座城市的方式，以及对我而言，注视这座城市的原因。①

这本《病人膏肓者的滨河街》现在十分出名，但它的创作历史却极其寻常。正如布罗茨基本人在芬兰的记者会上说道：

最初的动机很简单。威尼斯有个叫做"新威尼斯"的组织，从事威尼斯的洪水预防工作。六七年前，这个组织的工作人员请我为他们写一篇关于威尼斯的散文。没有任何限制，无论是在内容上，还是篇幅上，都没有任何要求。唯一的限制就是——期限。他们给了我两个月时间。他们说，会付给我报酬。这就是动机。我有两个月时间，于是，我写完了这本小书。遗憾的是，我必须在期满时停止写作。直至今日，我都十分乐意继续写作这类小书。

正是冬季威尼斯的许多景物，使他想起心爱的彼得堡。此外，现在仍有研究者否认威尼斯和彼得堡在布罗茨基的生活中存在任何联系，我还是建议他们有时间读读诗人写下的文字：

威尼斯在很多地方与我故乡的城市——彼得堡相像。但最主要的是——威尼斯本身就如此美丽，以至你生活其中，完全体会不到恋爱的需要。它那么美妙，足以让你明白：你无法在自己的生活中找到，甚至无法自己创造出任何能与之媲美的东西。威尼斯的美丽，遥不可及。

当然，威尼斯完全是个充满幻想的城市。但是，没有任何东西，能够阻挡诺贝尔奖获得者布罗茨基永远迁居威尼斯。为什么他仅在晚秋时节，或是冬季，十八次来到这里？他欣赏了美景，然

---

① 布罗茨基著，张生译，《水印，魂系威尼斯》，上海：上海译文出版社，2016。

后便离开了。而在威尼斯,他也偏爱不具备纯威尼斯风情的角落。他无法忍受挤满了人群和散发着尿味的夏季旅游城市威尼斯。

有趣的是,早在布罗茨基第一次到访威尼斯前,还在青年时期,他就开始思考威尼斯与故乡彼得堡之间的相似性。他读完了由俄罗斯著名诗人米哈伊尔·库兹明翻译的法国作家雷耶尔的小说《外省娱乐》,故事的背景设置在冬天的威尼斯,此后,布罗茨基就梦想着这座城市。不过,他同时也明白:"对于我的出生地的人来说,从这些书页浮现的城市,很容易辨认,而且感觉就像是彼得堡延伸进更好的历史中,更不用说进入一个更好的纬度了……"①

他马上就把彼得堡和冬天的威尼斯永远联系在一起:

> 我对自己发誓,有朝一日,如果我能摆脱我的帝国,我要做的第一件事,就是来到威尼斯,在某个宫殿的底层租一间屋子,以便过往的船只掀起的浪花飞溅到我的窗户上,在潮湿的石板上,熄灭我的雪茄的同时,写几首挽歌,咳嗽,饮酒,并且,钱不够花的时候,不是坐上火车一走了之,而是亲自去买把小勃朗宁,当场把自己的脑袋打开花——既然我没能因为自然原因死在威尼斯。②

威尼斯成为他生活的一部分。我同意彼得·韦尔的看法:

> 他把自己的传记写入城市,把城市融入了自我。《泻湖》是诗人第一首与俄罗斯或美国无关的诗歌。而《来自天性》——则是最后一首诗歌。1973 年冬天,他创作了《泻湖》:"披着雨衣的身影坐着的地方。"1995 年秋天,也就是去世前的三个月,他写道:"这样的空气,总也呼吸不够,/尤其是到了人生的最后。"这两个日期之间——1973—1995 年——布罗茨基的威尼

---

① 布罗茨基著,张生译,《水印·魂系威尼斯》,上海:上海译文出版社,2016。
② 同上。

斯,既在诗歌里,也在生活里。"学院"寄宿学校,"罗甘多·马丁","马斯卡龙"和"阿拉·里维耶塔"餐厅,圣彼得罗的柱厅和军械库……

我对那些认真负责的文学研究者和地方志学家表示尊重,他们以小时为单位,校对了诗人的路线。但是,我根本不同意他们将诗人与任何地方紧密联系起来。例如,布罗茨基曾带着朋友热尼亚·莱茵到距离圣马可广场不远的昂贵的花神咖啡馆,喝一杯八欧元的上好咖啡。于是,就有传说,这是布罗茨基在威尼斯最喜爱的咖啡馆。他理所应当带朋友去优雅精致的咖啡馆,据说,曾有许多著名作家在那里喝过咖啡,但是,据我所知,那儿并不是他的最爱。而且,诗人也没钱经常去那儿喝咖啡。甚至可以说,当他已经成为独立的个体时,他的生活风格也绝无小资情调和精英色彩。在生命的最后几天,他变成了另一个人。可能内向孤僻,沉默寡言,不喜交际,但绝不是高傲势利之人——住在最奢华的酒店,只去最昂贵的餐厅。当然,他通常并不在花神咖啡馆就着格拉巴酒吃烤鱼。他只是偶尔带着尊贵的客人去那儿。就像古罗斯的规矩一样,给客人最昂贵的东西。

我可以毫不难为情地说,我如何出现在非常普通的"里维塔"小酒馆。布罗茨基喜欢和熟人在这里小坐,好好喝上一杯,吃得美味而又饱腹。这个小酒馆并不好找,似乎就在中心城区附近,但是好像藏在阴影里,位于某个非常接近桥下的位置。我打算专门去一趟,在城市地图上找寻它的位置。但是,不知怎地,当我和妻子按照惯例就着浓烈的格拉巴酒吃着螃蟹时,突然想去趟卫生间。去过威尼斯的人知道:那里既没有付费的,也没有免费的卫生间,而我们当时正在离圣马可广场和斯拉夫河岸不远的地方。当然,我们不能跑去昂贵的餐厅,那儿也不会放我们进去,我只能跑去就近的小酒馆。我们跑了大约十分钟,已经晕头转向,幸运的是,在威尼斯不可能迷路,我们在拐角处看见一个低矮简陋的餐馆,然后冲了进去。进行了一系列检查以后,我们点了一小杯酒,平静地四处张望,我走出餐馆,来到大街上,看见这就是那个"里维塔"小酒馆,布罗茨基最爱的小酒馆。

彼得·韦尔曾写到诗人喜爱的另一个酒馆:"我个人最喜欢的最后一个地方,是小酒馆'马斯卡龙',离圣玛丽娅福尔摩沙教堂不远。在那里,木质的桌子铺着纸质桌布,天花板上用藤条悬挂着许多小灯,而菜单上,一共只有三四道菜。不想吃便不吃,不过,想吃——也不会舍不得。约瑟夫喜欢这种自在,没有排场的氛围,我也是。"

这就是他的威尼斯。饭菜美味而低廉,没有游客,全是本地居民。随后,从朱塞佩·加里波第街开始,进入了城市的东区。极少有游客走到这条街,那里没有古典威尼斯的景致,没有朝霞中白红色的运河,没有宫殿,没有里亚尔托拱桥。这是典型的彼得堡式的街道。我读过某个研究威尼斯和布罗茨基的行家的一些愤怒的短文,他坚信,威尼斯和彼得堡没有任何相似之处,诗人也不是为了彼得堡的景致,多次来到这里。

当然,威尼斯的特色与彼得堡完全不同,布罗茨基也十分了解里亚尔托桥,大运河,以及所有著名的柱厅。但是,为什么他总是向往加里波第街的另一边,那里没有威尼斯的花边,没有狭窄的小巷,没有大大小小的运河。那里像普通的铸造厂大街,甚至在街上能找到类似姆鲁济大楼的建筑。这里是本地居民活动的宽阔商业街道,旁边是斯拉夫海岸,不远处,如果一直向右走,就是圣马可广场。从这条街道,看不到小运河,也看不到宽阔的海湾。这条海湾,时而流向波罗的海,时而流向亚得里亚海。

布罗茨基一开始也是一个人去斯德哥尔摩,后来与美丽的妻子一起去,在酒店预订好房间,或是豪华套房,从房间的窗户望去,要能看见故乡的波罗的海,还有那些与彼得堡相差无几的街道。他还是在舒适便宜的小餐馆吃饭,蔑视新资本主义的奢华。诗人的一个朋友带我们参观了斯德哥尔摩,我不由自主地把布罗茨基的斯德哥尔摩和威尼斯相比,我看见了明显相似的彼得堡印象。斯德哥尔摩虽然是个非常独特的城市,但是很容易与彼得堡区分开来。

已经获得诺贝尔文学奖的布罗茨基曾住在斯拉夫河岸奢侈的"隆达"酒店,在那里写下了美妙的诗歌——《圣彼得堡》,诗歌讲述的是诗人钟爱的小岛。"隆达"酒店的地理位置十分便利,旁边就是诗人的彼得堡式的街道。但是,"隆达"酒店的奢华难以想象,门房和侍者热情洋溢。因此,诗人创作的这首描写彼得堡工作区、渔民区的诗歌,与高傲奢华的酒店形成对比。

> 电灯/继续在小酒馆燃烧,/桥上的石板泛着/烤鱼的黄色……/房客出来抽几口烟,/十分钟后回到家里,/沿着他的躯体在雾霭中,/钻出的隧道……

如果他只身走进这家为富豪服务的"隆达"酒店,不带朋友和随从,门房都不可能让他穿过前厅,因为他根本没有富人的样子。此外,约瑟夫也毫不掩饰,他能住在这家酒店,多亏了"反对者展览"的美意。对于从俄罗斯前来的反对者,他们总能找到住宿的酒店和接待的资金……在此次双年展会上,布罗茨基结识了安德烈·西亚斯基、亚历山大·加利奇,还有未来的朋友彼得·韦尔。在"异己思想"展览外的空闲时间,布罗茨基则在彼得堡式的威尼斯漫步。据我了解,正是在此次旅行中,彼得堡式的威尼斯在布罗茨基眼前,徐徐展开。

不久前去威尼斯时,我和"隆达"酒店的门房交谈,在他眼里,我也同样不够级别,他不想从牙缝挤出一句话。我想象着,他如何轻蔑地看着身穿普通服装的布罗茨基!诗人于是写下了描绘普通威尼斯人破旧街道生活的诗歌,用来反抗"隆达"酒店的奢华。如果不相信,大可慷慨地一天花上五百欧元,在这个充满资本主义情调的富豪"隆达"酒店住上一日,在那里读完布罗茨基描写圣彼得罗渔民岛的诗行,或是他描写心爱小岛的短文:"我记得那个日子——在这里只身消磨个把月后,我不得不动身离开的那一天,我在离新芳堤梦托大道最远的某个小店刚吃了午饭,吃了烤鱼,喝了半瓶葡萄酒。从那里出发去我待的地方,去取行李,再赶水上巴士……"①不,在"隆达"酒店,他找不到便宜的烤鱼和半瓶葡萄酒,而且他也不用去取行李,有专门取行李的侍者。

没有什么可隐瞒的,他曾住在上等的豪华套房,在宫殿或城堡饮酒,但是,他的诗意生活完全是另一种模样。请读一读,他是怎样漫不经心地描写那些世代相传的铁质大床,镶嵌着宝石的桌子,以及在意大利宫殿看到的其他东西,他是偶然受邀去那儿的。"尽管我已经听说,在威尼斯,这样的地方很多,可这样的事,只发生了一次。但是,一次就够了,特别是在冬天,本地的雾——著名的'纳必雅'——把这里变得比任何宫殿的密室都更加随机任意……"②

因此,当导游要引领旅游者参观"布罗茨基的威尼斯"时,把注意力停留在意大利宫殿、奢侈的酒店,或是上等的餐厅时,要知道,这不是布罗茨基的世界。在美国,他也更加钟爱便宜的中国小吃馆,这一点也不奇怪。在那儿,他感到自在。在欧洲,他是诗人、流浪者、旅行者、朝圣者。如果在其貌不扬、人烟稠密的工人区漫步,去那些掩映在城市普通砖砌房屋中的随性的小酒馆,便可以理解布罗茨基的威尼斯。正如诗人写道:"总而言之,对这座城市普通砖砌房屋,我一直就像对那些大理石的和独一无二的屋宇一样感兴趣。对于这种偏爱,没有任何民粹主义的东西,更不用说反贵族了;同样,也没有任何小说家的东西。这只是我大半生曾经生活,或进入的那种屋子的回声。"③这既是彼得堡的乡愁,也是保守主义者惯有的专情。

事实上,对剥落的灰泥与露出的红砖的依恋,甚至有某种彼得堡式的假斯文。他在威尼斯,也按照类似彼得堡的方式生活。他独自前往威尼斯,不参加会议和演讲时,独自生活,沿着冬季无人

① 布罗茨基著,张生译,《水印,魂系威尼斯》,上海:上海译文出版社,2016。
② 同上。
③ 同上。

的街道漫步,在当地的小酒馆吃烤鱼,喝红酒,或是格拉巴酒。夏季——节日、喧嚣,成群的游客——这不是他的时候。"总之,我永远不会夏天来这里,哪怕在枪口的威胁下也不来。我对炎热的耐受力很差;碳氢化合物和腋臭充分排放,让我觉得更加糟糕。那些穿着短裤,像群动物似的一伙伙人,特别是那些德语的嘶鸣声,同样让我神经紧张,因为他们——任何人的——躯体,与纵列的柱子、壁柱和雕像相比,相形见绌;因为他们的移动——和所有推动它的东西——要表达的,与大理石的静态相对抗。我猜,我是那些相比流动,更偏爱选择的人之一,而石头总是一个选择。在这座城市里,不管一个人如何体魄超群,在我看来,都应该被衣服所遮蔽,哪怕仅仅因为它是移动的。衣服也许是我们借以接近大理石所做选择的唯一方式了。我想,这是一个极端的观点,但我是北方人。"①北方人布罗茨基,仿佛回到了自己的北方②。

我感到,他有意识前往威尼斯度过一生。在美国,他不得不工作、教学,忘记自己的不治之症。无怪乎他的威尼斯散文集叫做《病入膏肓者的滨河街》。他的朋友罗伯特·莫尔甘想到:"为什么诗人把他的散文集叫做《病入膏肓者的滨河街》? 当时,扎泰雷沿岸是'黑死病医院'。布罗茨基本人也得了不治之症,死亡不可逃避的念头,一直萦绕在他的心头。"

理解布罗茨基的威尼斯——这意味着理解诗人的整个生活道路。他在生活中,在文学中,都同样专情。他一生只爱一个女人——玛琳娜·巴斯马诺娃,一生只爱一座城市——彼得堡,他甚至把自己在美国的住宅,装饰成彼思捷尔大街姆鲁济大楼房间的

---

① 布罗茨基著,张生译,《水印,魂系威尼斯》,上海:上海译文出版社,2016。

② "冬天,当你在这座城市醒来,尤其是星期天,听到它的数不清的钟在鸣响,似乎在你的纱布窗帘后,在珍珠灰的天空中,有一套巨大的中国茶具,正在银托盘上颤动。你猛地打开窗户,房间立即被外面载满洪亮响声的薄雾淹没了,它部分是潮湿的氧气,部分是咖啡和祷告。不管是什么药丸,又有多少颗,你都不得不吞下这个早晨,你觉得自己还没有完蛋⋯⋯"布罗茨基著,张生译,《水印,魂系威尼斯》,上海:上海译文出版社,2016。

样子,完全不是出于弗洛伊德式的冲动。就像他在诗中写的一样:"我坐在窗畔。窗后是山杨。/我爱的不多。然而爱得疯狂……"①

在生活中,文学中,他都是保守主义者,讨厌先锋主义者、普利科夫和鲁宾斯坦。对于任何保守主义者,威尼斯都是一部完美作品的终结,而且幸运的是,没有人渴望把它现代化。今天,大家却习惯反对一切布罗茨基喜爱的东西。

例如,记者尤里·列普斯基在自己的佳作《寻找布罗茨基》中,喜欢不断重复自由主义者的传言,布罗茨基对玛琳娜·巴斯马诺娃的爱情很早就结束了,那些诗歌开头的"M. B.",字母缩写,不过是文字象征和某种象形文字。认识约瑟夫和玛琳娜的,都嘲笑这些胡言乱语,但是,很多人不愿意在玛琳娜·巴斯马诺娃身上看到布罗茨基的贝缇丽丝和劳拉,这种不情愿,常会凸显出来。

可能,不可治愈的专情毁灭了他?

神秘总是伴随着约瑟夫·布罗茨基。试问:他为什么要和朋友们一起参观墓园岛呢?为了给自己寻找墓地吗?但是,距离死亡,还有充足的时间……

寒冷的夜晚,月朗星稀,寂静无声。我们五个人在贡多拉里,包括船老板,本地的一位工程师和他的女朋友一起划桨。我们缓慢移动,曲折行进,像条鳗鱼一样,穿过悬挂在我们头上的宁静的市镇——它空洞而寂寥,在这夜深人静的时刻,仿佛是广阔无垠、巨大的矩形珊瑚礁,或者一连串无人居住的洞穴。这是一种奇特的感觉:发现自己正移进你习惯扫视的东西——运河;这感觉,像是获得了一种额外的维度。现在,我们不知不觉滑进了乐湖凹,朝向死人岛,朝向圣米凯莱岛划去。月亮悬在空中,它的音调,高之又高,像被云的横符所穿越的,某种尖锐得令人难以置信的第七音,几乎不可能照亮这片水域,而贡多拉的滑行,全无声响。在水上,它的轻盈的身体无

---

① 吴笛译。

声无痕的移动中,有某种明显色情的东西——很像是你的手掌在情人光滑的皮肤上滑下。

说色情,是因为没有结果,因为这皮肤是无限的,并且几乎是静止的,因为爱抚是抽象的。由于我们在里面,贡多拉也许稍稍有点重,水暂时屈居其下,却又在下一秒,再把船划过的沟痕合上。同样,因为是一男一女在划船,贡多拉甚至也不那么阳刚了。实际上,这不是一种性别的色情,而是一种元素的色情,它们那同样富有光泽的表面,是一对完美的组合……①

甚至在墓地,他思索的,也是色情,而不是葬礼。但是,仿佛他已经做出了选择。此外,他与艾兹拉·庞德的遗孀奥丽加·拉德日的神秘会面也是如此,他在散文里,曾不止一次提起这次会面。他仿佛要提前与自己在圣米凯莱岛墓地的邻居搞好关系。可能,他确实告诉过玛丽娅,他想被安葬在威尼斯。也可能,这不过是她的意愿——墓地在她的祖国,照顾起来更加方便。况且,把遗体交给彼得堡,意味着永远把约瑟夫交给竞争者玛琳娜·巴斯马诺娃。我不认为,玛丽娅渴望结识她的竞争者。

诗人为玛琳娜留下了许多著名的爱情诗歌,致"M. B.",为玛丽娅留下了威尼斯的坟墓。玛丽娅的行为举止、正统的中世纪俄语,交往风度,令人着迷。她年轻时就明白,俄罗斯贵族应该如何行事,我也曾有机会与这样的贵族交谈。关于布罗茨基,她说,哪怕前来拜访的诗人,仅仅写下一行美妙的诗句,布罗茨基都非常高兴,并且很乐意为他们的诗歌作序。他渴望与俄罗斯诗人交流,他缺乏这种交流。她知道,他不憎恨,也不讨厌俄罗斯。玛丽娅答应他,决不接受任何采访,也决不撰写回忆录。布罗茨基的诗歌没有被遗忘,很多俄罗斯人来到他的墓前拜谒,这令玛丽娅感到由衷的欣慰。

前往圣米凯莱岛后的第二天,我们去玛丽娅家做客。清晨,我

---

① 布罗茨基著,张生译,《水印,魂系威尼斯》,上海:上海译文出版社,2016。

们在位于圣路加广场上的火车站，坐上从威尼斯到米兰的火车，三个小时过后，我们仿佛置身另一个星球，来到意大利的工业中心。在这里，我们与布罗茨基的遗孀会面——一个惊艳、优雅、迷人的女人。她是完美的俄罗斯女人，在她身上可以感受到古老的血统……

不久前，斯坦尼斯拉夫·库亚耶夫，在有关约瑟夫·布罗茨基和尼古拉·鲁布佐夫诗歌的著作中失言了——据说，与鲁布佐夫不同，布罗茨基被安葬在"豪华的墓地"。不用诗歌，而用坟墓衡量诗人，有些不合时宜，况且，从来没有拜谒过布罗茨基墓地的库亚耶夫显然弄错了。我去过鲁布佐夫的墓地，维切斯拉夫·克雷科夫制作的墓碑美极了，我也去过布罗茨基的墓地。甚至两者的墓地也有某些相似之处：装饰极其简单，而且，墓地永远摆满鲜花。不知细节的斯坦尼斯拉夫显然失算了。他最好利用自己所有的影响力，把鲁布佐夫安葬在更好的地方，安葬在另一位伟大诗人巴丘什科夫的墓旁。而约瑟夫的命运解决了一切问题，他成为另一位伟大诗人的邻居。

诗人的遗孀决定将他安葬在威尼斯的圣米凯莱墓岛上，但随后出现一个问题：具体应该把诗人安葬在哪里呢？现在，天主教的保守教徒远比东正教徒多。非天主教徒，永远不能安葬在天主教的公墓，即便他获得三次诺贝尔奖提名也不行。在圣米凯莱岛，天主教徒占有主导地位，伊戈尔·斯特拉文斯基、谢尔盖·佳吉列夫安葬在希腊—东正教墓地，犹太人一般被安葬在犹太教的墓地。据我所知，布罗茨基生前，据伊里亚·库奇克回忆，在纽约为自己买了一块糟糕的墓地。他预感到即将来临的死亡，给自己的所有朋友写信，请求他们在2020年前，不要讲述他的私人生活。除了他的妻子玛丽娅和深爱的玛琳娜，没有人听从诗人的嘱托。

对死亡的预感，明显体现在后期的诗歌中：

> 傍晚时分，我静静地伫立，/用缩成一块橡胶的肺叶，/吸着秋冬之交的纯净空气，/空气被屋顶的瓦染成粉

红,/这样的空气总也呼吸不够,/尤其是到了人生的最后!（刘文飞　译）

诗人遗孀决定把他重新安葬在墓园岛后,飞机将他的棺材从美国运至威尼斯。贡多拉把他的遗体从威尼斯运到墓园岛。就像诗人生前自己乘贡多拉前往这座岛屿一样。有人告诉我,他们最早想把布罗茨基安葬在东正教公墓,安葬在斯特拉文斯基和佳吉列夫之间。但是,威尼斯的俄罗斯教堂不同意,因为没有任何证据表明,诗人是东正教徒。只有福音教派区域允许安葬所有的异教徒:这里是过去的"流亡者墓地",埋葬着演员、自杀者、共产主义者,以及其他身份可疑的人。意大利人,在我们的年代,也没有表现出政治正确性,尽管出于礼貌,没有人再称那里是"流亡者的墓地"。

我们的约瑟夫·布罗茨基,还有法西斯主义者艾兹拉·庞德,伟大的美国诗人,都在那里找到了安身之处。令人惊讶的是,死亡将他们汇聚在一起:庞德的坟墓和布罗茨基的坟墓紧紧相邻。我想,他们的心灵时常在地下相聚,展开关于诗歌的永恒对话。还有一个细节,据记载,叶利钦总统曾向布罗茨基的墓地献上将近5立方米的黄色玫瑰,米哈伊尔·巴雷什尼科夫和他的朋友,把所有玫瑰都移到庞德的墓地。关于这件事,我们一直保持沉默。在诗人的坟墓上,没有一支来自叶利钦政权的鲜花。我不知道,庞德是否为这些叶利钦的黄色玫瑰感到高兴。

我们不会把诗人对俄罗斯政权的态度与对祖国的态度混为一谈。约瑟夫·布罗茨基本人大方热情地称自己的故乡为祖国。诗人不可治愈的爱情,在我看来,也为他在死亡面前争取了一段时间。总的来说,他没有写完,没有爱够,没有被治愈。然而,他再次引领所有俄罗斯诗歌爱好者,走进神圣的威尼斯。正如作家约翰·厄普代克评价道,散文集《病入膏肓者的滨河街》"以其细致的生活方式,令人赞叹不已,他帮助我们从生活体验,提炼有价值的意义,将地球上普普通通的一个点,转化成窥见存在的宇宙的一个窗口,把自己不断的旅行锻造成晶体,这一晶体的棱面,能反映出全部的生活，包括不断表露在生活表面的流亡和疾病，这一晶体的闪亮，就是纯洁之美"。

弗努科沃——彼得堡——切列波维茨——科诺沙——哥得兰——威尼斯。

布罗茨基生平和创作年表

1940 年 5 月 24 日，约瑟夫·亚历山大罗维奇·布罗茨基出生于列宁格勒维堡区的图尔教授诊所。父亲亚历山大·伊万诺维奇·布罗茨基（1903－1984）曾是战地摄影记者、海军军官，于 1950 年复员，此后在列宁格勒的几家报社工作，担任摄像师和记者。母亲玛丽娅·莫伊谢耶夫娜·沃尔佩尔特（1905－1983）是一名会计。

1942 年，经历了列宁格勒（今圣彼得堡）围困时期的冬季，母亲带着约瑟夫疏散至切列波维茨，奶娘格鲁尼娅在此为约瑟夫施洗。

1944 年，举家返回列宁格勒。根据家人回忆，约瑟夫背记第一首普希金诗歌。

1955 年，约瑟夫结束七年级的课程后，开始八年级的课程，此后辍学，在"兵工厂"当铣工学徒。同年，布罗茨基举家迁居姆鲁济大楼（彼斯捷尔街，27 幢，28 室）。

1956－1960 年，约瑟夫从事的工作有：州医院太平间解剖员助手、澡堂锅炉工、灯塔守护人，在第五地质勘察队工作。同时，大量而又杂乱地阅读，主要是诗歌、宗教、哲学和文学作品，开始学习英语和波兰语。

1957 年夏，在阿尔汉格尔斯克州北部、白海地区的勘察队工作。同年秋，在报纸《接班人》培训班与雅科夫·戈尔丁结识。与奥列格·沙赫马托夫、亚历山大·乌曼斯基和格奥尔基·金兹堡-沃斯科夫相识。

1958 年夏至秋，在阿尔汉格尔斯克州勘察队工作。在列宁格勒大学旁听。按照布罗茨基的说法,他开始写诗,尽管有些诗作注明的日期是 1956—1957 年。

1959 年 9 月,与雅·戈尔丁一起在列宁格勒音乐学院为作曲系的大学生朗诵。10 月,结识了叶甫盖尼·莱茵和阿纳托里·奈曼。

1960 年 2 月 14 日,在高尔基文化宫举行的"诗人竞赛"中,第一次向大众朗诵诗歌。参赛的还有阿·库什涅尔、戈·戈尔波夫斯基、维·索斯诺拉。朗诵《犹太公墓》,引起争吵。12 月,前往撒马尔罕,见到奥列格·沙赫马托夫,计划乘机逃亡阿富汗或伊朗。同年,布罗茨基被发现患有心脏病。

1961 年 3 月,与雅·戈尔丁、阿·格罗金兹基和列·阿格耶夫一起,参加地质工作者诗人晚会。8 月,在科马罗沃,叶甫盖尼·莱茵介绍布罗茨基与阿赫玛托娃相识。

1962 年 1 月 2 日,作曲家鲍里斯·季申科介绍布罗茨基与玛琳娜·巴斯马诺娃相识。玛琳娜·巴甫洛夫娜·巴斯马诺娃是一位艺术家,她的父母是艺术家巴维尔·伊万诺维奇·巴斯马诺夫和娜塔莉亚·格里高利耶夫娜·巴斯马诺娃,斯特里戈夫的学生。第一组致玛琳娜·巴斯马诺娃的诗歌有:《我拥抱这双肩,看了一眼……》《不是忧愁、不是爱情、不是哀伤……》和《天使的谜语》,它们都写于 1962 年。1 月,因为乌曼斯基和沙赫马托夫案件,被列宁格勒克格勃传唤,并被关押在内部监狱两天。11 月,首次公开发表诗作。在《篝火》杂志(1962 年第 11 期)发表儿童诗《小拖轮的故事》。

1963 年 11 月 29 日,《列宁格勒晚报》刊登阿·约宁、雅·列尔涅尔和米·梅德维杰夫的《文学寄生虫》。文章称,布罗茨基过着"寄生虫式的生活"。12 月 13 日,列宁格勒作家协会领导准许控告布罗茨基。此后不久,布罗茨基前往莫斯科。12 月 16 日,安娜·阿赫玛托娃给列宁格勒作家协会领导阿·苏勒科夫写信,请他维护布罗茨基。12 月 27 日,在阿尔多夫家举行"军事协商",阿赫玛托娃参加,大家建议,在熟悉的心理医生的帮助下,让布罗茨基住进卡申科精神病院以逃避逮捕。

1964年1月1日,在莫斯科的精神病院度过新年,次日离开医院。2月13日,因"不劳而获罪"被捕。在狱中,心脏病第一次发作。此后,一直饱受心绞痛的折磨。3月13日,在第二次审判中,按照《关于与不劳而获现象作斗争的指示》所做判决,布罗茨基被判处在偏远地区强制劳动五年。流放阿尔汉格尔斯克州的科诺沙区,诺连斯卡亚村。在沃尔科夫的采访中,布罗茨基称这段时间是其生命中最美好的时光。

1965年9月23日,让·保罗·萨特以及其他国外作家向苏联政府写信,此后获释。10月26日,经过楚科夫斯基和巴赫金的推荐,加入苏联作协列宁格勒分部下属的作家"职业小组",以防再次受到"寄生虫"罪名的指控。

1967年6月,第一次前往科克捷别利。10月8日,布罗茨基和玛琳娜·巴斯马诺娃的儿子安德烈·巴斯马诺夫出生。11月,我第一次到访布罗茨基家,此前,他曾看过我的诗稿,对我态度和蔼,但是分析严苛。此后,我不再写诗,转而从事文学批评,因此,在某种意义上,布罗茨基对评论家弗拉基米尔·邦达连科的诞生负有责任。

1972年5月12日,布罗茨基被列宁格勒警察局签证处传唤,他面临两个选择:移民,或者被关进监狱与精神病院。诗人选择移民后,企图尽可能拖延离境日期,但是,政府希望尽快把他赶走。

1972年6月4日,从列宁格勒飞往维也纳。在维也纳,与奥登结识,在奥登的邀请下,首次参加6月的伦敦国际诗歌节。7月9日,飞往美国底特律。9月,开始在密歇根大学讲授俄罗斯诗歌,直到1980年。其间一直住在安阿伯。

1981年,搬至纽约。以美国学院访问学者身份在罗马访学半年。

1986年,布罗茨基的英文散文集《小于一》获全美年度图书评论奖。

1987年10月22日,布罗茨基得悉自己获得诺贝尔文学奖的消息。12月,1967年后首次在苏联报刊上发表诗作——在《新世界》发表诗歌选辑。12月10日,瑞典国王卡尔十六世授予布罗茨基诺贝尔文学奖。

1990年1月11日,在巴黎高等师范学校演讲,与后来成为妻子的玛丽娅·索扎尼(母姓别尔谢耶娃-特罗别茨卡娅)相识。1月,圣彼得堡作家之家(沃伊诺娃街18号)举办第一届布罗茨基创作国际研讨会。9月1日,与玛丽娅·索扎尼在瑞典结婚。

1993年6月9日,女儿安娜·玛丽娅·亚历桑德拉出生。

1994年1月,第四次心梗。2月28日,在约翰皇后学院演讲并朗诵诗歌《乌克兰之独立》,9月,该诗首次发表于基辅的《首都报》。

1995年6月9日,在市长索勃恰克的推荐和坚持下,布罗茨基获得圣彼得堡市荣誉市民称号。

1996年1月28日,夜晚,布罗茨基在书房去世。2月1日,在布鲁克林天恩教堂举行安魂弥撒。2月2日,葬于纽约153街的圣三一公墓。

1997年6月21日,布罗茨基的灵柩迁葬意大利威尼斯的圣米凯莱墓地。

译后记

本书的翻译,始于北京外国语大学王立业教授的推荐。我于2017 年受国家留学基金委资助,在莫斯科大学访学研修。这期间进一步收集了有关布罗茨基的资料,研读学习,与本传记作者进行交流,基本完成了译文的校对、修改、补充和润色。经原作者同意,译者对原文重复的内容做了适当调整与处理。

关于书名《俄罗斯诗人布罗茨基》,我们引用本书的一段译文作为解释:

> 在同勒·卡莱共进中式午餐后的第一个采访中,布罗茨基曾公开表示,是谁获得了诺贝尔奖:"获奖的,是俄罗斯文学。"的确,当时约瑟夫·布罗茨基已经是美国公民,但是,诺贝尔奖不是颁给他的国籍,而是颁给他的创作,他的创作,属于俄罗斯文学。他认真思考了许久,到底应该用哪种语言发言。他用俄文写了发言稿,然后自己翻译成英文,直到最后关头,仍在修改。别人建议他选用英文发言稿,但布罗茨基认为,这意味着使用英语的作家获了奖,而他认为,自己首先是俄罗斯诗人,于是,选择用俄语发言。

感谢上海三联书店的黄韬先生,上海师范大学的陈恒教授,他们对译作的出版费心劳力,鼎力支持。由于译者水平有限,文中错误与不足之处,恳请读者批评指正。

上海三联人文经典书库

已出书目

（上、下） ［美］亨利·富兰克弗特 著 郭子林 李 岩 李凤伟 译

15.《大学的兴起》 ［美］查尔斯·哈斯金斯 著 梅义征 译

16.《阅读纸草，书写历史》 ［美］罗杰·巴格诺尔 著 宋立宏 郑 阳 译

17.《秘史》 ［东罗马］普罗柯比 著 吴舒屏 吕丽蓉 译

18.《论神性》 ［古罗马］西塞罗 著 石敏敏 译

19.《护教篇》 ［古罗马］德尔图良 著 涂世华 译

20.《宇宙与创造主：创造神学引论》 ［英］大卫·弗格森 著 刘光耀 译

21.《世界主义与民族国家》 ［德］弗里德里希·梅尼克 著 孟 钟捷 译

22.《古代世界的终结》 ［法］菲迪南·罗特 著 王春侠 曹明 玉 译

23.《近代欧洲的生活与劳作（从15—18世纪）》 ［法］G.勒纳尔 G.乌勒西 著 杨 军 译

24.《十二世纪文艺复兴》 ［美］查尔斯·哈斯金斯 著 张 澜 刘 疆 译

25.《五十年伤痕：美国的冷战历史观与世界》（上、下） ［美］德瑞 克·李波厄特 著 郭学堂 潘忠岐 孙小林 译

26.《欧洲文明的曙光》 ［英］戈登·柴尔德 著 陈 淳 陈洪 波 译

27.《考古学导论》 ［英］戈登·柴尔德 著 安志敏 安家 瑗 译

28.《历史发生了什么》 ［英］戈登·柴尔德 著 李宁利 译

29.《人类创造了自身》 ［英］戈登·柴尔德 著 安家瑗 余敬 东 译

30.《历史的重建：考古材料的阐释》 ［英］戈登·柴尔德 著 方 辉 方堃杨 译

31.《中国与大战：寻求新的国家认同与国际化》 ［美］徐国琦 著 马建标 译

32.《罗马帝国主义》 ［美］腾尼·弗兰克 著 宫秀华 译

33.《追寻人类的过去》 ［美］路易斯·宾福德 著 陈胜前 译

34.《古代哲学史》 ［德］文德尔班 著 詹文杰 译

35.《自由精神哲学》 ［俄］尼古拉·别尔嘉耶夫 著 石衡潭 译

36.《波斯帝国史》 ［美］A.T.奥姆斯特德 著 李铁匠等 译

37.《战争的技艺》 ［意］尼科洛·马基雅维里 著 崔树义 译 冯克利 校

38.《民族主义：走向现代的五条道路》 ［美］里亚·格林菲尔德 著 王春华等 译 刘北成 校

39.《性格与文化：论东方与西方》 ［美］欧文·白璧德 著 孙宜学 译

40.《骑士制度》 ［英］埃德加·普雷斯蒂奇 编 林中泽 等译

41.《光荣属于希腊》 ［英］J.C.斯托巴特 著 史国荣 译

42.《伟大属于罗马》 ［英］J.C.斯托巴特 著 王三义 译

43.《图像学研究》 ［美］欧文·潘诺夫斯基 著 戚印平 范景中 译

44.《霍布斯与共和主义自由》 ［英］昆廷·斯金纳 著 管可秾 译

45.《爱之道与爱之力：道德转变的类型、因素与技术》 ［美］皮蒂里姆·A.索罗金 著 陈雪飞 译

46.《法国革命的思想起源》 ［法］达尼埃尔·莫尔内 著 黄艳红 译

47.《穆罕默德和查理曼》 ［比］亨利·皮朗 著 王晋新 译

48.《16世纪的不信教问题：拉伯雷的宗教》 ［法］吕西安·费弗尔 著 赖国栋 译

49.《大地与人类演进：地理学视野下的史学引论》 ［法］吕西安·费弗尔 著 高福进 等译 ［即出］

50.《法国文艺复兴时期的生活》 ［法］吕西安·费弗尔 著 施诚 译

51.《希腊化文明与犹太人》 ［以］维克多·切利科夫 著 石敏敏 译

52.《古代东方的艺术与建筑》 ［美］亨利·富兰克弗特 著 郝

海迪　袁指挥　译

53.《欧洲的宗教与虔诚:1215—1515》　〔英〕罗伯特·诺布尔·
斯旺森　著　龙秀清　张日元　译

54.《中世纪的思维:思想情感发展史》　〔美〕亨利·奥斯本·泰
勒　著　赵立行　周光发　译

55.《论成为人:神学人类学专论》　〔美〕雷·S.安德森　著　叶
汀　译

56.《自律的发明:近代道德哲学史》　〔美〕J. B.施尼温德　著
张志平　译

57.《城市人:环境及其影响》　〔美〕爱德华·克鲁帕特　著　陆
伟芳　译

58.《历史与信仰:个人的探询》　〔英〕科林·布朗　著　查常平
译

59.《以色列的先知及其历史地位》　〔英〕威廉·史密斯　著　孙
增霖　译

60.《欧洲民族思想变迁:一部文化史》　〔荷〕叶普·列尔森普
著　周明圣　骆海辉　译

61.《有限性的悲剧:狄尔泰的生命释义学》　〔荷〕约斯·德·穆
尔　著　吕和应　译

62.《希腊史》　〔古希腊〕色诺芬　著　徐松岩　译注

63.《罗马经济史》　〔美〕腾尼·弗兰克　著　王桂玲　杨金龙
译

64.《修辞学与文学讲义》　〔英〕亚当·斯密　著　朱卫红　译

65.《从宗教到哲学:西方思想起源研究》　〔英〕康福德　著　曾
琼　王　涛　译

66.《中世纪的人们》　〔英〕艾琳·帕瓦　著　苏圣捷　译

67.《世界戏剧史》　〔美〕G.布罗凯特　J.希尔蒂　著　周靖波
译

68.《20世纪文化百科词典》　〔俄〕瓦季姆·鲁德涅夫　著　杨明
天　陈瑞静　译

69.《英语文学与圣经传统大词典》　〔美〕戴维·莱尔·杰弗里
(谢大卫)主编　刘光耀　章智源等　译

70. 《刘松龄——旧耶稣会在京最后一位伟大的天文学家》［美］斯坦尼斯拉夫·叶茨尼克　著　周萍萍　译

71. 《地理学》［古希腊］斯特拉博　著　李铁匠　译

72. 《马丁·路德的时运》［法］吕西安·费弗尔　著　王永环　肖华峰　译

73. 《希腊化文明》［英］威廉·塔恩　著　陈恒　倪华强　李月　译

74. 《优西比乌：生平、作品及声誉》［美］麦克吉佛特　著　林中泽　龚伟英　译

75. 《马可·波罗与世界的发现》［英］约翰·拉纳　著　姬庆红译

76. 《犹太人与现代资本主义》［德］维尔纳·桑巴特　著　艾仁贵　译

77. 《早期基督教与希腊教化》［德］瓦纳尔·耶格尔　著　吴晓群　译

78. 《希腊艺术史》［美］F·B·塔贝尔　著　殷亚平　译

79. 《比较文明研究的理论方法与个案》［日］伊东俊太郎　梅棹忠夫　江上波夫　著　周颂伦　李小白　吴玲　译

80. 《古典学术史：从公元前6世纪到中古末期》［英］约翰·埃德温·桑兹　著　赫海迪　译

81. 《本笃会规评注》［奥］米歇尔·普契卡　评注　杜海龙　译

82. 《伯里克利：伟人考验下的雅典民主》［法］樊尚·阿祖莱　著　方颂华　译

83. 《旧世界的相遇：近代之前的跨文化联系与交流》［美］杰里·H.本特利　著　李大伟　陈冠堃　译　施诚　校

84. 《词与物：人文科学的考古学》修订译本　［法］米歇尔·福柯　著　莫伟民　译

85. 《古希腊历史学家》［英］约翰·伯里　著　张继华　译

86. 《自我与历史的戏剧》［美］莱因霍尔德·尼布尔　著　方永　译

87. 《马基雅维里与文艺复兴》［意］费代里科·沙博　著　陈玉聃　译

欢迎广大读者垂询,垂询电话:021－22895540

图书在版编目（CIP）数据

俄罗斯诗人布罗茨基/〔俄罗斯〕弗拉基米尔·格里高利耶维奇·邦达连科著.杨明天,李卓君译.—上海：上海三联书店,2020.10

ISBN 978-7-5426-7084-7

Ⅰ.①俄…　Ⅱ.①弗…②杨…③李…　Ⅲ.①布罗茨基（Brodsky，Joseph 1940—1996）-传记　Ⅳ.①K837.125.6

中国版本图书馆 CIP 数据核字（2020）第 103786 号

俄罗斯诗人布罗茨基

著　　者 / 〔俄罗斯〕弗拉基米尔·格里高利耶维奇·邦达连科
译　　者 / 杨明天　李卓君

责任编辑 / 殷亚平
装帧设计 / 徐　徐
监　　制 / 姚　军
责任校对 / 张大伟　王凌霄

出版发行 / 上海三联书店
　　　　　（200030）中国上海市漕溪北路 331 号 A 座 6 楼
邮购电话 / 021-22895540
印　　刷 / 上海展强印刷有限公司

版　　次 / 2020 年 10 月第 1 版
印　　次 / 2020 年 10 月第 1 次印刷
开　　本 / 640×960　1/16
字　　数 / 320 千字
印　　张 / 21.75
书　　号 / ISBN 978-7-5426-7084-7/K·588
定　　价 / 88.00 元

敬启读者,如发现本书有印装质量问题,请与印刷厂联系 021-66366565